互联网商业模式

王丽娜　公丕国　贾志涛　著

首都经济贸易大学出版社
Capital University of Economics and Business Press
·北京·

图书在版编目（CIP）数据

互联网商业模式 / 王丽娜，公丕国，贾志涛著. -- 北京 ：首都经济贸易大学出版社，2021. 10

ISBN 978-7-5638-3234-7

Ⅰ. ①互… Ⅱ. ①王… ②公… ③贾… Ⅲ. ①互联网络-商业模式-研究 Ⅳ. ①F713. 36

中国版本图书馆 CIP 数据核字（2021）第 126356 号

互联网商业模式

王丽娜　公丕国　贾志涛　著

HULIANWANG SHANGYE MOSHI

责任编辑　潘秋华

封面设计　风得信·阿东 FondesyDesign

出版发行　首都经济贸易大学出版社

地　　址　北京市朝阳区红庙（邮编 100026）

电　　话　（010）65976483　65065761　65071505（传真）

网　　址　http://www. sjmcb. com

E - mail　publish@ cueb. edu. cn

经　　销　全国新华书店

照　　排　北京砚祥志远激光照排技术有限公司

印　　刷　北京建宏印刷有限公司

成品尺寸　170 毫米×240 毫米　1/16

字　　数　286 千字

印　　张　15. 5

版　　次　2021 年 10 月第 1 版　2021 年 10 月第 1 次印刷

书　　号　ISBN 978-7-5638-3234-7

定　　价　45. 00 元

前 言

在互联网时代，互联网从消费端进入产业链，倒逼各行业紧密拥抱互联网。它深刻改变社会形态，也改变了现有的商业模式。但无论商业规则与惯例如何变化，商业本质恒久不变。拥有着产业链资源优势的传统企业已不再是被颠覆者，它们已成为互联网的弄潮儿，它们对互联网商业模式的创新值得我们借鉴。

商业模式这一概念在 20 世纪 50 年代被提出，但是到 20 世纪末才被广大学者所研究，最早的定义是由蒂默尔斯（Timmers）于 1998 年在《电子市场》（*Electronic Markets*）一书中提出的，该书认为商业模式是指一个完整的产品、服务和信息流体系，包括每一个参与者及其起到的作用，以及每一个参与者的潜在利益、相应的收益来源和方式。但直到 2009 年前后，“互联网商业模式”一词才逐渐受到各行各业的高度重视。近年来互联网商业模式甚至已经上升为国家战略，也是创新创业领域学者们较关注的学术话题。

毫无疑义，互联网正在迅速而深刻地改变甚至颠覆一些行业。对于这场变革中的企业而言，谁具备互联网商业模式的分析与设计能力，谁就更有可能在未来激烈的市场竞争中脱颖而出；而对于处在巨变中的管理、营销等运营人而言，在传统商业与互联网商业生态之间似乎有着一条不可逾越的鸿沟，如何跨越这条鸿沟成为一道难题。

纵观国内图书市场，关于互联网商业模式的书籍可谓不少，但这些书中与互联网商业模式相关的观点大多数是业界人士对从业经验的零星总结，缺乏系统性和完整性。有鉴于此，笔者和团队耗时近三年时间完成了这部著作，以期为在“互联网大潮”搏击中的传统企业和互联网从者业做出决策提供一定借鉴。

本书创造性地基于商业模式画布九要素将互联网商业模式按照各个行业分解，用案例导入的方式深入分析每一个典型企业互联网商业模式的价值和创新。全书共分为 9 章。除第 1 章概述了“互联网+”与商业模式外，其余 8 章均从各个行业的角度进行与互联网商业模式相关的理论与实践案例研究，包括“互联网+工业”“互联网+农业”“互联网+教育”“互联网+医疗”“互联网+金融”“互联网+交通和旅游业”“互联网+文化创意与媒体广告业”“互联网+家居生活服务与零售”等商业模式。为了让读者更好地领会互联网商业模式的分析工具——商业模式画布的运用，我们在每章前后及正文中还配有多个典型案例配合商业模式画布进行分析。

感谢我的研究团队成员公丕国教授、贾志涛副教授，他们与笔者共同完成了本书初稿的撰写工作。笔者完成了第一章、第二章、第三章、第四章内容的撰写；贾志涛副教授完成了第五章、第六章、第七章内容的撰写；公丕国教授完成了第九章内容的撰写。笔者与公丕国教授共同负责书稿后期的整理工作。感谢沈阳工学院市场营销专业的历届学生的大力支持与帮助，他们在学习期间帮我们积累了大量的分析案例。

互联网商业模式是一个永葆创新精神的领域，涉及各种商业模式创新活动与参与者，因此，撰写此书可谓工程浩大。虽然我们努力以严谨的、创新务实的态度撰写本书，在全书的结构、内容和行文等各个方面力求准确，但疏漏仍在所难免，不当之处还请读者不吝指教！

王丽娜
2021 年 9 月 6 日

目　录

1 “互联网+”与商业模式概述

引 例

在生鲜电商这个领域，沱沱工社可谓是最早进入的企业之一。但是随着各大电商平台纷纷介入，沱沱工社不仅在消费端和生产端存在内忧，外患压力也是与日俱增。阿里、腾讯等互联网巨头的加入，让这种气氛变得更加紧张。生鲜电商领域渐渐地由“蓝海”演变为“红海”，从而也加速了该行业洗牌的节奏。沱沱工社想要在生鲜电商领域占有一席之地，未来之路该如何去走？“差异化经营”或为其可行的出路。

第一，打造高品牌辨识度的产品。目前各行业产品的同质化现象都是比较严重的，生鲜行业也是如此。沱沱工社应打造自己的品牌特色，使其成为占领市场份额强有力的助推力。力争提升自身产品品质，为用户提供天然、有机的生鲜品类，维护好品牌口碑，打造自己的品牌辨识度。

第二，严格把守好产品质量这一关。除对产品生产过程建立严格的监管机制外，还要建立标准的农业种植基地，对作物需求、土壤营养成分和水质进行监测。生鲜产品的价值在于鲜活度，所以还要积极建设和完善冷链物流体系，减少在运输过程中的损失，以保证产品的鲜活度。

第三，加大力度生产用户认可度高、依赖性强的产品。扩大线下产业规模，发展“互联网+农业”商业模式，提供高品质多样化产品，以满足和应对用户需求的多样化。沱沱工社要紧跟消费走向，把握“互联网+农业”和生鲜电商商业模式的发展趋势，开辟采摘和农家乐等线下体验场所，让用户可近距离体验产品和服务。多地区铺设配送网点以减少产品配送时间和产品耗损。扩大消费人群，首先要聚焦于高端消费人群，然后适当降低姿态来面对中低端消费人群，从而将利益实现最大化。

总之，生鲜电商市场发展空间巨大，但是对于物流链每一环节均要求较高，沱沱生鲜未来之路是保证产品的品质，沉淀市场。

（资料来源：生鲜电商沱沱工社未来之路在何方，搜狐网，2019年3月14日。）

1.1 “互联网+”新经济常态概述

1.1.1 “互联网+”概述

“互联网+”是创新2.0下的互联网发展的新业态，是知识社会创新2.0推动下的互联网形态演进及催生的经济社会发展新形态。“互联网+”是互联网思维进一步实践的成果，推动经济形态不断地发生演变，从而激发社会经济实体的生命力，为改革、创新、发展提供广阔的网络平台。

“互联网+”可以理解为“互联网+各个传统行业”，但这并不是简单的两者相加，而是利用信息通信技术以及互联网平台，让互联网与传统行业进行深度融合，创造新的发展形态。它代表一种新的社会形态，即充分发挥互联网在社会资源配置中的优化和集成作用，将互联网的创新成果深度融合于经济、社会各领域之中，提升全社会的创新力和生产力，形成更广泛的以互联网为基础设施和实现工具的经济发展新形态①。

1.1.2 “互联网+”特征

1.1.2.1 跨界融合

“+”就是跨界，就是变革，就是开放，就是重塑融合。敢于跨界，创新的基础就更坚实；融合协同了，群体智能才会实现，从研发到产业化的路径才会更垂直。融合本身也指代身份的融合，客户消费转化为投资，伙伴参与创新等。

1.1.2.2 创新驱动

中国粗放的资源驱动型增长方式必须向创新驱动发展转变。互联网的特质就是用互联网思维来寻求变化、自我革新，发挥创新的力量。

1.1.2.3 重塑结构

信息革命、全球化、互联网已打破原有的社会结构、经济结构、地缘结构、文化结构，使得社会的权力结构、议事规则、话语权不断发生变化。“互联网+社会治理”、虚拟社会治理跟以前的治理方式会有很大的不同。

1.1.2.4 尊重人性

人性的光辉是推动科技进步、经济增长、社会进步、文化繁荣的最根本的力量，互联网的力量之所以强大，最根本的原因就是对人性的最大限度的尊重、对人体验的敬畏、对人的创造性发挥的重视。例如，用户生成内容

① 中央政府门户网站，2015《政府工作报告》缩略词注释，http：//www.gov.cn/xinwen/2015-03/11/content_ 2832629.htm。

(UGC)、卷入式营销、分享经济均体现了对人性的尊重。

1.1.2.5 开放生态

关于“互联网+”，生态是非常重要的特征，而生态本身就是开放的。我们推进“互联网+”，其中一个重要的方向就是要把过去制约创新的环节化解掉，把孤岛式创新连接起来，让研发由人性决定的市场驱动，让创业并努力者有机会实现价值。

1.1.2.6 连接一切

连接是有层次的，可连接性是有差异的，连接的价值是相差很大的，但是连接一切是“互联网+”的目标。

1.1.3 新经济常态概述

所谓常态，就是正常状态；新常态，就是经过一段不正常状态后重新恢复正常状态。人类社会就是在从常态到非常态再到新常态的否定之否定中发展的，人对社会的认识就是在从常态到非常态再到新常态的否定之否定中上升的。贯穿在常态—非常态—新常态中的主线，是事物的本质与规律。人类总是经历事物的正反面发展、总结正反面经验，经过感性—知性—理性、具体—抽象—具体的否定之否定后，才会对事物有一个完整的认识，才能认识事物的规律与本质。

经济学新常态是人类对经济的认识经历肯定—否定—否定之否定螺旋式上升的结晶。新经济常态是人类经济发展经历肯定—否定—否定之否定波浪式前进的成果。

新经济常态就是经济结构的对称态，在经济结构对称态基础上的经济可持续发展，包括经济可持续稳定增长。经济新常态是强调结构稳增长的经济，而不是总量经济；着眼于经济结构的对称态及在对称态基础上的可持续发展，而不仅仅是国内生产总值（GDP）、人均 GDP 增长与经济规模最大化。经济新常态就是用增长促发展，用发展促增长。

1.1.4 “互联网+”新经济常态的作用和影响

1.1.4.1 助推中小企业快速成长，提升竞争力

后危机时代，在稳步恢复外部市场的前提下，内需的扩大将会更受关注，贸易体系需要提高运作效率。传统的行业将会面临结构调整和升级，中小企业自主创新和自主品牌建设将会进一步加快，新兴产业将会得到更多的关注。

1.1.4.2 带动相关产业的发展

电子商务服务业迅速发展，并通过第三方电子商务平台，整合旅游、教育、医疗、文化和培训等服务业的资源，带动传统服务业发展。

1.1.4.3 助推经济转型升级

电子商务推动企业结构调整和转型升级，利用互联网、信息化等现代化

手段，对专业市场的交易平台、交易组织、交易技术进行创新，推动广大企业适应贸易方式的变化。

1.1.4.4 影响就业

电子商务具有创业门槛低、起步快、机会多、空间大等优点，创造了更多的就业机会。

1.1.4.5 促进新的商业文明的形成

“信息时代的商业文明”是以网络为基础的新商业文明发展的必然方向。

【资料链接】

美院帮互联网美术支教项目

教育部学校规划建设发展中心召开展览会，旨在贯彻党的十九大精神，落实《国家教育事业发展“十三五”规划》，探索新时期学校发展趋势和未来教学创建模式，推动基础教育学校创新发展。

展会上，美院帮互联网美术支教项目吸引了部分参会者的注意。教育部学校规划建设发展中心主任陈峰在参观时说：“关于美术教育的项目，有两个非常鲜明的特点：一是我们怎么用互联网平台的力量来解决教育资源不足和教育改革的问题；二是把美术教育跟教育扶贫工作结合在一起，把美术教育的资源推送到我们的贫困地区，解决我们贫困地区学校美术师资不足的问题，因此这个项目非常有意义。”

据介绍，美院帮网络科技有限公司与其他公司联合发起了“美好成长百县少儿美术教室”公益项目。河南省固始县有300多所小学，有不少留守儿童与青少年。如何将外界优质资源引进教室，成为当地乡村教育发展的难题。在该项目的帮助下，固始县第十一小学部分美术课程实现了线上教学。到目前为止该项目已与四川、江西、河南、山东等地的小学建立了合作。美院帮网络科技有限公司首席执行官张琰表示：“作为一个互联网美术教育培训企业，我们深知企业身上肩负的这种公共的责任。服务素质教育，推进教育公平，其实也是我们企业的立身之本，也是我们存在的重要意义。”

（资料来源：刘婧婷、熊旭，人民网，2018年11月14日。）

1.2 互联网商业经济模式创新规律

1.2.1 商业模式与互联网商业模式定义

管理大师德鲁克有句名言：当今企业间的竞争，不是产品之间的竞争，而是商业模式之间的竞争。这种竞争离不开商业模式的创新，众所周知，创新可以分为两类：一类是技术创新；一类是商业模式创新。美国的一项统计表明，在成功的创新中有60%的创新是商业模式的创新。一项新技术的经济价值仅仅是潜在的，直到它以某种形式被商业化后才能具体表现出来。而同样一项技术，采用不同的商业模式会带来不同的收入。在过去50年里出现了不少令人惊叹的商业模式。因此，互联网浪潮中的弄潮儿应主动设计商业模式。商业模式经过试验成型后，进行不断升级迭代也同样重要。

有学者认为，商业模式就是企业赚钱的方式（Geoffrey Colvin，2001），或者认为可将商业模式描述为"清楚说明一个公司如何通过价值链定位赚钱"（Rappa，2002）。泰莫斯将商业模式定义为一个完整的产品、服务和信息流体系，包括每一个参与者和其在其中起到的作用，以及每一个参与者的潜在利益和相应的收益来源和方式①。也有学者把商业模式描述为在一个公司的消费者、联盟、供应商之间识别产品流、信息流、货币流和参与者主要利益的角色和关系（Weil & Vital，2002；Richardson & Allen，2006）。在大多数关于商业模式的定义中，商业模式被直观、狭义地等同于盈利模式，实际上盈利模式仅仅是企业商业模式的一个构成部分。

商业模式是一个能令企业收入大于支出，而且能让企业细水长流地发展，能很清楚地预见企业未来发展状况的模式。商业模式本质上就是利益相关者的交易结构。利益相关者包括企业的顾客、供应商、其他各种合作伙伴、企业的股东、企业家、员工等。商业模式能够解决企业发展战略问题，是实现客户价值和企业价值的桥梁。商业模式创新是指为企业价值创造提供基本逻辑的创新变化，它既可能包括多个商业模式构成要素的变化，也可能包括要素间关系或者动力机制的变化，通俗地说商业模式创新就是指企业以新的有效方式赚钱。不同的商业模式决定了不同的企业结局。如果说战略决定企业的定位及其为客户提供的价值，那么商业模式则决定企业如何实现的定位、传递期望的价值。奥斯特瓦德和皮尼厄在《商业模式新生代》一书中提出，商业模式画布模型提供了一个可视化的手段，帮助企业管理者定义、描述、评估和改进商业模式。它由9个基本的模块构成，即客户细分（CS）、价值主张（VP）、渠道通路（CH）、客户关系（CR）、收入来源（R$）、核心资源（KR）、关键业务（KA）、重要合作（KP）和成本结构（C$）②。最重要的商业模式画布是一种以商业模式构思和商业模式创新为导向的商业模式设计工具，它通过客户洞察视觉思维、讲故事的方法，用可视化场景化的方式，将

① TIMMERS P. Business model for electronic markets [J]. Electronic market, 1998, 8 (2): 3-8.

② 奥斯特瓦德，皮尼厄. 商业模式新生代 [M]. 北京：机械工业出版社，2011.

商业模式设置为一个相互连接的整体，完成企业内部有机系统的设计。

本书借鉴商业模式画布的九个要素，将一个完整的商业模式体系概括为：目标客户、价值主张、渠道通路、客户关系、收入来源、核心资源、关键业务、重要合作、成本结构九个方面（见图 1.1）。这九个方面相互影响，构成有机的商业模式体系。

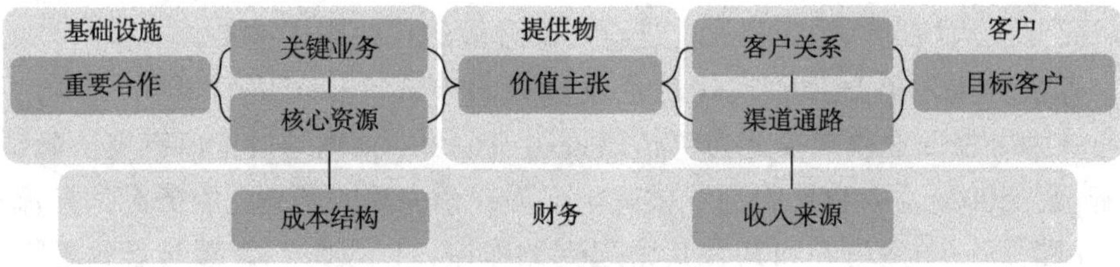

图 1.1　商业模式画布九要素

1.2.1.1　商业模式要素之一：目标客户

科特勒在其营销理论中提出了著名的 STP 工具，也就是细分市场（segmentation）—确定目标市场（targeting）—市场定位（positioning）三部曲。在这里目标客户定位包括该如何设计产品的特色，该如何定价，等等。很明显，目标客户定位实际上已成为营销的核心工作。

目标客户定位意味着在战略层面和执行层面建立更直接和更具体的联系，即企业的定位直接体现在商业模式所需要实现的顾客价值上，强调的是商业模式构建的目的。其与战略中的定位略微有些差异。商业模式中的目标客户定位更多地作为整个商业模式的一个支撑点，因为同样的目标客户定位可以有不一样的商业模式，同样的商业模式也可以实现不一样的定位。

1.2.1.2　商业模式要素之二：价值主张

价值主张用来描绘为特定客户细分创造价值的系列产品和服务。价值主张内容如图 1.2 所示。价值主张是客户转向 A 公司而非 B 公司的原因，它解决了客户的问题或者满足了客户的需求。

设计价值主张时需要思考如下关键问题：①该向客户传递什么样的价值？②我们正在帮助客户解决哪一类难题？③我们正在满足客户哪些需求？④我们正在提供给客户细分群体哪些系列的产品和服务？

1.2.1.3　商业模式要素之三：渠道通路

渠道通路指商品和服务从生产者转移到经销商，再由经销商转移到消费者的过程。渠道通路的任务就是在适当的时间，把适当的产品送到适当的销售点，以便于消费者购买。

企业在设计渠道通路时，必须在理想的通路和可行的通路之间作出抉择，

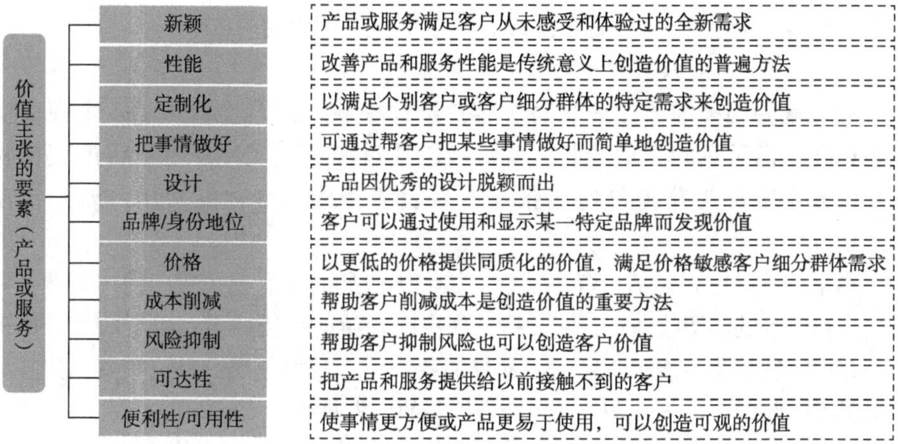

图 1.2　价值主张的内容

其主要决策依据是：分析消费者需要、建立通路目标、辨明可供选择的主要通路并进行评估。

互联网背景下的渠道通路要更多考虑网上直接分销、网上间接分销或混合分销三种策略，因此需要重点考虑“去中介”（网上直销）、“中介重构”（网上间接分销），合理选择互联网销售渠道的宽度与深度。

1.2.1.4　*商业模式要素之四：客户关系*

客户关系用来描绘企业与特定客户细分群体所建立的关系类型，如图 1.3 所示。

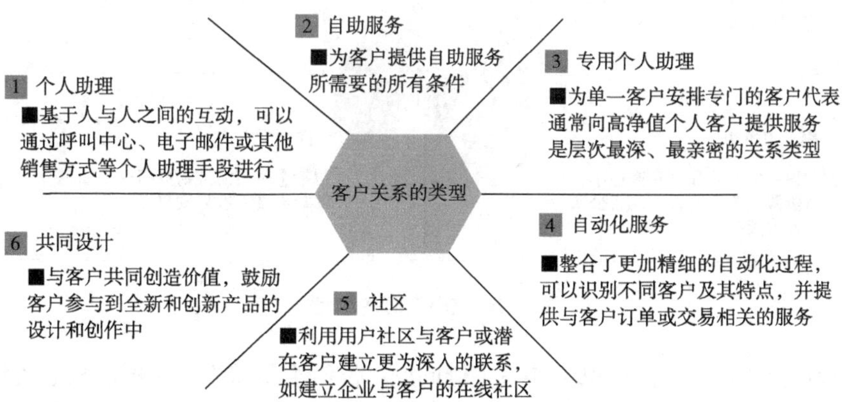

图 1.3　客户关系的类型

设计客户关系时需要思考如下关键问题：①每个客户细分群体希望我们

与之建立和保持何种关系？②有哪些关系我们已经建立了？③这些关系的成本如何？④如何把它们与商业模式的其余部分进行整合？

1.2.1.5　商业模式要素之五：收入来源

收入来源用来描述企业从每个客户群体中获取的现金收入。一个商业模式可以包含两种不同类型的收入来源：①通过客户一次性支付获得的交易收入；②来自客户为获得价值主张与售后服务而持续支付的费用，即经常性收入。

获取收入的方式包括：资产销售，如实体产品的所有权销售；使用收费，如旅店、快递等的使用收费；订阅收费，如在线网游的订阅收费；租赁收费，如神州租车的租赁收费；授权收费，如杜邦的各种技术授权收费；经纪收费，如经纪公司的经纪收费；广告收费，如免费报纸等的广告收费。

设计收入来源时需要思考如下关键问题：什么样的价值能让客户愿意付费？他们现在付费买什么？他们是如何支付的？他们更愿意怎样支付费用？每个收入来源占总收入的比例分别是多少？每个收入来源的定价机制是否不同［如固定标价、谈判议价、拍卖定价、市场定价、数量定价或收益管理定价（如基于库存量和购买时间的定价）等］？

1.2.1.6　商业模式要素之六：核心资源

核心资源是让商业模式有效运转所必需的最重要因素（人、财、物、技术），如图 1.4 所示。

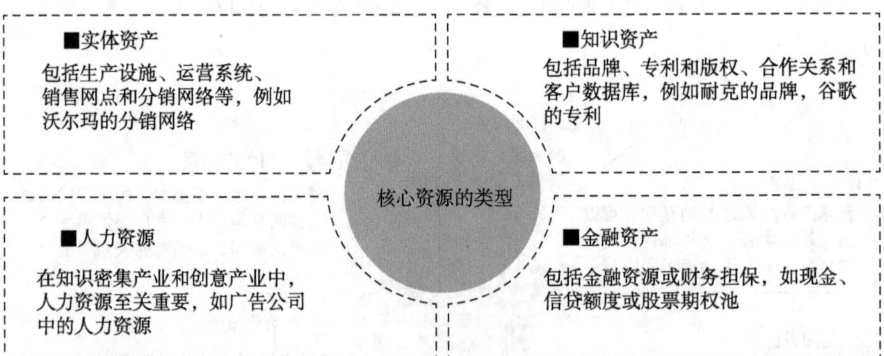

图 1.4　核心资源的类型

设计核心资源时需要思考如下关键问题：价值主张需要什么样的核心资源？渠道需要什么样的核心资源？客户关系、收入来源需要什么样的核心资源？

1.2.1.7　商业模式要素之七：关键业务

关键业务是企业为了确保其商业模式可行所必须做的最重要的事情。关

键业务可分为产品制造、问题解决、平台/网络，如图 1.5 所示

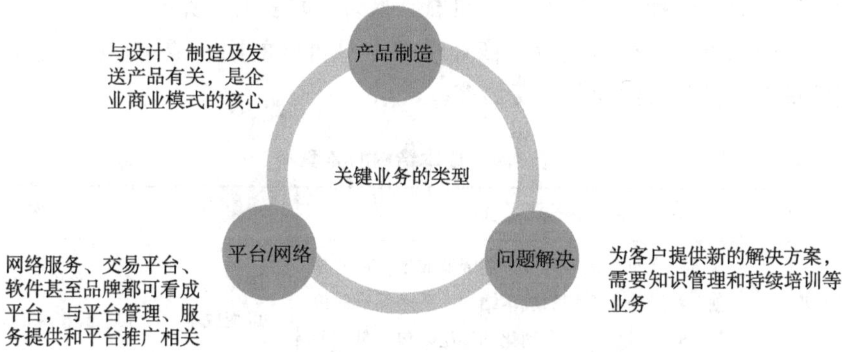

图 1.5 关键业务的类型

设计关键业务时需要思考如下关键问题：企业的价值主张需要哪些关键业务？渠道需要哪些关键业务？客户关系和收入来源需要哪些关键业务？

1.2.1.8 商业模式要素之八：重要合作

重要合作指让商业模式有效运作所需要的供应商-合作伙伴的网络。合作关系的类型与作用如图 1.6 所示。

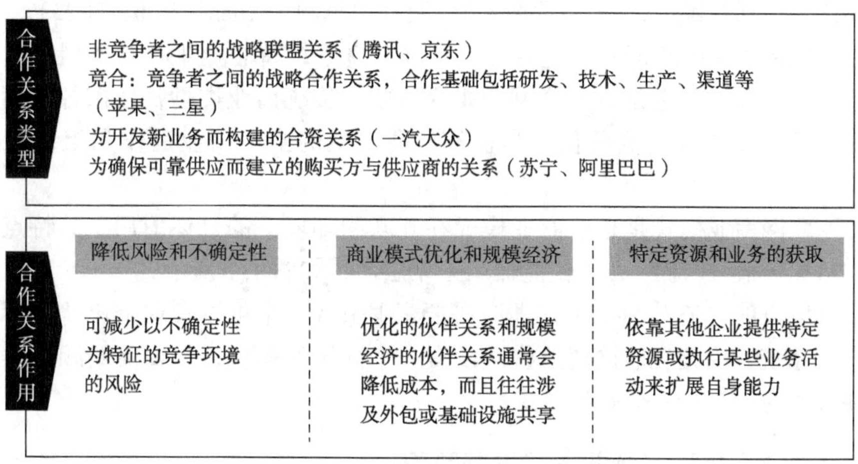

图 1.6 合作关系的类型与作用

关键问题是：谁是企业的重要伙伴？谁是重要供应商？企业正在从伙伴那里获取哪些核心资源？合作伙伴执行哪些关键业务？

1.2.1.9 商业模式要素之九：成本结构

成本结构指企业运营一个商业模式所引发的所有成本。商业模式成本结构的类型主要有两种，即成本驱动和价值驱动，如表 1.1 所示。

关键问题是：什么是企业的商业模式中最重要的固有成本？哪些核心资源花费最多？哪些关键业务花费最多？

表 1.1 成本结构的类型

类型	定义	特点	个案
成本驱动	侧重于在每个地方都尽可能降低成本，目的是创造和维持最经济的成本结构，采用低价的价值主张、最大程度自动化和广泛外包（低端）	固定成本 可变成本	各种廉价航空公司、经济型酒店
价值驱动	更专注于创造价值。增值型的价值主张和高度个性化的服务通常是以价值驱动型商业模式为特征的（高端）	由客户定制	豪华酒店等档次定位较高端的企业

商业模式描述了特定实体所能为客户提供的价值，以及运作此实体的内部结构、合作伙伴网络和关系资本等实现（创造，推销和交付）这一价值并产生可持续盈利收入的要素。

有学者认为互联网商业模式是企业利用互联网长期获利的方法，它是一个系统，包括各组成部分、连接环节以及动力机制（Allan Afuah，2003）。

互联网商业模式即一个企业在互联网环境下维持企业生存与发展的运作与组织架构模式。它是以互联网为媒介，整合传统商业类型，连接各种商业渠道，具有高创新、高价值、高盈利、高风险的全新商业运作和组织架构模式。

互联网商业模式是企业商业模式在互联网环境下的具体应用，其特点表现在目标价值、“流”和“使能器”三个层次，如图 1.7 所示。

可以借助“流”将“使能器”等要素锻造成一个可以实现企业“目标价值”的系统，因此互联网商业模式没有一个固定的模式，只要能给顾客提供长期价值的，就是一个好的模式。

1.2.2 互联网商业模式发展阶段

在互联网时代，信息的展现形式不断升级，已经由单纯的文本信息，发展到图片信息、音频信息、视频信息，甚至发展到虚拟信息；信息的展示也不断向精准化、定制化、个性化和交互式多元化发展。因此，互联网商业模式也随之不断演进。

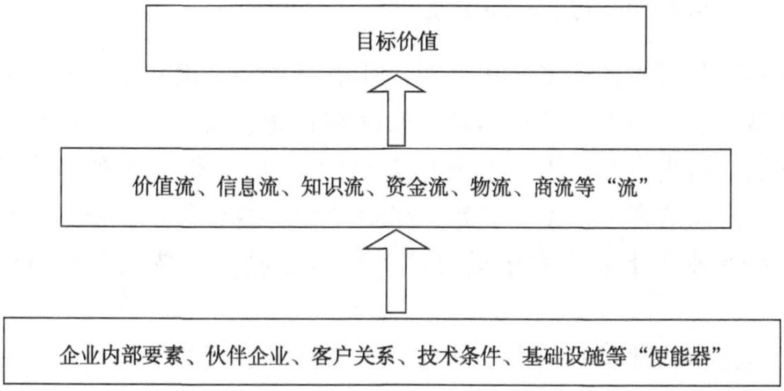

图 1.7 互联网商业模式特点三层次

互联网商业模式经历了由媒体服务向交易平台、服务平台和管理平台演进的过程。基于目前互联网经济发展基本历程的规律性认识，一个新的互联网企业、一种新的商业模式的确立，一般都需要经历三个阶段，即网聚人气，用户黏性和价值提升。开始以免费服务等吸引客户的眼球、积累人气，接下来将逐步向用户黏性和用户价值导向演化。互联网商业模式在发展过程中主要经历了用户流量导向、用户黏性导向和用户价值导向三个阶段①。用户流量是网站发展的重要基础，用户黏性是网站提升和获得商业模式竞争优势的关键，而通过用户价值来实现和创造商业价值，才是最终目标。

1.2.2.1 用户流量导向

在一般的互联网企业发展初期，用户流量是衡量网站价值的唯一标准，网站为网民提供免费学习服务，因此吸引绝大部分网民的注意力成为市场竞争的关键。在这一阶段，网站价值是可以与网站流量画等号的。例如，互联网经济在发展初期表现出显著的媒体特征：门户网站是产业的主导，网站通过大量的免费服务吸引众多的用户加入。

1.2.2.2 用户黏性导向

在互联网经济发展的第二阶段，高黏性用户愿意为其所享有的服务付费成为重要的商业模式。在这一阶段，主动、交互、个性、体验日益成为用户使用互联网的主流方式，用户流量与用户黏性的相互结合成为主要特征。

1.2.2.3 用户价值导向

在用户价值导向阶段，服务平台、企业、网民之间形成了良性互动，用户价值得到极大重视，因此用户价值得以提升。

---

① 李成刚. 创新为“网”：电子商务模式创新研究［M］. 北京：经济日报出版社，2015.

1.2.3 互联网商业模式的类型

互联网商业模式有诸多深化类型，其中门户网站模式是最早的互联网商业模式类型，也是最成功的。随着互联网宽带化、大众化、个性化、移动化的不断发展，新应用层出不穷。带有 Web2.0、Web3.0 特征的服务已经越来越多地进入网民的视野。微博营销、微信营销、内容营销、视频营销……这些一度只在专业人士的小圈子里出现的营销手段已经被众多网络用户熟练运用。

创新是互联网发展的基本驱动力，而创新最直接的体现是互联网行业中的商业模式的专业化提供。以下介绍 10 种创新的互联网商业模式类型。

1.2.3.1 电子商务与无线结合的发展模式

腾讯拍拍网是腾讯旗下的电子商务交易平台，在 2006 年 3 月 16 日正式运营，并依托于腾讯 QQ 强大的即时通信 IM 平台所拥有的数亿用户基数和 2.7 亿活跃用户资源，取得了不错的业绩。年底，联趣作为中国颇具实力的 C2C 平台之一，易手 TOM 在线。这意味着中国 C2C 互联网平台的格局从 2005 年的淘宝、易趣二强并列经过 2006 年的发展转变为 2007 年淘宝、拍拍、TOM 易趣三足鼎立。当时，无线互联网蓬勃发展，3G 大门被频频叩响，基于用户基数的无线互联网的引进已成为中国电子商务 C2C 领域的“黑马”，移动电子商务时代由此来临。

1.2.3.2 企业电子商务平台的垂直发展模式

对于个人用户来讲，企业级电子商务平台如苏宁易购、亚马逊中国等，一贯以综合电子商务平台的角色出现。综合性 B2B 平台所提供的信息具有全面性的优势，交易平台本身对于中小型交易在电子支付领域、物流接口等方面具有优势，同时也存在运营压力大、利润率相对低的劣势。而在中国资本市场成功上市的网盛科技则改变了企业级电子商务市场的格局，它运用垂直 B2B 平台所具有的运营成本低、信息精准和高置信度等优势，主动地扩大其在专业企业级交易中的市场份额。

1.2.3.3 “以销定采”的电子商务发展模式

以往电子商务服务提供商在信息流、资金流、物流这三个方面面临很大挑战。一家名为爱代购的新型电子商务服务商在 2006 年宣布上线，为业界带来的则是以 BforC 为主的商业模式，有效避免了传统的 B2C 模式中库存管理的缺陷。BforC 模式采用的是“以销定采”的方式，通过虚拟的产品订购，减轻了原有 B2C 厂商的库存压力，解决了信息流、资金流、物流三流中关键的资金流的问题。

1.2.3.4 线上、线下畅通的O2O电子商务发展模式

国家邮政局与阿里巴巴集团在北京签署了电子商务战略合作框架和产品协议，在电子商务的信息流、资金流、物流等方面达成了全面、长期的合作伙伴关系。为了增加合作的可信度，中国邮政速递物流（EMS）还专门为合作推出了一款名为“e邮宝”（EMS电子商务经济快递）的新产品。除此之外，许多餐饮行业更多采取通过外卖平台提供线上与线下服务的O2O模式。

1.2.3.5 搜索引擎与电子商务运营商之间的合作创新模式

电子商务和搜索引擎的发展趋势使双方合作越来越紧密。电子商务网站的重要特征是具备优秀的搜索功能，一旦消费者无法搜索到想要的商品，即会转移到其他网站。因此，拥有高质量的站内搜索工具对提升在线零售商的销售收入是至关重要的。“电子商务+搜索”的模式使商业信息搜索更有针对性，更有商业价值。

1.2.3.6 强强联手的合作创新模式

单一产品的可诉求性无法满足用户日益膨胀的需求，拥有强大互联网基础的搜索引擎百度曾与微软合作过一项基于搜索服务的业务，目的在于将百度的竞价排名系统引入微软在MSN、Live以及与其搜索相关的服务中，并寻求可能的商业机会。中国是微软全球最重要的市场之一，这次合作不仅为中国的在线广告客户创造了新的机会，也提高了搜索服务的质量。

1.2.3.7 虚实电子货币市场的合作创新模式

兴业银行携手腾讯推出国内首张虚实合一的信用卡——兴业银行QQ秀信用卡，面向腾讯QQ秀一族提供虚拟卡支付、财付通还款、在线申请、电子账单通知、即时消息提醒等多种网络特色服务。

1.2.3.8 网络广告媒介资源的合作创新模式

合作模式一般主要出现在企业间，而对于万普世纪这个提供独立WAP站点的媒体代理服务机构来讲，合作不是基于企业的，而是基于个人用户的。WAP站点的非官方性导致其拥有很大一部分个人用户网站，通过对个人用户的培育，万普世纪获得了庞大的独立WAP站点队伍，促进了无线互联网的发展。

1.2.3.9 给玩家发“工资”的个人合作“征途模式”

征途曾采用给玩家发“工资”的“征途模式”，受到玩家欢迎。此外，从公布的在线人数来看，征途也取得了较大进步。征途凭借自主研发的第一款2D大型多人在线角色扮演类网络游戏（MMORPG）打入中国网络游戏市场，并创建了互联网商业模式中的“征途模式”。该模式有效获得了用户的黏性并实现了交易，运营商可从中获得广告以外的虚拟物品易货利润。

1.2.3.10 与用户一同赚钱的合作创新模式

与用户一同赚钱的合作模式指的是将广告嵌入视频内容作品中，根据广告展示次数与作者共同分享广告收入。其根据人气把视频内容分为若干段，段位越高，分成比例也越高。通过这样的分成模式，更多优秀的内容持续上传到网站，保证了内容的质量。

互联网悄然改变了我们的生活模式、经营模式、资本模式，其对经济和社会各个方面的影响力远远超出了我们原来的预期。这10种创新的商业模式能否成功运营下去，我们拭目以待。

【资料链接】

亚马逊互联网商业模式

亚马逊互联网商业模式主要包括以下三种。

第一，尽快形成规模（get big fast）。贝佐斯推崇的商业模式是尽快形成规模。1994年已经有几家公司在网上销售图书，当时并没有吸引太多的网络用户关注。正如一些分析家所言，“在这一阶段，盈利并不能说明什么。投资者能够理解，在行业的早期成长过程中，保持高速增长和占有更高的市场份额是极为重要的战略优势”。这些观点曾经受到市场的推崇，也曾受到来自各方的指责。但是贝佐斯不为所动，继续着企业的规模扩张。

第二，顾客中心（customer-centric）。亚马逊互联网商业模式的一个核心因素在于顾客中心。传统企业经营的精髓是“顾客总是对的”，贝佐斯也把它作为自己企业的信条。亚马逊的做法包括：①设计以顾客为中心的选书系统。亚马逊网站可以帮助读者在几秒钟内从大量的图书库中找到自己感兴趣的图书。②建立顾客电子邮箱数据库。网站可以通过跟踪读者的选择，记录下他们关注的图书，新书出版时，就可以立刻通知他们。③建立顾客服务部。从2000年早期开始，亚马逊雇用了数以百计的全职顾客服务代表，处理大量的顾客电话和电子邮件。服务代表的工作听起来十分单调，比如，处理顾客抱怨，处理顾客订单修改，回复顾客订购情况，甚至是处理一些有关网络订购的基本问题。正是这些看似不起眼的服务工作，使得亚马逊网站在历次零售网站顾客满意度评比中名列第一。④研究顾客购书习惯。亚马逊发现读者无论是否购买图书，都喜欢翻阅图书内容。因此，为了满足读者浏览某些图书内容的需求，亚马逊网上书店独创了“浏览部分图书内容”（“look inside the book”）服务项目，从而吸引了大量读者上网阅读。

第三，横向开拓和垂直挖潜。2001年曾经有许多投资机构建议亚马逊网上书店与其他巨头企业合并。当时，美国在线与时代华纳的合并引起了市场的轰动。贝佐斯并没有接受这些合并建议，但他选择了横向联合。比如，贝佐斯搭建了交易平台，为玩具商和电器经销商服务，同时它接手了美国第二大图书销售商（Borders）的网站运营，巩固了自己在网络图书销售市场上的地位。与此同时，亚马逊网上书店开办了6个全球网址，分别设在美国、加拿大、英国、德国、法国和日本，这样就可以通过当地语言网站更好地为不同语种的消费者服务。

从2002年开始，亚马逊网上书店开始推出办公用品商店和服装商店。如今亚马逊网上书店销售的服装和鞋类超过500个品牌，这得益于它积极推行“商家项目”，即与各种商家合作，不断开拓产品与服务的空间。目前，亚马逊网上书店已经不限于销售图书，它销售的商品包括服装、电子产品、厨房用品、DVD、办公用品、儿童用品、玩具、旅游服务和户外用品等。另外，企业和个人可以通过亚马逊的网站，销售新的商品或者二手商品以及自己的收藏品。亚马逊可以收取固定的费用、销售佣金，以及对特别商品按件收费。2003年9月亚马逊联合L. A. Clippers Elton Brand和体育用品商推出了体育用品商店，经销3 000多种畅销品牌，覆盖50多种体育项目，同时，支持各地的青少年体育俱乐部开展活动。

（资料来源：陈治扬，中外企业家，2017年1月15日。）

1.3 互联网商业模式设计流程

本书各章中各行业的互联网商业模式均以商业模式画布的九要素为设计基础，如图1.8所示。

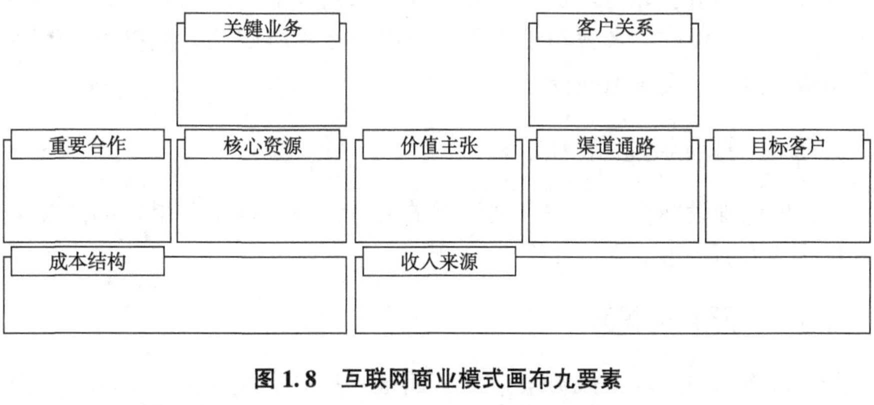

图1.8 互联网商业模式画布九要素

本节以某足球俱乐部的商业运营为例，讲解互联网商业模式的设计流程。该足球俱乐部的互联网商业模式画布设计流程如下。

1.3.1 价值创造收入

该足球俱乐部互联网商业模式设计流程——价值创造收入如图 1.9 所示，其基本思路在于：以目标客户定位为基础进行价值主张的设计，进一步思考如何营造客户关系以及如何打通渠道通路，并最终形成收入来源。

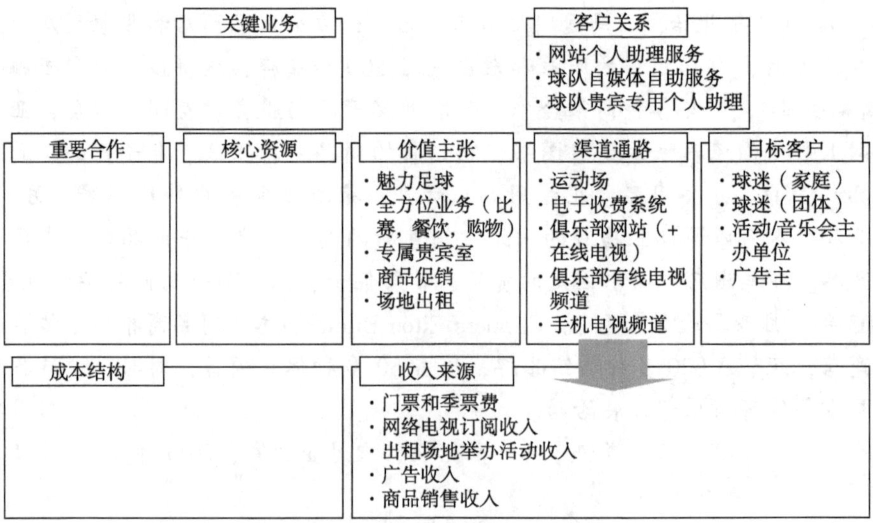

图 1.9 互联网商业模式设计流程——价值创造收入

1.3.2 价值创造需要基础设施

围绕价值创造，该足球俱乐部在设计互联网商业模式时要考虑所需要的使能器——基础设施，考虑与谁合作、运用什么核心资源才能提供关键业务进行价值创造，如图 1.10 所示。

1.3.3 基础设施引发成本

所需的基础设施会引发一系列后续的成本，因此该足球俱乐部需要从成本和价值两方面考虑成本，如图 1.11 所示。

1.3.4 形成利润区

最终成本结构与收入来源会形成利润区，只有当收入大于成本时，企业的商业运营才能持续下去，如图 1.12 所示。

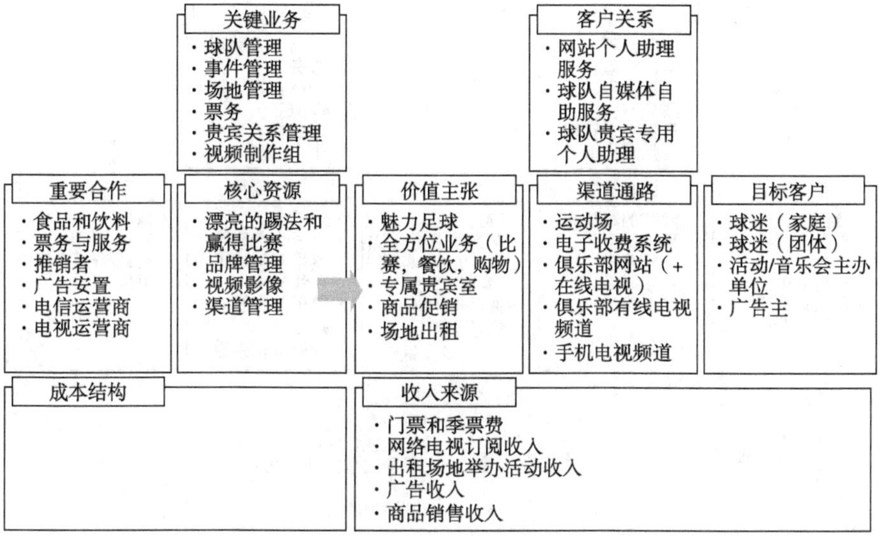

图 1.10　互联网商业模式设计流程——价值创造需要基础设施

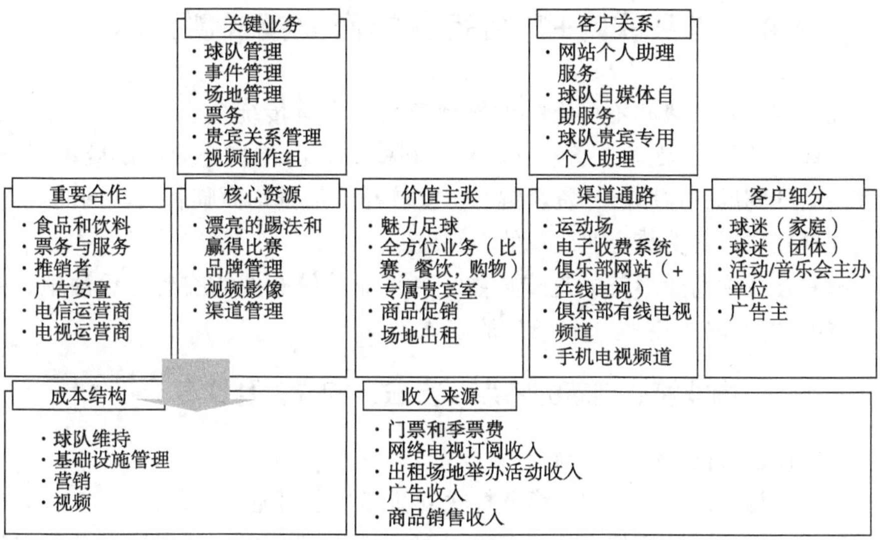

图 1.11　互联网商业模式设计流程——基础设施引发成本

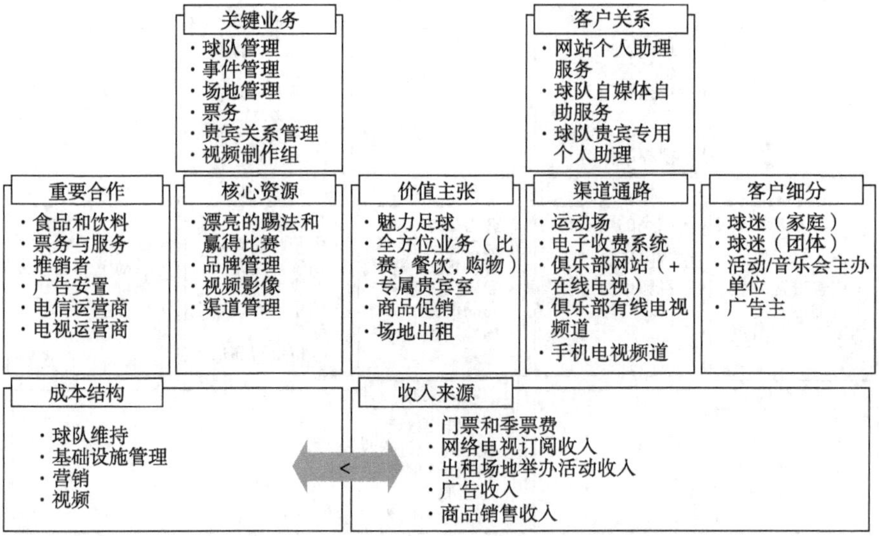

图 1.12　互联网商业模式设计流程——形成利润区

1.4　“互联网+”各行业的商业模式创新总览

互联网以其优势和不可阻挡的发展速度冲击着传统企业，悄无声息地瓦解了一些传统销售渠道、服务模式和盈利模式。而传统企业内部效率低下、管理落后的问题日益明显，资金链、供应链与价值链均面临着互联网的挑战。因此拥抱互联网是传统企业改革的唯一出路。

随着互联网商业形态的逐步成熟，各行业传统企业均在想方设法地进入互联网的“风口”，寻找“起飞”的方式。

1.4.1　商业模式创新的特点、方法、构成以及维度

1.4.1.1　商业模式创新的特点

相对于传统的创新类型，商业模式创新有几个明显的特点。

第一，更注重从客户角度思考企业的行为，视角更为外向和开放，更注重企业经济方面的因素。商业模式创新的出发点是如何从根本上为客户创造价值。因此，它的逻辑思考起点是客户的需求，根据客户需求考虑如何有效满足它，这点明显不同于其他创新。一种技术可能有多种用途，技术创新常常从技术特性与功能出发，看它能用来干什么，试图寻找它潜在的市场用途。

第二，商业模式创新表现得更为系统和根本，而不仅仅表现为单一因素

的变化。它常常涉及商业模式多个要素的同时变化，需要企业组织较大的战略调整，是一种集成创新。商业模式创新往往伴随产品、工艺或者组织的创新，反之，则未必足以构成商业模式创新。技术创新，通常是针对有形实物产品的生产而言的。但如今是服务主导的时代，对传统制造企业来说，服务也远比以前重要。因此，商业模式创新也常体现为服务创新，表现为服务内容、方式及组织形态等多方面的创新。

第三，从绩效表现看，商业模式创新如果能让企业提供给客户全新的产品或服务，那么它可能开创了一个全新的可盈利产业领域，即便提供已有的产品或服务，也能给企业带来更持久的盈利能力与更大的竞争优势。传统的创新形态，只能带来企业局部效率的提高、成本的降低，而且容易被其他企业在较短时期内模仿。商业模式创新虽然也表现为企业效率提高、成本降低，但由于它更为系统和根本，涉及多个要素的同时变化，因此，更难以被竞争者模仿，常给企业带来战略性的竞争优势，而且该竞争优势常可以持续数年。

1.4.1.2 商业模式创新的构成条件

商业模式创新企业的几个共同特征，或者说构成商业模式创新的必要条件有：

第一，提供全新的产品或服务、开创新的产业领域，或以前所未有的方式提供已有的产品或服务。如孟加拉乡村银行面向穷人提供的小额贷款产品服务，开辟了全新的产业领域，是前所未有的。亚马逊卖的书和其他零售书店没什么不同，但它卖书的方式全然不同。西南航空提供的也是航空服务，但它提供服务的方式也不同于已有的全服务航空公司。

第二，有多个要素明显不同于其他企业，而非少量的差异。如孟加拉乡村银行不同于传统商业银行之处在于以贫穷妇女为主要目标客户、贷款额度小、不需要担保和抵押等。亚马逊相比传统书店的特点在于，其产品选择范围广、通过网络销售、直接从仓库配货运送等。美国西南航空也在很多方面不同于其他航空公司，如提供点对点基本航空服务、不设头等舱、只使用一种机型、利用大城市不拥挤机场等。

第三，有良好的业绩表现，体现在成本、盈利能力、独特竞争优势等方面。如孟加拉乡村银行虽然不以盈利为主要目的，但它一直是盈利的。亚马逊在一些传统绩效指标方面良好的表现，也表明了它商业模式的优势。数倍于竞争对手的存货周转速度给它带来独特的优势，消费者购物用信用卡支付时，款项通常在 24 小时内到账，而亚马逊付给供货商的时间通常是收货后的 45 天，这意味它可以利用客户的钱长达一个半月。美国西南航空公司的利润率连续多年高于其全服务模式的同行。如今，美国、欧洲、加拿大等地区中短途民用航空市场，一半的市场份额已逐步被像西南航空那样采用低成本商业模式的航空公司占据。

1.4.1.3　商业模式创新的方法

商业模式创新就是对企业的基本经营方法进行变革。一般而言，有四种创新方法：改变收入模式、改变企业模式、改变产业模式和改变技术模式。

第一种方法是改变收入模式，就是改变企业的用户价值定义和相应的利润方程或收入模型。这就需要企业从确定用户的新需求入手。这并非市场营销范畴中的寻找用户新需求，而是从更宏观的层面重新定义用户需求，即去深刻理解用户购买你的产品需要完成的任务或要实现的目标是什么。

例如，国际知名电钻企业喜利得公司就从此角度找到用户新需求，并重新确认用户价值定义。喜利得公司一直以向建筑行业提供各类高端工业电钻著称，但近年来，全球激烈竞争使电钻成为低利润标准产品。于是，喜利得公司通过研究和分析用户所需要完成的工作，了解到他们真正需要的不是电钻，而是在正确的时间和地点获得处于最佳状态的电钻。然而，用户缺乏对大量复杂电钻的综合管理能力，经常造成工期延误。因此，喜利得公司改变了它的用户价值定义，不再出售电钻，改为出租电钻，并向用户提供电钻的库存、维修和保养等综合管理服务。为提供此用户价值定义，喜利得公司变革其商业模式，从硬件制造商变为服务提供商，并把制造向第三方转移，同时改变盈利模式。

第二种方法是改变企业模式，即改变企业在产业链中的位置和充当的角色，也就是说，改变其价值定义中“造”和“买”的搭配，一部分由自身创造，其他由合作者提供。一般而言，企业的这种变化是通过垂直整合策略或出售及外包来实现的。

例如，谷歌意识到大众不再通过桌面平台获得信息而将注意力向移动平台转移，自身仅作为桌面平台搜索引擎会逐渐丧失竞争力，就实施垂直整合，收购摩托罗拉手机和安卓移动平台操作系统，进入移动平台领域，从而改变了自己在产业链中的位置及商业模式，由软变硬。万国商业机器公司（IBM）也是如此，它在20世纪90年代初期意识到个人电脑产业无利可寻，即出售此业务，并进入IT服务和咨询业，同时扩展它的软件部门，一举改变了它在产业链中的位置和它原有的商业模式，由硬变软。

第三种方法是改变产业模式。这是最激进的一种商业模式创新，它要求企业重新定义本产业，进入或创造一个新产业。

例如，IBM通过推动智能星球计划和云计算，重新整合资源，进入新领域并创造新产业，如提供商业运营外包服务和综合商业变革服务等，力求成为企业总体商务运作的大管家。亚马逊也是如此，它正在进行的商业模式创新是将服务向产业链后方延伸，为各类商业用户提供如物流和信息技术管理的商务运作支持服务，并向它们开放自身的20个全球货物配发中心，大力进入云计算领域，成为提供相关平台、软件和服务的领导者。

第四种方法是改变技术模式。正如产品创新往往是商业模式创新的主要驱动力，技术变革也是如此。企业可以通过引进激进型技术来主导自身的商业模式创新，如当年众多企业利用互联网进行商业模式创新。

云计算是最具潜力的技术，它能提供诸多崭新的用户价值，从而给企业提供进行商业模式创新的契机。另一项重大的技术革新是3D打印技术。3D打印技术一旦成熟并商业化，将帮助诸多企业进行深度商业模式创新。汽车企业可用此技术替代传统生产线来打印零件，甚至可采用戴尔的直销模式，让用户在网上订货，并在靠近用户的场所将所需汽车打印出来。

1.4.1.4 商业模式创新的四个维度、九个模块

一般商业模式创新可以从战略定位创新、资源能力创新、商业生态环境创新以及这三种创新方式结合产生的混合商业模式创新这四个维度进行，同时也需依据商业模式画布的九要素来设计。

第一，战略定位创新主要是围绕企业的价值主张、目标客户及顾客关系方面的创新，具体指企业选择什么样的顾客、为顾客提供什么样的产品或服务、希望与顾客建立什么样的关系，其产品和服务能向顾客提供什么样的价值等方面的创新。在激烈的市场竞争中，没有哪一种产品或服务能够满足所有消费者的需求，战略定位创新可以帮助我们发现有效的市场机会，提高企业的竞争力。

例如，美国西南航空公司抓住了那些大航空公司热衷于远程航运而对短程航运不屑一顾的市场空隙，在美国的中等城市和各大城市的次要机场之间提供短程、廉价的点对点空运服务，最终发展成为美国四大航空公司之一。日本Laforet原宿个性百货商店打破传统百货商店的经营模式——每层经营不同年龄段和不同风格的服饰，专注打造以少男少女为对象的时装商城，最终成为最受时尚年轻人和海外游客欢迎的百货公司。王老吉创新性地将自己的产品定位于“饮料+药饮”这一市场空隙，为广大顾客提供可以“防上火”的饮料，正是这种不同于以往饮料行业只在产品口味上不断创新的竞争模式，最终使王老吉成为“中国饮料第一罐”。

第二，资源能力创新即企业对其所拥有的资源进行整合和运用能力的创新，主要是指围绕企业的关键活动，建立和运转商业模式所需要的关键资源的开发和配置、成本及收入源方面的创新。关键活动，是指影响其核心竞争

力的企业行为；关键资源，是指能够让企业创造并提供价值的资源。

例如，丰田以最终用户需求为起点的精益生产模式，改变了 20 世纪 70 年代以制造商为起点的商业模式，通过有效的成本管理模式创新，大大提高了企业的经营管理效率。20 世纪 90 年代，当通用发现传统制造行业的利润越来越小时，他们便改变行业中以提供产品为其关键活动的商业模式，创新地提出以利润和客户为中心的“出售解决方案”模式。在传统的经营模式中，企业的关键活动是为客户提供能够满足其需求的机械设备，但在“出售解决方案”模式中，企业的关键活动是为客户提供一套完整的解决方案，而那些器械设备则成为这一方案的附属品。有资料显示，通用的这一模式令通用在一些区域的销售利润率超过 30%。除此之外，通用还积极扩展它的利润源，建立了通用电气资本公司。

第三，商业生态环境创新是指企业将其周围的环境看作一个整体，打造出一个可持续发展的共赢的商业环境。商业生态环境创新主要围绕企业的合作伙伴进行，包括供应商、经销商及其他市场中介，在必要的情况下，还包括其竞争对手。市场是千变万化的，顾客的需求也在不断变化，单个企业无法完全这一任务，企业需要联盟、合作来达到共赢。

20 世纪 80 年代，美国最大的连锁零售企业沃尔玛和全球最大的日化用品制造商宝洁争执不断，它们相互威胁与抨击，各种口水战及笔墨官司从未间断。争执给双发都带来了损失，后来它们开始反思，最终建立了一种全新的供应商-零售商关系，把产销间的敌对关系转变成了双方均能获利的合作关系。宝洁给沃尔玛安装了“持续补货系统”，该系统由宝洁开发，使宝洁可以实时监控其产品在沃尔玛的销售及存货情况，然后协同沃尔玛完成相关销售预测、订单预测以及持续补货的计划。这种全新的协同商务模式为双方带来了丰厚的回报。

第四，混合商业模式创新是战略定位创新、资源能力创新和商业生态环境创新相互结合的一种创新方式。企业的商业模式创新一般都是混合式的，因为企业商业模式的构成要素、战略定位、内部资源、外部资源环境之间是相互依赖、相互作用的，每一部分的创新都会引起另一部分相应的变化。而且，这种由战略定位创新、资源能力创新和商业能力创新两两相结合甚至同时进行的创新方式，会给企业经营业绩带来巨大的改善。

例如，苹果公司的巨大成功，不单单源于其独特的产品设计上，还源于其精准的战略创新。苹果公司看中了终端内容服务这一市场的巨大潜力，因此，它将其战略从纯粹的出售电子产品转变为以终端为基础的综合性内容服务提供上。从其“iPad+iTune”到后来的“iPhone+App”都充分体现了这一战略创新。苹果公司的资源能力创新，突出表现在能够为客户提供充分满足其需求的产品这一关键活动上。苹果公司每一次推出新产品，都超出了人们对常规产品的想象，其独特的设计以及对新技术的采用都超出了消费者的预期。例如，消费者所熟知的重力感应系统、多点触摸技术以及视网膜屏幕的现实技术都是率先在苹果的产品上使用的。另一方面，苹果公司的成功也得益于其共赢的商业生态模式。2008 年 3 月，苹果公司发布开发包 SDK 下载，以便第三方服务开发商针对 iPhone 开发出更多优秀的软件，这既为第三方开发商提供了一个方便又高效的平台，也为自己创造了良好的商业生态环境。

1.4.2 各行业商业模式总览

1.4.2.1 “互联网+工业”：让生产制造更智能

德国“工业 4.0”与中国元素碰撞，成为德国汉诺威 IT 展览（CeBIT 2015）最大的看点，“工业 4.0”是指应用物联网、智能化等新技术提高制造业水平，将制造业向智能化转型，通过决定生产制造过程等的网络技术，实现实时管理。它“自下而上”的生产模式革命，不但节约技术创新的成本与时间，还拥有培育新市场的潜力与机会。

“互联网+制造业”和正在演变的“工业 4.0”，将颠覆传统制造方式，重建行业规则。例如，小米、乐视等互联网公司就在工业和互联网融合的变革中，不断抢占传统制造企业的市场，通过价值链重构、轻资产、扁平化、快速响应市场来创造新的消费模式。在“互联网+”的驱动下，产品个性化、定制批量化、流程虚拟化、工厂智能化、物流智慧化等都将成为新的热点和趋势。

1.4.2.2 “互联网+农业”：催生中国农业品牌化道路

农业看起来离互联网最远，但农业作为最传统的产业也决定了“互联网+农业”的潜力是巨大的。

首先，数字技术可以提升农业生产效率。例如，可以利用信息技术对地块的土壤、肥力、气候等进行大数据分析，并提供种植、施肥相关的知识，提升农业生产效率。

其次，农业信息的互联网化将有助于供需市场的对接。互联网时代的新农民不仅可以利用互联网获取先进的技术信息，也可以通过大数据掌握最新的农产品价格走势，把握市场趋势，从而决定农业生产重点。

最后，农业互联网化可以吸引越来越多的年轻人积极投身于农业品牌打造中。具有互联网思维的“新农人”群体日趋壮大，进而创造出模式更为多样的“新农业”。

农业电商将成为农业现代化的重要推手，将有效减少中间环节，使得农民获得更多利益。面对万亿元以上的农资市场以及近七亿的农村用户人口，农业电商的市场空间广阔，大爆发时代已经到来。与此同时，农民需要建立农产品的品牌意识，将“品类”细分为具有更高识别度的“品牌”。例如，联想集团董事柳传志培育“柳桃”，网易首席执行官（CEO）丁磊饲养“丁家猪”，等等。也有专注于农产品领域的新兴电商品牌获得了巨大成功，如三只小松鼠、新农哥等，都在农产品大品类中细化出个人品牌，从而提升其价值。

1.4.2.3 “互联网+教育”：在线教育大爆发

李克强总理在2015年《政府工作报告》中表示，2015年要保证投入，花好每一分钱，促进教育公平发展和质量提升，其中包括加快义务教育学校标准化建设，改善薄弱学校和寄宿制学校基本办学条件，落实农民工随迁子女在流入地接受义务教育等政策。

在线教育击中了传统教育的一些痛点，照顾到了其盲区。2014年，K12在线教育、在线外语培训、在线职业教育等细分领域的发展成为中国在线教育市场规模增长的主要动力。很多传统教育机构也在从线下教育向线上教育转型。而一些在移动互联网平台上掌握了高黏性人群的互联网公司，也在转型在线教育，如网易旗下的有道词典，就在英语垂直应用领域掌握了4亿的高价值用户，这部分用户对于在线学习英语的需求非常强烈。因此，有道词典推出了类似在线学英语、口语大师等产品和服务，深度挖掘用户需求，通过大数据技术，实现个性化推荐。基于移动终端的特性，用户可以用碎片化时间进行沉浸式学习。

1.4.2.4 “互联网+医疗”：移动医疗垂直化发展

“互联网+医疗”，实现了信息透明并改善了资源分配不均等问题，例如，挂号网等服务，可以解决大家看病时挂号排队时间长、看病等待时间长、结算排队时间长、看病时间短的“三长一短”问题。春雨医生、丁香园等轻问诊型应用的使用，则解决了部分用户就诊难的问题。

互联网医疗将会向更加专业的移动医疗垂直化方向发展，可穿戴监测设备将会是其中最有可能突破的领域。例如，iHealth推出了性能强大的血糖仪Align，它能够直接插入智能手机的耳机插孔，然后通过移动应用在手机屏幕上显示检测结果，紧凑的外形和移动能力使其成为糖尿病患者检测血糖最便利的工具；健康智能硬件厂商Withings发布了智能手表Activite Pop，它具有计步器、睡眠追踪、震动提醒等功能，其电池续航时间长达8个月；南京熙健信息技术有限公司将心电图与移动互联网结合，建立随时可以监测心脏疾病风险的移动心电图。

大数据和移动互联网与健康数据管理的结合未来有较大的发展机遇甚至可能改变健康产品的营销模式。同时，随着互联网个人健康实时管理的兴起，传统的医疗模式也或将迎来新的变革，以医院为中心的就诊模式或将演变为以医患实时问诊、互动为代表的新医疗社群模式。

1.4.2.5 "互联网+金融"：全民理财与小微企业发展

从余额宝、微信红包再到网络银行……互联网金融已悄然来到每个人身边。数据显示，2014 年上半年，国内 P2P 网络借贷平台半年成交金额近千亿元。传统金融向互联网转型，金融服务普惠民生，成为大势所趋。

"互联网+金融"将掀起全民理财热潮，低门槛与便捷性让资金快速流动，大数据让征信变得更加容易，P2P 和小额贷款发展也日益火热。这些也将有助于中小微企业、工薪阶层、自由职业者、进城务工人员等普通大众获得金融服务。

小微企业是中国经济中最有活力的实体。小微企业约占全国企业数量的 90%，创造了约 80%的就业岗位、约 60%的 GDP 和约 50%的税收，"互联网+金融"将降低小微企业的贷款门槛，激活小微企业活力。

第三方支付、P2P 小额信贷、众筹融资、新型电子货币以及其他网络金融服务平台将迎来全新发展机遇，社会征信系统也会由此建立。

1.4.2.6 "互联网+交通和旅游业"：一切资源共享起来

自然界物理空间有限，住房和车位越来越少。很多产品，人们并不一定需要百分之百地拥有，但需要考虑如何更好地使用，如果能便捷地使用，"拥有权"其实不再重要。"互联网+交通"不仅可以缓解道路交通拥堵，还可以为人们出行提供便利，为交通领域的从业者创造财富。

例如，实时公交应用，可以方便出行用户实时查询公交汽车的到站情况，减少延误和等待的时间；嘀嘀和快的不仅为用户出行带来便捷，对于出租车司机而言也减少了空车率；易到用车、嘀嘀专车和 PP 租车则使汽车资源实现共享，掀起了新时代互联网交通出行领域的新浪潮。

在旅游服务行业，旅游服务在线化、去中介化会越来越明显，自助游会逐渐成为主流。基于旅游的互联网体验社会化分享还有很大空间，类似爱彼迎（Airbnb）和途家等创建的共享模式可以让住房资源共享起来，旅游服务、旅游产品的互联网化也将有较大的想象空间。

1.4.2.7 "互联网+家电/家居"：让家电会说话，家居更聪明

目前，大部分家电产品还处于互联阶段，即仅仅介入了互联网，或者与手机实现了连接。但是，真正有价值的是互联网家电产品的互通，即不同家

电产品之间的互联互通，实现基于特定场景的联动。手机不是智能家居的唯一入口，是让更多的智能终端成为智能家居的入口和控制中心，能实现互联网智能家电产品的硬件与服务融合。“家电+家居”产品衍生的“智能化家居”，将是新的生态系统的竞争点。

例如，在2015年中国上海家电博览会上，无论是海尔、美的、创维等传统家电大佬，还是京东、360、乐视等互联网新贵，或推出智能系统和产品，或主推并参与搭建智能平台，一场智能家居的圈地大战进行得如火如荼。又如，海尔针对智能家居体系建立了七大生态圈，包括洗护、用水、空气、美食、健康、安全、娱乐居家生活，利用“海尔U+智慧生活App”将旗下产品贯穿起来；美的则发布了智慧家居系统白皮书，并明确美的构建的M-Smart系统将建立智能路由和家庭控制中心，提供除WiFi之外其他新的连接方案，并扩展到黑电、娱乐、机器人、医疗健康等品类。

在智能电视领域，乐视在展示乐视TV超级电视的同时，还主推“LePar超级合伙人”计划，希望通过创新的“O2O+C2B+众筹”多维一体合作模式，邀请LePar项目的超级合伙人，共同开拓大屏互联网市场。

1.4.2.8 “互联网+生活服务”：O2O才刚刚开始

“互联网+生活服务”将会带动生活服务O2O的大市场，互联网化的融合就是去中介化，让供给直接对接消费者需求，并用移动互联网进行实时连接。

例如、家装公司、理发店、美甲店、洗车店、家政公司、洗衣店等，都是直接面对消费者，如河狸家、爱洗车、点到等线上预订线下服务的企业，不仅节省了固定员工成本，还节省了传统服务业最为头疼的店面成本，真正将服务产业带入了高效输出与转化的O2O服务市场，再加上在线评价和评分机制，会让参与服务的这些手艺人，在业务上精益求精并注重自我完善。

当下O2O成为投资热点，事实上，这个市场才刚刚开始发展，对于传统垂直领域的改造、形成固定的黏性、打造平台等都还有很大的探索空间。

2 “互联网+工业”商业模式

引 例

北京小米科技有限责任公司成立于2010年3月3日，是一家专注于智能硬件和电子产品研发的全球化移动互联网企业，同时也是一家专注于高端智能手机、互联网电视及智能家居生态链建设的创新型科技企业。小米以手机、智能硬件和IOT（Internet of Things）平台为核心，提供智能手机、智能电视、笔记本等丰富的产品与服务。小米系投资的公司接近400家，覆盖智能硬件、生活消费用品、教育、游戏、社交网络、文化娱乐、医疗健康、汽车交通、金融等领域。

近两年在手机业务上，小米公司处于一个并不占优势的地位。华为的反超，OPPO、vivo的品牌宣传，给小米公司手机业务带来的压力越来越大。2019年，红米品牌独立之后，在中低端市场逐渐站稳了脚跟。而小米品牌手机冲击高端市场的梦，还在继续。小米业务还涉及智能硬件和IOT平台，已经建成了全球最大消费类IOT物联网平台，连接超过1亿台智能设备，在这一点上的优势是十分明显的。小米有品上的很多智能硬件都是小米投资控股的生态链商家，所以能有效地保证商品风格的统一性，功能的有效性，彼此有着很好的合作，关系密切。所以，在未来的发展上，继续丰富IOT平台和智能硬件，小米在该领域将成为行业主导。另外，小米的小爱同学作为小米的语音智能助手，同时也是IOT平台的语音智能助手，得益于米粉的训练计划、技能学习等形式，使得其智能效果，在众多的语音助手中较为出色，也使其在小米的物联网生态链中起到了至关重要的作用。所以，加强小爱同学的智能性，丰富小爱同学的功能，突出小爱同学的智能商业驱动作用，也是小米未来发展的重中之重。

（资料来源：崔子龙，《中小企业管理与科技（上旬刊）》，2021年8月12日。）

2.1 “互联网+”与“中国制造 2025”

市场经济发展到今天，竞争已经不仅仅停留在产品、技术、服务、管理、人才等方面，还必须以一种有形的模式存在和出现。商业模式，简单来说，就是指能够为公司带来收益并且收益越来越大的赚钱方式，主要包括销售模式、运营模式、资本模式三种模式。其核心就是对资源的整合能力。随着计算机科学技术的发展，互联网作为先进的商业媒介已经形成了互联网商业模式。而“中国制造 2025”[①] 正是“互联网+”与工业相结合的产物。

2.1.1 “互联网+工业”的内涵

“互联网+”代表一种新的经济形态，即充分发挥互联网在生产要素配置中的优化和集成作用，将互联网的创新成果深度融合于经济社会各领域之中，提升实体经济的创新力和生产力，形成更广泛的以互联网为基础设施和实现工具的经济发展新形态。目前，我国“互联网+”有工业互联网、电子商务和互联网金融三个重要发展方向。

“互联网+工业”即传统制造业企业采用移动互联网、云计算、大数据、物联网等信息通信技术，改造原有产品及研发生产方式，与“工业互联网”“工业 4.0”的内涵一致。“互联网+工业”的本质是在以互联网技术为主的新一代信息技术对制造业融合渗透的过程中，所引发的制造模式、生产方式和组织形态的变革。制造业经过“互联网+”的深度融合改造，将形成一个以智能工厂为载体、以互联网为驱动的新产品、新模式、新业态，以及以信息数据流为核心驱动、各生产要素之间端到端无缝协作的智能制造生态系统。

2014 年，中国互联网协会工业应用委员会等国家级产业组织宣告成立，一些互联网企业联手工业企业开始了中国版“工业互联网”实践，“互联网+工业”的大幕已拉开。

【资料链接】

“工业 4.0”与“中国制造 2025”之间的异同

相同点：占领世界工业发展先机提升国家工业发展水平。

“中国制造 2025”和“工业 4.0”两个战略都是为了面对新一轮的世界竞争，增强国家工业的竞争力，在世界工业发展中占领先机。德国推出高科技

---

① 国务院印发《中国制造 2025》，2016 年。

战略计划“工业4.0”，通过“工业4.0”战略的实施，德国希望成为新一代工业生产技术（信息物理系统）的供应国和市场主导，提升全球竞争力。中国推出“中国制造2025”计划，希望通过“中国制造2025”战略的实施，全面提升中国制造业发展质量和水平，使中国迈入制造强国行列，成为制造强国。

不同点：一个由自动化向智能迈进，一个由大向强发展。

“中国制造2025”和“工业4.0”两个战略是中德两国在不同时代提出来的。德国工业经历了三次工业革命，生产技术已经相当成熟，数控系统技术早已成为德国制造业的标配。而中国工业还处于大批量生产阶段，数控系统技术核心内容也没有完全被掌握。“中国制造2025”和“工业4.0”两个战略定位也是不同的。“中国制造2025”提出创新驱动、绿色发展、结构优化、人才为本的发展战略，“工业4.0”则提出实现智能化工厂和智能制造，由数字化向智能化迈进。德国是由制造强国向超级强国发展的，中国则是由制造大国向制造强国发展的。

（资料来源：李金华，《中国地质大学学报（社会科学版）》，2017年1月15日。）

2.1.2 中国制造2025

【资料链接】

《中国制造2025》

《中国制造2025》是经国务院总理李克强签批，由国务院于2015年5月印发的部署全面推进实施制造强国的战略文件，是中国实施制造强国战略第一个十年的行动纲领。《中国制造2025》提出，坚持“创新驱动、质量为先、绿色发展、结构优化、人才为本”的基本方针，坚持“市场主导、政府引导，立足当前、着眼长远，整体推进、重点突破，自主发展、开放合作”的基本原则，通过“三步走”实现制造强国的战略目标：第一步，到2025年迈入制造强国行列；第二步，到2035年中国制造业整体达到世界制造强国阵营中等水平；第三步，到中华人民共和国成立一百年时，综合实力进入世界制造强国前列。

《中国制造2025》应对新一轮科技革命和产业变革，立足我国转变经济发展方式实际需要，围绕创新驱动、智能转型、强化基础、绿色发展、人才为本等关键环节，以及先进制造、高端装备等重点领域，提出了加快制造业转型升级、提质增效的重大战略任务和重大政策举措，力争到2025年从制造大国迈入制造强国行列。

（资料来源：百度百科。）

2.1.2.1　“中国制造2025”的体现

“中国制造2025”是升级版的中国制造，体现为四大转变、一条主线和八项对策。

四大转变包括：一是由要素驱动向创新驱动转变；二是由低成本竞争优势向质量效益竞争优势转变；三是由资源消耗大、污染物排放多的粗放制造向绿色制造转变；四是由生产型制造向服务型制造转变。

一条主线是以体现信息技术与制造技术深度融合的数字化、网络化、智能化制造为主线。

八项战略对策分别为：推行数字化、网络化、智能化制造；提升产品设计能力；完善制造业技术创新体系；强化制造基础；提升产品质量；推行绿色制造；培养具有全球竞争力的企业群体和优势产业；发展现代制造服务业。

2.1.2.2　“中国制造2025”的主要内容

政府工作报告提出，要实施“中国制造2025”，坚持创新驱动、智能转型、强化基础、绿色发展，加快从制造大国转向制造强国。在这一过程中，智能制造是主攻方向，也是从制造大国转向制造强国的根本路径。“中国制造2025”可简单概括为“一二三四五五十”。

“一二三四五五十”的总体结构：

“一”，就是从制造业大国向制造业强国转变，最终实现制造业强国的一个目标。

“二”，就是通过两化融合发展来实现这一目标。党的十八大提出了用信息化和工业化两化深度融合来引领和带动整个制造业的发展，这也是我国制造业所要占据的一个制高点。

“三”，就是要通过“三步走”的一个战略，大体上每一步用十年左右的时间来实现我国从制造业大国向制造业强国转变的目标。

“四”，就是确定了四项原则。第一项原则是市场主导、政府引导。第二项原则是既立足当前，又着眼长远。第三项原则是全面推进、重点突破。第四项原则是自主发展和合作共赢。

“五五”，就是有两个“五”。第一就是有五条方针，即创新驱动、质量为先、绿色发展、结构优化和人才为本。还有一个“五”就是实行五大工程，包括制造业创新中心建设的工程、强化基础的工程、智能制造工程、绿色制造工程和高端装备创新工程。

“十”即为十个领域，包括新一代信息技术产业、高档数控机床和机器人、航空航天装备、海洋工程装备及高技术船舶、先进轨道交通装备、节能与新能源汽车、电力装备、农机装备、新材料、生物医药及高性能医疗器械等十个重点领域。

国务院总理李克强于2015年3月25日主持召开国务院常务会议，部署加快推进实施“中国制造2025”，实现制造业升级。会议强调要顺应“互联网+”的发展趋势，以信息化与工业化深度融合为主线，重点发展新一代信息技术、高档数控机床和机器人、航空航天装备、海洋工程装备及高技术船舶、先进轨道交通装备、节能与新能源汽车、电力装备、新材料、生物医药及高性能医疗器械、农业机械装备十大领域。会议还决定，推出《中国制造重点领域升级方向绿皮书》，用目录指引，动态调整，滚动推进。

提出十大重点发展领域，意味着“中国制造2025”不再是一个抽象的概念，而是有了具体的实施路线图。

2.1.2.3 “中国制造2025”的背景意义

制造业是国民经济的主体，是立国之本、兴国之器、强国之基。从十八世纪中叶开启工业文明以来，世界强国的兴衰史和中华民族的奋斗史一再证明，没有强大的制造业，就没有国家和民族的强盛。打造具有国际竞争力的制造业，是我国提升综合国力、保障国家安全、建设世界强国的必由之路。

中华人民共和国成立尤其是改革开放以来，我国制造业持续快速发展，建成了门类齐全、独立完整的产业体系，有力推动了工业化和现代化进程，显著增强了综合国力，支撑了世界大国地位。然而，与世界先进水平相比，中国制造业仍然大而不强，在自主创新能力、资源利用效率、产业结构水平、信息化程度、质量效益等方面差距明显，转型升级和跨越发展的任务紧迫而艰巨。

当前，新一轮科技革命和产业变革与我国加快转变经济发展方式形成历史性交汇，国际产业分工格局正在重塑。必须紧紧抓住这一重大历史机遇，按照“四个全面”战略布局要求，实施制造强国战略，加强统筹规划和前瞻部署，力争通过三个十年的努力，到中华人民共和国成立一百年时，把我国建设成为引领世界制造业发展的制造强国，为实现中华民族伟大复兴的中国梦打下坚实基础。

2015年3月5日，李克强在全国两会上作政府工作报告时首次提出“中国制造2025”的宏大计划。

2015年3月25日·，李克强组织召开国务院常务会议，部署加快推进实施“中国制造2025”，实现制造业升级。也正是这次国务院常务会议，审议通过了《中国制造2025》。

2015年5月8日，国务院正式印发《中国制造2025》。

2015年6月15日，李克强先后考察中国核电工程有限公司与工业和信息化部，在考察中，李克强说，中国制造在国家综合国力提升中功不可没，但要看到，我们在国际产业分工中总体还处于中低端水平。新形势下，实施“中国制造2025”，推动制造业由大变强，不仅在一般消费品领域，更要在技术含量高的重大装备等先进制造领域勇于争先。

2015年4月、7月和11月，李克强总理先后就经济形势召开了三次专家和企业负责人座谈会。在这三次座谈会上，钢铁、装备制造、物流等诸多传统制造业领域的企业负责人参会，“中国制造2025”成为李克强在每次座谈会上必提的话题。他反复强调，中国经济升级发展靠改革创新。企业是市场主体，也是创新主体，要继续实施创新驱动战略，抓住国家推出“中国制造2025”的契机，面向市场，贴近需求，着力提升核心竞争力和品牌塑造能力。

“中国制造2025”是在新的国际国内环境下，中国政府立足于国际产业变革大势，作出的全面提升中国制造业发展质量和水平的重大战略部署。其根本目标在于改变中国制造业“大而不强”的局面，通过10年的努力，使中国迈入制造强国行列，为到2045年将中国建成具有全球影响力的制造强国奠定坚实基础。

2.1.2.4 “中国制造2025”的五大工程

(1) 制造业创新中心（工业技术研究基地）建设工程

围绕重点行业转型升级和新一代信息技术、智能制造、增材制造、新材料、生物医药等领域创新发展的重大共性需求，形成一批制造业创新中心（工业技术研究基地），重点开展行业基础和共性关键技术研发、成果产业化、人才培训等工作。制定、完善制造业创新中心遴选、考核、管理的标准和程序。力争到2025年形成40家左右制造业创新中心（工业技术研究基地）。

(2) 智能制造工程

紧密围绕重点制造领域关键环节，开展新一代信息技术与制造装备融合的集成创新和工程应用。支持政产学研用联合攻关，开发智能产品和自主可控的智能装置并实现产业化。依托优势企业，紧扣关键工序智能化、关键岗位机器人替代、生产过程智能优化控制、供应链优化，建设重点领域智能工厂/数字化车间。在基础条件好、需求迫切的重点地区、行业和企业中，分类实施流程制造、离散制造、智能装备和产品、新业态新模式、智能化管理、智能化服务等试点示范项目及应用推广。建立智能制造标准体系和信息安全保障系统，搭建智能制造网络系统平台。到2025年，制造业重点领域全面实现智能化，试点示范项目运营成本降低50%，产品生产周期缩短50%，不良品率降低50%。

(3) 工业强基工程

开展示范应用，建立奖励和风险补偿机制，支持核心基础零部件（元器件）、先进基础工艺、关键基础材料的首批次或跨领域应用。组织重点突破，针对重大工程和重点装备的关键技术和产品急需，支持优势企业开展政产学研用联合攻关，突破关键基础材料，核心基础零部件的工程化、产业化瓶颈。强化平台支撑，布局和组建一批“四基”研究中心，创建一批公共服务平台，完善重点产业技术基础体系。到2025年，70%的核心基础零部件、关键基础材料实现自主保障，80种标志性先进工艺得到推广应用，部分达到国际领先水平，建成较为完善的产业技术基础服务体系，逐步形成整机牵引和基础支撑协调互动的产业创新发展格局。

(4) 绿色制造工程

组织实施传统制造业能效提升、清洁生产、节水治污、循环利用等专项技术改造。开展重大节能环保、资源综合利用、再制造、低碳技术产业化示范。实施重点区域、流域、行业清洁生产水平提升计划，扎实推进大气、水、土壤污染源头防治专项。制定绿色产品、绿色工厂、绿色园区、绿色企业标准体系，开展绿色评价。到2025年，制造业绿色发展和主要产品单耗达到世界先进水平，绿色制造体系基本建立。

(5) 高端装备创新工程

组织实施大型飞机、航空发动机及燃气轮机、民用航天、智能绿色列车、节能与新能源汽车、海洋工程装备及高技术船舶、智能电网成套装备、高档数控机床、核电装备、高端诊疗设备等一批创新和产业化专项、重大工程。开发一批标志性、带动性强的重点产品和重大装备，提升自主设计水平和系统集成能力，突破共性关键技术与工程化、产业化瓶颈，组织开展应用试点和示范项目，提高创新发展能力和国际竞争力，抢占竞争制高点。到2025年，自主知识产权高端装备市场占有率大幅提升，核心技术对外依存度明显下降，基础配套能力显著增强，重要领域装备达到国际领先水平。

2.1.2.5 “中国制造2025”的国外情况

德国的“工业4.0”、美国的“先进制造伙伴计划”已在各国风起云涌。中国也在积极地尝试借鉴并创新各国的先进经验，如目前已与德国就“工业4.0”展开全面对接合作。

2015年12月23日，国务院发布了关于《中德（沈阳）高端装备制造产业园建设方案》的批复文件。作为“中国制造2025”与德国“工业4.0”战略对接合作的重要载体，中德产业园成为国家批复的第一个以中德高端装备制造产业合作为主题的战略平台。

德国思爱普公司制造行业首席专家戈兰·郭（Golan Kwok）表示，中德企业大可利用工业 4.0 的到来，推动制造业向智能制造转型升级。沈阳机床集团欧洲集群总裁张天君认为，传统制造在技术上如何利用互联网实现新的工业革命，是智能化升级的重要阶段。

中德高端装备制造产业园坐落于东北装备制造业密集区沈阳铁西区，这里规模以上企业 482 家、跨国公司超 100 家、世界 500 强企业超 50 家。德国在沈阳投资的宝马、巴斯夫等 22 家企业都在此集中落户。宝马将全球技术最先进的整车工厂、发动机工厂以及本土之外唯一的研发中心都设在了这里。“中国制造 2025”的代表性企业沈阳机床等也集中于此。作为国家战略，中德高端装备制造产业园将担负起承接中德两国制造业深度合作、实现信息化和工业化深度融合、走新型工业化道路示范区的使命，并成为世界级装备制造业集聚区。

截至目前，园区已在中德两国举行推介活动 13 次，接待国内外来访团组 50 多个，与德国国际合作机构、德国商会、德国中小企业联合会、德勤公司等商会协会及中介机构建立合作联系。目前，园区已建成各类项目 35 个，重点推进项目 74 个，其中智能制造项目 10 个，先进机械制造项目 14 个，汽车制造项目 30 个，工业服务项目 14 个。

2.2 云计算、大数据、物联网、移动互联网与“互联网+制造业”的关系

2.2.1 “互联网+制造业”的内涵

2.2.1.1 “互联网+”的概念

“互联网+”代表一种新的经济形态，即充分发挥互联网在生产要素配置中的优化和集成作用，将互联网的创新成果深度融合于经济社会各领域之中，提升实体经济的创新力和生产力，形成更广泛的以互联网为基础设施和实现工具的经济发展新形态。

2.2.1.2 “互联网+制造业”的背景

（1）政府表态

在 2015 年的政府工作报告中，李克强总理提出，“制定‘互联网+’行动计划，推动移动互联网、云计算、大数据、物联网等与现代制造业结合，促进电子商务、工业互联网和互联网金融健康发展，引导互联网企业拓展国际

市场"。

工业和信息化部的主要任务是推动"互联网+"制造业发展，在传统制造业领域推动互联网工具的应用，这实际上与"两化融合"的方向是一致的。

发展和改革委员会牵头制订"互联网+"行动计划，利用互联网优势，加快促进传统产业转型升级和提质增效，并通过融合发展培育新业态和新增长点。

（2）行业观点

行业观点顾名思义即整个制造业从生产到销售各企业对"互联网+制造业"的看法与态度，这里提供10条最新观点供参考，见图2.1。

行业观点	
"互联网+制造业"要起"化学反应"	"互联网+制造业"：地方政府切莫热情过度
"互联网+工业"开创制造业新思维	利用互联网将制造业变身"智造业"
"互联网+"和工业制造业结合将带来重大机遇	"互联网+"融合"工业4.0"是传统行业的突围之术
制造业再成为经济竞争制高点，"互联网+"渗入其中	中国制造业谋变"互联网+"是未来趋势
"互联网+"在延伸制造业渠道	"互联网+"是制造强国的新引擎

图2.1 "互联网+制造业"的行业观点

2.2.1.3 制造业"互联网+"时代已拉开序幕

"互联网+"，其实更偏重的是企业利用互联网来实现业务模式和产业模式的创新。"互联网+"并非简单的互联网与传统行业的结合，这种结合一定要发生化学变化，实现产业的革新。

【资料链接】

中国制造业与互联网间的较量

2013年移动互联网大潮开始涌现，与此同时，互联网造就了很多商业神话，诸如百度、阿里、腾讯、拼多多、小米、美团等。而传统制造业则正在经历转型升级的阵痛，甚至沦落为沉默的大多数。互联网技术和模式对传统行业带来了巨大的冲击，制造业的利润不断被电商平台掠夺，大多数制造业不得不面临转型，通过升级改革来适应互联网的发展。在2019中国国际数字经济博览会主题峰会上，格力集团"掌门人"董明珠表示：互联网不重要，制造业比互联网更重要。董明珠表示，如果所有人都去做互联网，整个经济就会混乱，互联网必须要靠实体经济来支撑。就这样，她凭借一己之力，几乎成为制造业唯一的发声者和代言人。

但无论制造业发展如何，有一点人们必须要相信，互联网的出现一定是好的。因为互联网的应用和发展一定能够改变很多东西，能够创造出新的价值，它会有更大的发展空间。对此，董明珠也强调制造业要拥抱互联网，中国制造要智能化。在网易科技“致前行者”节目中，董明珠表示：“传统制造业就像一个老虎，互联网就像是给老虎增加的翅翼，让它飞了起来，这就是颠覆。但没有老虎是不行的。”

对传统制造业来说，主动拥抱互联网才是一个明智的选择。因为有些互联网企业不做产品，是做互联网应用和服务的，这和制造业应该是天然的合作伙伴。

（资料来源：佚名，慧聪网中国机械社区，2019 年 10 月 31 日。）

2.2.1.4 “互联网+”是实践智能制造的重要支撑

当前中国工业基础相比于欧美及日本等工业强国还是比较薄弱的。中国制造要实现智能制造，必须先提升制造业的基础。李克强总理在提出要制订“互联网+”行动计划时，也强调要推动互联网、云计算、大数据、物联网等与现代制造业结合。这突出说明，“互联网+”行动计划不仅仅包含互联网，也包括云计算、大数据、物联网等新兴技术在内的一系列关键技术。

以互联网为代表的信息技术在制造业领域的应用，创造了无数的智能装备、智能产品，开辟了一个又一个新市场，创造了不可估量的新需求。樊会文说：“互联网与制造业的融合创新与相互促进，一方面为我国制造业转型升级提供了具体可行的技术路径，另一方面也为互联网产业发展开辟了不可估量的应用市场。”

2.2.2 云计算与“互联网+制造业”

2.2.2.1 云计算

云计算（cloud computing）是基于互联网的相关服务的增加、使用和交付模式，通常涉及通过互联网来提供动态易扩展且经常是虚拟化的资源。云是网络、互联网的一种比喻说法。过去在图中往往用云来表示电信网，后来也用来表示互联网和底层基础设施的抽象。云计算甚至可以让人体验每秒 10 万亿次的运算能力，这么强大的计算能力可以模拟核爆炸、预测气候变化和市场发展趋势。用户可以通过电脑、手机等方式接入数据中心，按自己的需求进行运算。

2.2.2.2 云计算的特点

云计算是使计算分布在大量的分布式计算机上，而非本地计算机或远程服务器中。企业数据中心的运行与互联网更相似，这使得企业能够将资源切换到需要的应用上，根据需求访问计算机和存储系统。云计算好似从古老的单台发电机模式转向了电厂集中供电的模式。它意味着计算能力也可以作为一种商品进行流通，就像煤气、水电一样，取用方便，费用低廉。被普遍接受的云计算特点如下。

(1) 超大规模

“云”具有相当的规模，谷歌（Google）云计算已经拥有100多万台服务器，亚马逊（Amazon）、万国商业机器公司（IBM）、微软、雅虎（Yahoo）等的“云”均拥有几十万台服务器。企业私有云一般拥有数百上千台服务器。“云”能赋予用户前所未有的计算能力。

(2) 虚拟化

云计算支持用户在任意位置、使用各种终端获取应用服务。所请求的资源来自“云”，而不是固定的有形的实体。应用在“云”中某处运行，但实际上用户无须了解，也不用担心应用运行的具体位置。只需要一台电脑或者一个手机，就可以通过网络服务来实现我们需要的一切，甚至包括超级计算这样的任务。

(3) 高可靠性

“云”使用了数据多副本容错、计算节点同构可互换等措施来保障服务的高可靠性，使用云计算比使用本地计算机可靠。

(4) 通用性

云计算不针对特定的应用，在“云”的支撑下可以构造出千变万化的应用，同一个“云”可以同时支撑不同的应用运行。

(5) 高可扩展性

“云”的规模可以动态伸缩，满足应用和用户规模增长的需要。

(6) 按需服务

“云”是一个庞大的资源池，可以按需购买。另外“云”可以像自来水、电、煤气那样计费。

(7) 极其廉价

由于“云”的特殊容错措施，可以采用极其廉价的节点来构成云。“云”的自动化集中式管理使大量企业无须负担日益高昂的数据中心管理成本，“云”的通用性使资源的利用率较之传统系统大幅提升，因此用户可以充分享受“云”的低成本优势，经常只要花费几百美元、几天时间就能完成以前需要数万美元、数月时间才能完成的任务。

云计算可以彻底改变人们未来的生活，但同时也要重视环境问题，这样才能真正为人类进步做贡献，而不是简单的技术提升。

（8）潜在的危险性

云计算服务除了提供计算服务外，还必然提供存储服务。但是云计算服务当前垄断在私人机构（企业）手中，而他们仅仅能够提供商业信用。政府机构、商业机构（特别是像银行这样持有敏感数据的商业机构）对于选择云计算服务应保持足够的警惕。一旦商业用户大规模使用私人机构提供的云计算服务，无论其技术优势有多强，都不可避免地让这些私人机构以“数据（信息）”的重要性挟制整个社会。对于信息社会而言，“信息”是至关重要的。云计算中的数据对于数据所有者以外的其他用户是保密的，但是对于提供云计算的商业机构而言确实毫无秘密可言。所有这些潜在的危险，是商业机构和政府机构选择云计算服务，特别是国外机构提供的云计算服务时，不得不考虑的一个重要的前提。

2.2.2.3 云计算在制造业中的应用

云设计、云生产、云管理、云试验、云分析、云服务等为核心的云端制造生态体系加速形成。

（1）在公共集成云端制造服务平台方面

山东家居行业正式推出云制造公共服务平台。该平台利用云计算、大数据等新一代信息技术，深度整合与配置线上线下资源，打造家居产业链条上下游企业内外部生产、设计、销售、物流等环节的云协同体系。目前，已有130多家龙头企业入驻平台，并带动2万多家企业集聚。航天科工集团以丰富的制造资源和能力云池为依托，推出集产业互联网平台、开放创业平台和生产性服务业平台为一体的综合性服务平台——航天云网。东莞市与中国科学院合作共建智能制造云服务平台，利用互联网、云计算等新一代信息技术，推进研发设计、数据管理、工程服务等制造资源的开放共享。

（2）在专业细分云端制造服务平台方面

国内首个工业SaaS云——北京“云链”工业SaaS云平台正式上线。三一重工集团积极建设互联网在线诊断云平台，实时远程在线监控工程机械的运行状况，深度挖掘装备运行大数据并及时有效地安排设备检测和维修。远大集团通过全年全天候不间断地对空调产品循环扫描，将用户数据汇聚进产品云检测池，对采集来的数据进行建模分析，获悉机组的运行状况并预测未来走势。

制造业公司分布在世界各地的各相关部门能够将数据上传到云中进行共享和同步，通过与各个物料和零件供应商之间的公有云平台，随时了解它们的库存与市场行情，调整组装和备料方案，在最短的时间内完成产品的设计、生产和上市流程。除此之外，云计算平台还能整合企业内部的行政系统、电子化工作流程。世界各地的员工都可以通过私有云连接在一起，利用网络系统开会，减少差旅成本，进行协同设计。

【资料链接】

阿里云VS腾讯云，谁才是中国未来的云计算？

阿里云在2009年就开始布局云计算领域，具有先发优势，市场份额和营业收入均远高于腾讯云。此外，阿里云的自主研发模式与To B业务进程也领先于腾讯云。但是腾讯自身在游戏、视频、社交、出行等业务方面是市场的领头羊，拥有强势地位，使得腾讯云在这些领域的行业解决方案拥有较强竞争力。

高盛的研究报告指出，2019年云计算的市场渗透率将突破10%，达到11.3%。研究表明，一项技术的渗透率一旦超过10%，将会进入加速增长阶段。毫无疑问，云服务这个市场即将进入更高速的增长阶段，也会迎来更多的变数。

综上所述，当前阿里云是中国的“云计算”，但是腾讯云奋起直追的效率惊人，不容小觑。未来云计算行业仍然存在较多变数，“两朵云”之战值得期待。

（资料来源：吴小燕，前瞻产业研究院，2019年10月9日。）

此外，云计算还能有效地保护知识产权。当企业向世界各地，尤其是向发展中国家进行迁移的时候，如果重新在当地建设新系统，不仅耗费大量的费用，也不利于企业对专利技术的保护。通过建立自己的云计算平台，企业能够对资产和资源进行集中式的控制和管理，降低企业在专利技术上的风险。例如，我国台湾地区某制造业领军企业部署桌面云有效保护知识产权的具体方案。在该制造业公司实施云计算方案前，知识产权失窃的情况屡有发生，而实施此云计算方案后，再没有发生知识产权通过桌面系统（包括员工电脑等）失窃的例子，直接挽回的经济损失超过数百万美元。

2.2.3 大数据与“互联网+制造业”

2.2.3.1 大数据的概念

大数据（big data），指无法在可承受的时间范围内用常规软件工具进行捕捉、管理和处理的数据集合，是需要新处理模式才能具有更强的决策力、洞察发现力和流程优化能力来适应海量、高增长率和多样化的信息资产。

2.2.3.2 大数据的结构

大数据是互联网发展到现今阶段的一种表象或特征，在以云计算为代表的技术创新大幕的衬托下，这些原本很难收集和使用的数据开始容易被利用起来了。通过各行各业的不断创新，大数据会逐步为人类创造更多的价值。

第一层面是理论。理论是认知的必经途径，也是被广泛认同和传播的基线。首先，从大数据的特征定义理解行业对大数据的整体描绘和定性。其次，从对大数据价值的探讨来深入解析大数据的珍贵所在。再次，洞悉大数据的发展趋势。最后，从大数据隐私这个特别而重要的视角审视人和数据之间的长久博弈。

第二层面是技术。技术是大数据价值体现的手段和前进的基石。在这里分别从云计算、分布式处理技术、存储技术和感知技术的发展来说明大数据从采集、处理、存储到形成结果的整个过程。

第三层面是实践。实践是大数据的最终价值体现。可以分别从互联网的大数据、政府的大数据、企业的大数据和个人的大数据四个方面来描绘大数据已经展现的美好景象及即将实现的蓝图。

2.2.3.3 大数据在制造业中的应用

在当今经济环境中，良好的客户服务和客户体验至关重要。越来越多的企业通过挖掘客户数据提升客户关系，了解客户需求。今天的客户关系管理（CRM）数据分析能力已经不止局限于客户邮件、电话等数据，还能够识别客户购买行为，了解客户情绪。

麦肯锡咨询公司发布的《如何利用大数据改进制造业》的报告列举了10条大数据颠覆制造过程的路径，涉及优化生产进度，提高制造绩效，精确供应商管理，追踪产品质量，改进工作流程，以销定产，制订生产计划，量化产能，追踪设备运转效率，以及提供生产设备预防性维护建议等方面。

大数据影响到生产制造、运营、管理的方方面面，而从目前大数据在制造业的应用范围来看，现在的专家学者从客户关系管理（CRM）、优化生产以及供应链管理三方面窥探大数据的无限可能。

2012年海尔推出帝尊空调，如何精准地预测有哪些用户可能选购帝尊空调？如何送去个性化的服务方案？海尔从SCRM会员数据库中提取了数万名用户数据，与中国邮政的名址数据库匹配，建立“look-alike”模型。此外，海尔SCRM会员平台还同旅游、健康类杂志合作。海尔通过查询订阅名录，发现北京一小区有人订阅旅游杂志，其中有位陈先生。海尔得出“他对环境、自然应该感兴趣”的结论，于是推测，他极有可能对帝尊空调除PM2.5功能感兴趣。接着，陈先生收到了海尔投递的一封直邮单页，除了公益环保知识外，重点介绍了帝尊空调的除PM2.5功能。接下来的事情就水到渠成了，陈先生带着直邮单页，到附近的商超购买了空调，并且还登录海尔官方网站，自主注册成为海尔会员。

2.2.4 物联网与“互联网+制造业”

2.2.4.1 物联网

“物联网就是物物相连的互联网”。这有两层意思：首先，物联网的核心和基础仍然是互联网，是在互联网基础上延伸和扩展的网络；其次，其用户端延伸和扩展到了物品与物品之间，在物品与物品之间进行信息交换和通信。

2.2.4.2 物联网的两种商务模式

第一，MAI（M2M Application Integration），内部 MaaS。

第二，MaaS（M2M As A Service），MMO，Multi-Tenants（多租户模型）。

2.2.4.3 物联网的应用及本质

物联网是在计算机互联网的基础上，利用射频自动识别（RFID）、无线数据通信等技术，构造一个覆盖世界上万事万物的“Internet of Things”。在这个网络中，物品（商品）能够彼此进行“交流”，而无须人的干预。其实质是利用 RFID 技术，通过计算机互联网实现物品（商品）的自动识别和信息的互联与共享。

而 RFID，正是能够让物品“开口说话”的一种技术。在“物联网”的构想中，RFID 标签中存储着规范而具有互用性的信息，通过无线数据通信网络把它们自动采集到中央信息系统，实现物品（商品）的识别，进而通过开放性的计算机网络实现信息交换和共享，实现对物品的“透明”管理。物联网九大应用方向如图 2.2 所示。

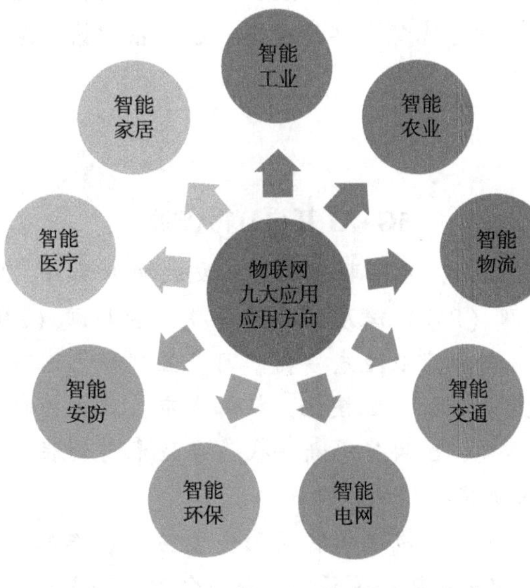

图 2.2 物联网九大应用方向

2.2.4.4 物联网改变制造业

(1) 制造业与物流进入新时代

实际上，早就有厂商将物联网与第四次工业革命联系到一起，这就是“工业 4.0”的概念。其他厂商所提出的“工业互联网”“智能工业”等论点，与“工业 4.0”基本理论相似。这些概念认为，新的技术变革将导致生产控制系统分散化，生产领域的网络连接将越来越密集，并引发制造业出现根本性转变。

同时，物联网会贯穿物流与供应商的网络。从实际情况来看，制造商需要与越来越多的供应商进行协调。在全球化经济下，这些供应商很有可能来自国外。

德国工程公司博世集团董事会副主席齐格弗里德·戴斯（Siegfried Dais）近期在接受麦肯锡访问时表示：“如果工厂实行精细化生产的话，其能够将库存保持在最低水平。部件不断被运往全球各地，常常一天内就能运到。有了物联网，这个系统肯定不会局限于某几家工厂，而是将多家工厂，甚至多个地区联系起来。”

(2) 物联网是流程与设备的“黏合剂”

未来的制造过程中，一块金属或原材料会自动告知管理系统自身的属性：“我是属于产品 X 中的模块，这一产品会被交付给客户 Y。”实际上，早在跨上生产线之前，这个未被加工过的材料就已经知道自己要被交给哪个客户，应该在哪里进行处理加工，何时进入生产线等方面的所有信息。一旦材料进入到机器中，材料本身会记录在生产过程中出现的任何问题，预测产品何时会下线，并知道以何种方式交到客户手里。这一幕也许不会马上出现，但绝对会朝这个方向发展。

【资料链接】

5G+AI 开启万物智联

2019 年 5G 正式商用，为物联网的持续发展增加动力。2019 年也是人工智能（AI）与物联网（IOT）深度结合的一年，智联网（AIOT）应运而生。我国政策聚焦重点应用和产业生态，物联网产业规模已达万亿元，物联网应用从闭环、碎片化走向开放、规模化，智慧城市、工业物联网、车联网等率先突破。5G、人工智能、区块链等新一代信息技术与物联网加速融合，开启了“万物智联”“人机深度”的新时代。

作为 5G 重要的应用领域及物联网的重要分支，车联网发展速度惊人。2019 年 6 月 20 日，国家发展和改革委员会联合财政部发布了《关于降低部分行政事业性收费标准的通知》，对5 905～5 925MHz频段车联网直连通信系统频率占用费标准实行"头三年免收"的优惠政策，积极推动了我国车联网行业的发展。

（资料来源：田小梦、孟月，《通信世界》，2019年12月6日。）

2.2.5 移动互联与"互联网+制造业"

2.2.5.1 移动互联的定义

移动互联网是互联网与移动通信各自独立发展后互相融合的新兴市场，目前呈现出互联网产品移动化强于移动产品互联网化的趋势。

在技术层面，移动互联网以宽带IP为技术核心，可以同时提供语音、数据和多媒体业务的开放式基础电信网络。

从终端角度定义，移动互联网是指用户使用手机、笔记本电脑、平板电脑等移动终端，通过移动网络获取移动通信网络服务和互联网服务。

2.2.5.2 移动互联的特点

（1）终端移动性

移动互联网业务使得用户可以在移动状态下接入和使用互联网服务，移动终端便于用户随身携带和随时使用。

（2）业务使用的私密性

在使用移动互联网业务时，所使用的内容和服务更私密，如手机支付业务等。

（3）终端和网络的局限性

移动互联网业务也受到了来自网络能力和终端能力的限制：在网络能力方面，受到无线网络传输环境、技术能力等因素限制；在终端能力方面，受到终端大小、处理能力、电池容量等的限制。无线资源的稀缺性决定了移动互联网必须遵循按流量计费的商业模式。

（4）业务与终端、网络的强关联性

由于移动互联网业务受到了网络及终端能力的限制，因此，其业务内容和形式也需要适合特定的网络技术规格和终端类型。

2.2.5.3 移动互联的应用

随着移动互联网和智能手机的普及，在我国，基于移动互联应用体系的智能家居已经步入产品化发展阶段，目前已推出移动互联电视。

目前我国移动互联还有很大的发展空间，除了应用于零售业务、在线教育和旅游等第三产业外，移动互联在其他领域应用较少，如何将移动互联应用到制造业中成为"互联网+制造业"发展探索的方向。

2.3 “互联网+工业”商业模式创新

从以蒸汽机发明为标志的第一次工业革命开始，到1923年引进分工劳作的流水线开启第二次工业革命时代，再到利用电子和IT系统升级自动化生产的第三次工业革命，都催生了代表性的新产品与新型生产方式，从根本上重新盘活经济和社会的各个环节，甚至能够改变国家间力量对比，由此推动国内与国际竞争态势发生根本性的转变。

互联网对工业的影响可以表现为：所有参与价值创造的相关实体形成网络，获得随时从数据中创造最大价值流的能力，从而实现所有相关信息的实时共享。以此为基础，通过人、物和系统的连接，实现企业价值网络的动态建立、实时优化和自组织，根据不同的标准对成本、效率和能耗进行优化。

【资料链接】

融资2.8亿元，沈阳机床转型之路能否“自救”？

回想2003到2011年，经历了国有企业改革阵痛的沈阳机床曾迎来“黄金十年”。伴随着政策扶持和工业崛起，沈阳机床通过扩大生产抢占机床市场，满足日益扩大的市场需求，最终在2011年坐上了世界机床行业销量的第一把交椅，并且一坐就是四年。但其实从2012年开始，沈阳机床的利润就开始大幅下滑。2019年8月16日，沈阳中院依法受理沈阳机床破产重整的申请。2019年9月3日，沈阳机床等来了中国通用技术（集团）控股有限责任公司的共益债借款2.8亿元。无疑，这些资金为沈阳机床转型争取到了时间。

国产机床本身在技术上就落后于国际水平，作为中国机床产业发展的代表，沈阳机床先后投入十几亿元的资金研发出i5智能机床，并通过新的业务模式勇于突围。目前追赶国外企业依然道阻且长，沈阳机床需要更多的时间和资金去证明“中国智造”的实力。无论如何，沈阳机床的经历已经向中国制造企业证明，唯有掌握核心技术的产品才能让企业在复杂的市场环境中生存；中国制造业也应该积极拓展新的业务模式，适应新的市场环境。传统企业的数字化转型，仍需要更多的摸索和尝试。

（资料来源：http：//www. Sohu. com/a/338734669_ 115035。）

互联网尤其是移动互联网已经渗透到我们日常生活的方方面面，带来巨大而深刻的变革。就商业而言，它改变了交易场所、拓展了交易时间、丰富了交易品类、加快了交易速度、减少了中间环节。在互联网时代，传统的以供给为导向的商业模式正逐渐走向消亡，以需求为导向的互联网商业模式正在兴起。

2.3.1 对制造企业经营环境的影响

互联网的广泛应用对制造型企业的经营环境产生了巨大影响。网络的无限性和知识外溢效应使得企业的市场边界和产业边界变得模糊。

2.3.1.1 市场边界模糊

互联网的使用使得市场的边界变得模糊，从而拓宽了市场的范围。一方面，市场范围的拓宽带来了更多的潜在顾客，有助于提高企业的市场占有率；另一方面，市场范围的拓展增加了企业面对的竞争对手数量，加剧了行业竞争。

2.3.1.2 产业边界模糊

一方面，互联网带来的信息快速传递和低获取成本使得某些传统上被认为是“异质的”资源变为普通资源，更容易被其他企业所获取，从而削弱了企业的竞争优势；另一方面，知识的溢出使厂商跨越产业边界成为可能，跨界者用开放式创新给企业提供创新商业模式的机会。

2.3.2 对商业模式各要素的影响

2.3.2.1 对价值主张的影响

在工业经济时代，厂商通过“产品化”规模生产产生效能，而“产品化”把人类丰富的情感、物质需求变成单一的物品，并拼命地大规模复制。随着互联网技术的广泛应用，网络的开放、兼容并包等特性使人们逐渐挣脱束缚，需求呈多样化发展，追求个性化产品，使得追求规模经济的传统工业所生产的大众产品受到挑战。在这种背景下，企业很难用传统的市场调查等办法了解客户需求及其变化。互联网为企业和客户之间的有效沟通提供了途径，生产组织模式从以生产者为核心的大规模集中生产转向按需制造，个性化、柔性化生产。

2.3.2.2 对价值链的影响

波特的“价值链”理论揭示，企业与企业的竞争，不只是某个环节的竞争，而是整个价值链的竞争，整个价值链的综合竞争力决定了企业的竞争力。工业企业利用互联网，可以随时接收来自客户的订单信息，并及时把订单信息传递给原材料供应商，沟通供需要求，从而降低沟通成本和搜寻成本；利用在线系统监测销售量，准确地进行顾客的需求预测，在察觉购买者需求变动时及时调整自己和供应商的生产计划；可以在全球范围内搜寻在品质和价格等各方面合适的要素供应商，从而降低生产成本；利用大众智慧，进行产品创新，不但可以增加客户对新产品的体验度，避免企业开发产品的盲目性，还能够节约产品开发成本；利用网络营销，能降低初始投入和库存成本，并且可以节省客户的时间和精力，提高购物效率；利用互联网，企业能够更有效率地为客户提供售前和售后服务。总体来说，互联网提高了制造企业价值链的效率，促进了企业价值链的优化和重构。

2.3.2.3 对企业关系网络的影响

从使用价值到价值的转换是一次“惊险的跳跃”，因为企业内部的一切努力，都要靠客户对商品的购买得以实现，所以客户是企业最重要的资源。因此，企业能否了解客户的真正需求，不断改进产品和服务质量，以比同行更低的价格提供同类产品或以相同的价格提供质量更好的产品，并提高客户能感知到的商品价值和对品牌的忠诚度，成为现代企业在市场上立足的关键。在互联网时代，企业与客户之间形成了一种互动的关系。通过互联网，企业和客户之间的沟通变得更加容易。一方面，企业能够及时了解客户的确切需求及其变化，以便更有针对性地满足客户的需求、及时修订生产计划和与供应商的订单；另一方面，客户在与企业沟通的过程中，充分表达了其消费诉求，提高了其对产品的体验度，得到了个性化的商品或服务。同时，企业能够利用互联网带来的海量消费信息和客户智能管理系统，系统分析客户的需求，更好地把握市场动向，对客户进行系统营销和维护，从而增加企业的盈利能力。传统制造企业与供应商之间竞争多于合作，缺乏及时的信息沟通，导致制造企业商业模式缺乏应对市场需求变化的能力。在互联网条件下，及时有效的双向交流使合作共赢成为企业间关系的常态。通过专业的信息化处理，企业和供应商重新整合自身和对方的资源和优势，形成新的竞争优势。

2.3.2.4 对成本的影响

以计算机技术为基础的电子商务的优势在于以下几方面。

第一，降低了新产品的研发成本。通过互联网进行的市场调查和与顾客的在线沟通能够覆盖更广的客户群，极大地改善企业与顾客之间信息不对称的状况，产品由企业自主研发变为以顾客为主的共同研发。

第二，降低了库存成本。一个地区的滞销产品可能在其他地区还有市场需求，但是顾客和厂商之间的信息不对称造成了产品积压。电子商务能使潜在顾客了解商品的信息，并能够与卖家实时沟通，从而使“滞销”产品有了销路，减少了厂商的库存，延长了产品的生命周期。

第三，降低了产品的生产成本。互联网的发展，加强了企业之间联系的广度和深度，使分布在不同地区的企业和人员协同工作，共同完成一个研究和项目，改变过去信息封闭时代的分阶段合作方式，最大限度地减少了因信息封闭而出现的等待时间，缩短了生产周期，从而降低了产品的生产成本。

第四，减少了固定投资。网上商店的建立，减少了一些传统的基础设施，如仓储设施、新产品展示厅、销售店铺等的投入。

小米互联网商业模式分析

（1）价值主张

小米公司的价值主张是为客户提供高性价比的商品，这主要体现在两个方面。一是提高产品价值，降低顾客成本。小米公司的产品要求极致的性价比，带给客户最好的体验，最良心的价格。无论是在产品的代工生产，还是研发方面，小米都投入了很多。客户得到的是有着较低的价格、较高的配置的商品。二是智能生活，小米智能生活价值主张的实现，主要依靠其 AIOT 平台的发展，目前小米已经建成了全球规模最大的物联网平台。

（2）目标客户

小米公司的目标市场主要细分为大众市场、利基市场、平台或市场以及多元化市场。

大众市场：高配置低价格，满足大部分年轻客户的需求。

利基市场：市场的特定需求定制，这种商业模式主要体现在与移动、联通、电信运营商的合作上。

平台或市场：提供商品给第三方平台或供应商。

多元化市场：经营业务多元化，开售手机周边商品，迎合不同客户需求。

（3）分销渠道

小米的分销渠道，有自有渠道以及合作伙伴渠道，并且划分为直接渠道与非直接渠道。线上主要有小米商城、小米有品等平台网站，线下有小米之家体验店、批发商或者其他合作伙伴的店铺。

（4）客户关系

小米维持客户关系，主要通过个人助理、自动服务、专用个人助理、共同创造、社区、自动化渠道实现。

个人助理：基本人与人之间的互动，可以通过客服热线和企业电子邮件等手段进行。

自动服务：通过设置客服机器人，为客户提供自助解决方式。

专用个人助理：为高价值客户群体提供专门的服务方式。

共同创造；让客户参与到小米生态系统的开发中。

社区：利用客户社区与潜在客户群体建立联系，建立小米社区。

自动化；通过大数据，根据需求为客户推送服务。

（5）关键业务

小米的服务主要为硬件、软件和互联网服务三项关键业务。硬件方面，小米主要拥有手机以及米家设备，覆盖范围广泛。软件方面，小米拥有热度相当高的MIUI系统，以及小米系下的大量App。互联网服务有米聊、小米云服务等。

（6）核心资源

在实体资产方面，小米有手机生产线、电商平台以及小米公司不动产。在知识产权方面，小米有品牌专业知识、专利合作关系等。在人力资源方面，小米拥有实力强大的管理团队和经验丰富的研发团队。在金融资产方面，小米有现金期货和其他公司的股权，如小米拥有着凡客诚品的股权，以及旗下生产米家物联网产品的大部分公司的部分或全部股权。

（7）重要合作

小米与许多公司有着诸多重要合作，如为小米代工生产手机的厂商富士康等，为小米进行软件开发的金山软件，以及为小米商城提供物流服务的凡客诚品。

（8）成本结构

小米公司的成本结构主要包括手机以及其他商品硬件的购买和研发费用，线上网络电商平台的维护费用，广告营销的费用，MIUI系统和小米系软件的服务开发费用。

（9）收入来源

小米的收入来源有手机销售收入、米家物联网产品销售收入，以及小米的互联网服务收入。

（资料来源：徐静霞，《基于互联网思维的小米的商业模式创新及其困惑》，《经济师》，2015年3月15日；张楚格，《基于六要素模型的小米商业模式探究》，《南方企业家》，2018年4月1日。）

案例思考题

请借助商业模式画布，利用上述九要素来完善小米的互联网商业模式。

3 “互联网+农业”商业模式

引　例

2018年，京东作为自营式的电商企业，成立智慧农业共同体，代表着京东向绿色农业方向进军。成立的子品牌京东农牧，依托数据技术、AI和IOT三大核心技术能力，并通过与中国农大、中国农科院等机构深入合作，自主研发并推出集成“神农大脑（AI）”+“神农物联网设备（IOT）”+“神农系统（SaaS）”三大模块的智能养殖解决方案。这一方案使得养殖流程实现全面数字化，养殖成本全面降低，效率大幅提高，并有效地控制了疫病的蔓延，推动传统农牧业实现数字化、智能化、互联网化。

如今京东农牧主要推出了3种智能化产品服务。

（1）神农大脑（AI）

神农大脑采用先进的人工智能系统，以“AI智能大脑”代替人脑，通过人工智能算法，对海量数据进行实时运算处理，通过对牲畜的信息进行分析，及时给兽医传递信息，减少损失，实现对农牧行业生产全过程的监控和智能决策。

（2）神农物联网（IOT）

该系统采用优质的物联网技术手段，智能化的IOT管理平台，为农牧行业提供智能设备解决方案，无缝连接上下游产品，实现“无人、无线、无干扰、无接触”的自动化生产流程。通过环境检测传感器等前沿物联网信息设备，实时、准确、客观地记录生产各环节的数据，实现智能化、自动化、精细化生产养殖。

（3）神农系统（SaaS）

该系统作为软件服务支持，是一款智能农牧管理平台，汇集分析海量数据，打造自动、精准、智能的生产场景，助力企业降成本增效益。

将三者进行配合应用，给养殖产业提供一系列的智能化畜牧养殖配套方案。

京东农牧设计提供智能、创新、健康、环保的定制化解决方案，发展高效生态型农牧业。如今已经将其应用到智能养牛、智能养猪、智能禽类、智能水产等相关的任务领域之中。

（资料来源：绮思，搜狐网，2018 年 11 月 22 日。）

3.1 “互联网+农业”信息化

3.1.1 农业信息化的概念

农业信息化是各种先进信息技术在农业领域广泛应用的集合，包括多媒体技术、微电子技术、网络通信技术、数据库技术、全球定位技术、遥感技术、人工智能等现代信息技术，通过收集整理、开发利用农业生产中的信息资源，改造传统农业，促进农业和农村经济快速发展，提高农业生产力水平的全过程。农业信息化包括农业管理信息化、农业经营信息化、农业技术信息化、农业环境信息化等[1]。

3.1.2 农业信息化的基本内涵

3.1.2.1 农业经营管理信息化

农业经营管理信息化是指将涉及农业经济形势、农产品物料变动、农用物资购销、资金流向、固定资产投资等各种资源的配置信息，以及与农业生产相关、对农业生产有直接或间接影响的行业动态信息及时提供给广大农民，指导农民合理安排生产经营活动、及时制定相应的对策等。

3.1.2.2 农业市场流通信息

农业市场流通信息化是指通过农业信息化建设，将农副产品社会需求信息、生产资料供求信息、农业生产信息等农业资源信息收集起来，进行加工、整理、分析，及时反馈给农民，以引导农民按市场需求从事农业生产经营活动，避免农产品市场价格大起大落，损害生产者、经营者和消费者的利益。

3.1.2.3 农业科学技术信息化

农业科学技术信息化是指利用互联网等信息技术将农业栽培技术、畜禽养殖技术、农副产品加工技术等实用技术以及农业科研动态及时推广给广大农民，以改变传统的农业方式，加快科技成果的传播和转化，提高农业的科技含量和竞争力。

---

① 陈熙隆．国内外农业信息化文献综述［J］．河北农业科学，2010（9）．

3.1.2.4 农业资源环境信息化

通过收集与农业生产经营有关的资源和环境方面的信息，如耕地、水资源、生态环境、气象环境等信息，反馈给政府有关部门，政府有关部门及时制定相关政策措施，以调控和指导涉及企业、农民的生产经营活动以及农业资源、生态环境的保护，同时通知当地相关企业和农民，根据近期的气象、环境等条件合理安排生产活动。

3.1.3 农业信息化的特征

在发达国家，信息技术在农业上的应用大致有以下几个方面：农业生产经营管理、农业信息获取及处理、农业专家系统、农业系统模拟、农业决策支持系统、农业计算机网络等。农业中所应用的信息技术包括：计算机、信息存储和处理、通信、网格、多媒体、人工智能、3S 技术（即地理信息系统 GIS、全球定位系统 GPS，遥感技术 PS）等，概括而言具有以下特征。

3.1.3.1 网络化

各种形式的局域网和以信息高速公路为基础的广域网用户增长迅速。在美国，众多农业公司、专业协会、合作社和农场，已普遍使用计算机及网络技术。伊利诺伊州有 67%的农户使用计算机，其中 27%的农户运用网络技术。政府每年拨款 15 亿美元用于建设农业信息网络。美国已建成世界上最大的农业计算机网络系统 AGNET，该系统覆盖了美国国内的 46 个州，加拿大的 6 个省和美加以外的 7 个国家，连通美国农业部、15 个州的农业署、36 所大学和大量的农业企业。用户通过家中的电话、电视或计算机，便可共享网络中的信息资源。英国也建立了覆盖全国的农业计算机网络 AGRINET。日本早在 1994 年底就已开发农业网络 400 多个，计算机在农业生产部门的普及率已达 93%，日本政府还在实施一项意在 21 世纪使所有农民拥有微机的“绿色天国”计划。这些先进的计算机通信网络使农业生产者更为及时、准确、完整地获得市场信息，有效地减少了农业经营的生产风险。

3.1.3.2 综合化

综合化是指既有多项信息技术的结合，包括数据库技术，网络技术、计算机模型库和知识库系统、多媒体技术、实时处理与控制等信息技术的结合；又有信息技术和现代科技，尤其是农业科技的结合，如信息技术与生物技术、核技术、激光技术、遥感技术的日益紧密结合，使农产品的生产过程和生产方式大大改进，农业现代化经营水平也不断提高。比如，欧美国家目前普遍看好的一种视频数据检索系统（Videotex）和电视数据检索系统（Teletert），就是多媒体数据库技术、计算机软硬件技术和网络通信技术的结合。

3.1.3.3 全程化

信息技术应用不再局限于某一独立的农业生产过程，或单一的经营环节，或某一有限的区域，而是横向和纵向拓展。信息技术企业与农业生产、经营企业联系，科研单位与生产经营单位甚至与用户联合，多学科专家协作的复杂工程越来越多。这些工程全面地改善了农业生产和经营中的薄弱环节，不仅使发达国家农业的原有优势得到更充分的发挥，而且使其原有的劣势逐步改善以至消失，极大地增强了发达国家农产品在世界市场上的竞争力。

3.1.4 农业信息化的主要内涵

农业信息化的主要内涵有六个方面。

第一，农业生产管理信息化。农业生产管理信息化包括农田基本建设、农作物栽培管理、农作物病虫害防治、畜禽饲养管理等。目的是及时收集信息，帮助农户解决生产管理问题。

第二，农业经营管理信息化。及时准确向广大农民提供与农业经营有关的经济形势、固定资产投资、物价变动、资金流向等各种信息，指导他们的生产经营活动。

第三，农业科学技术信息化。收集并传递与农业生产、加工等领域有关的技术进步信息，包括农业栽培技术、畜禽养殖技术、农副产品加工技术以及农业科研动态。

第四，农业市场流通信息化。提供农业生产资料供求信息和农副产品流通、收益成本等方面信息。

第五，农业资源环境信息化。发布与农业生产经营有关的资源和环境信息，如耕地、水资源和生态环境、气象环境等信息。

第六，农民生活消费信息化。向广大农民提供生活消费方面的信息服务，介绍主要消费品的性能、价格和供求趋势等。

推动农业信息化，有利于政府转变职能，有利于减少农产品市场波动，提高农业市场流通效率。我国农业信息化应用系统已经开发成型，已经搭成的大型农产品批发市场价格信息系统、农村供求信息全国联播系统、农产品监测分析系统、农业专家系统、农业决策支持系统等平台，提升了“三农”信息服务水平。

【资料链接】

用互联网思维实现“未产先销”的“地主哥”张棕顺

今年32岁的张棕顺，受到“互联网+农业”的创业梦想感召，经湖北青年创业就业促进中心牵线，跑到河南省淅川县圈了一片300万平方米石榴基地，成了这片基地的“地主”。众筹、微商、电商……这位清华大学高级管理人员工商管理硕士（EMBA）班的高才生，正为“地主”插上“互联网+”的翅膀，不断地刷新自己的成绩单：刚种下去一年多，就预售出600多万元的石榴，果子都没长出来，生意坐在家里就给做了，两年后规模将超过1万亩。

张棕顺的石榴基地位于河南省南阳市淅川县九重镇张河村，按直线距离计算，这里离南水北调中线工程水源地丹江口水库的渠首枢纽工程不过2千米，南水北调工程的干渠在一旁蜿蜒通向北方，为保护水源，周边半径5千米的区域都禁止施用农药。“选这个地方，我们跑了接近2个月。”张棕顺说。在决定做农业前，几个生意伙伴不停地思考“我们能做什么，能做好什么?”的问题。张棕顺的创业团队主要有三方，其中一位是主要投资人，出资比例最高，另一位是河南当地人士，善于寻找和整合各方资源，张棕顺主要负责项目的运作，他们三人均生活在郑州。“我是非常想做石榴的。”张棕顺说，基地里栽种的是从突尼斯引入的一种软籽石榴，食用时几乎不用吐籽，这在张棕顺的家乡湖北是非常少见的，他相信种植这种水果在南方地区一定会有广阔的市场前景。

“地主哥”是张棕顺的网名，这也与他在网络上干的事相符，除了把握产品的质量，张棕顺还十分会利用“互联网+”的思维来进行产品营销。今年春季，张棕顺石榴基地里的首批18万株软籽石榴树已经有部分开始挂果。截至目前，通过建立网络社群，他已经提前将1万株石榴树未来5年产出的最优质的果实给卖了出去。“搞农业如果只会种树，肯定不行。”张棕顺说，在树没种下地前，他就已经在思考如何将果实卖出去，这一次，他借鉴了众筹和朋友圈营销的“微商”理念。现实中，张棕顺拿出了第一期18万株石榴10%的果树产量，提供预订服务，认养一株石榴树的客户在缴纳一定费用后，可以获得一张“地主证”。未来5年，客户将每年拥有认养的一株石榴树5千克最优质的石榴（单个重量超过0.4千克）。然后，通过自己的创业团队、亲朋好友的朋友圈建立一个社群，包含了微信群、公众号、服务号等一系列可以利用的公共社交平台，聚集起一个潜在的客户群体，向他们宣传产品的核心优势，并最终将他们发展成产品用户。

“单株来算，我们肯定是‘亏的’。”张棕顺说。按照市场价，“认养”单株石榴的费用并不足以购买到25千克优质软籽石榴。而张棕顺提供的，还有未来将建成的视频管理系统，客户随时掌握石榴树的生长状态。基地的酒店、新农村建设好后，还能提供休闲旅游服务，“这些增值服务，可以更好地服务我们的会员，”“认购的客户要拍照，就肯定会发朋友圈”。张棕顺认为，只要产品质量足够好，客户购买需求肯定不止 5 千克，这些庞大的客户群体也会在各自的朋友圈里传播信息，形成更多人际传播的渠道，届时这 10%的“亏”，将打通 90%的销路。

（资料来源：陈倩、李顺，凤凰网资讯，2015 年 7 月 21 日。）

3.2 “互联网+”与农业电商

随着互联网经济的不断发展，在世界范围内掀起了一股电子商务热潮，农业也开始涉足互联网，也想赶上“互联网+”这个热潮。农业电商是一种新兴的发展模式，它从传统的生产和经营活动方式中逐步演变而来，成为农业经济发展的助力器和加速器，但是由于技术、物流、产品质量标准化等难以配套完善，农业电商在目前发展中还存在很多难题和阻碍，需要政府、商家、平台、农户共同努力，制定政策，战略解决问题并促进其健康稳步前进。

【资料链接】

吴志良与“互联网+农业”助力下的“天然农业”平台

随着“天然农业”平台在农村产业结构中的不断深化，互联网和大数据在农村农业发展中的价值开始显现。2018 年底，“天然农业”平台农村电商已经累计进驻 685 个县，2018 年农村网络交易额达到了 2.55 亿元，农产品电商正迈向 3 亿元大关，带动就业人数超过 5 万人。平台创始人吴志良说，农业农村大数据是海量的，我们要通过数据的收集、整理、开发、利用，提供权威的政务信息服务，提供管用的商务信息服务。目前“天然农业”平台正在准备筹建农产品质量安全追溯、农兽药基础数据、重点农产品市场信息、新型农业经营主体信息直报四大平台，逐步实现用数据管理服务、引导产销。

一直以来，农产品滞销难题困扰着农业发展和农民收入的增加，如何利用互联网破解这一难题尤为重要。传统的电商通过互联网把大量的工业品、消费品输送到农村，对活跃农村的物质供应、方便农民的生活发挥了很重要的作用。但是对于乡村振兴来说，最重要的是要帮助农民把优质合格的、有特色的农产品卖到城市来，就是所谓的农产品上行。

让小农户对接大市场，互联网提供了难得的历史机遇和手段。我们要配合农产品“出村”工程，来帮助贫困地区和其他有特色地区的农产品和亿万小农户对接大市场。

（资料来源：刘曼燕，青海新闻网，2019 年 3 月 6 日。）

3.2.1 农业电商

农业电商是在互联网平台下开展的农业电子商务活动，这一新兴领域的兴起为推动农业的发展提供了机遇。农业电商，结合传统生产、销售与现代销售模式，将农业与信息产业整合起来，将制约农业发展的信息转化为电子商务环境下农业的优势所在，让传统农业实现现代化。农业电商是实现农业高效化、网络化、现代化的重要决定因素，是实现社会主义新农村建设的一大根基。农业电商的发展让农业真正地步入农村经济发展的顶峰。

3.2.2 农业电商的发展前景

对于人类（尤其中国）来说，解决温饱问题，是一切的基础。我国地域广袤，拥有几千年的历史，是一个传统农业大国。农业是国民经济的基础，更是扩内需调结构的重要领域。目前中国处于经济结构改革过程中，各个行业都在进行深度整合，农业作为一个保障，是一个安稳社会民心的产业。

2019 年 3 月 15 日十三届全国人民代表大会二次会议闭幕后，李克强总理答中外记者问时表示，未来互联网经济、共享经济、平台经济还有很大发展空间，并对电商快递的作用予以肯定：电商、快递在工业品下乡、农产品进城方面可以进一步起到搞活流通的作用。

3.2.2.1 农业电子商务发展时机与机遇并存

在电子商务这个大平台下，以 B2B、B2C 为主的电商模式相对已经比较成熟了，借助电子商务这个平台成长起来的一些行业的经验，也正好给农业进驻电商行业提供了一些参考，帮助农业抓住进驻电商行业的时机。

3.2.2.2 农业政策支持农业电商发展

工业和信息化部在发布的《电子商务“十二五”发展规划》中提到以下几点。

第一，积极发展农业电子商务，促进农资和农产品流通体系的发展，拓宽农民致富渠道。

第二，深化现代农业生产组织与连锁超市挂钩的电子商务，推动涉农电子商务平台建设。

第三，鼓励邮政、快递、物流配送企业依托网络发展电子商务。

3.2.3 农业电商发展的优势

3.2.3.1 巨大的市场潜力

我国是一个农业大国，农民多达 8 亿人，而且城乡差距很大，发展农业电商可以选择先将个体农户组织团结起来，然后通过互联网技术进行统一综合管理，提高农业电商的竞争力。同时，可以凭借互联网将我国农业市场拓展到世界各国，形成有中国特色的农业电子商务模式。

3.2.3.2 积极的政府支持

在我国，农业是基础产业，国家政府部门一直关注农业、农民、农村等问题，并在政策和资金上给出了很大的投入和扶持。

最近几年，互联网迅速发展，农业电商也得到了国家的重视。在各种会议上，国家领导人相继提到创建农业电子商务模式，在政治、经济、文化、技术等方面都为农业电商提供了帮助。

3.2.3.3 先行者的经验和借鉴

互联网技术的快速发展进步，为农业电商提供了技术上的保障；外国农业电商的率先起步和极速发展给了我国很多值得学习和借鉴的经验。

3.2.3.4 高效的交易传递速率颠覆传统模式

与传统的农产品销售模式相比，线上销售省去了很多烦琐的中间渠道和环节，缩短了农产品从生产到销售的时间，提高了生产、消费、使用的效率和体验感。运销企业可通过互联网直接与产地农户取得联系，摆脱对传统商业中介的依赖，使终端消费者能够获得更物美价廉的商品，同时最大限度地实现农户的利益。电子商务在拉近生产者与运销企业距离的同时，也使农户的商务活动变得更加高效，农户只需花极少的时间即可获取尽可能多的市场信息，大大增强了其适应市场的能力。

3.2.4 制约农村电商的发展因素

3.2.4.1 物流问题

做农村电商，物流和仓储是最急需解决的问题。而就目前的发展情况来看，农村“最后一公里路”制约着农村电商的发展。阿里的菜鸟物流欲布局农村，但要在庞大的农村地区布局发达的物流体系，谈何容易。京东依靠京东帮配送，从发货时效上，在农村地区也有 3 天左右的时间滞后，用户体验也远不如城市。而乐村淘等新兴公司，则通过镇级物流中心和县级管理中心，利用农村的资源来配置发送货物流，初见成效，但也存在部分时间滞后的问题。

3.2.4.2 农产品标准化和溯源的问题

相对于工业品下乡来说，农民更需要的是农产品上行，而农产品上行则面临着农产品标准化和溯源的问题。物联网的发展程度还远不能完美地解决农产品溯源问题。例如，类似于土特产的农产品上行就面临着标准是否合规、是否安全可靠等亟待解决的问题，当然这是一个长期的问题，并非短时间内就能够解决的。

3.2.4.3 人才少的窘境

农村面临的现状是，年轻人外出求学、打工，留守的多为儿童和老人，而让老人使用互联网，体验互联网购物，无论是在操作上还是对网购安全的信任上都存在问题。城市中的“618”“双11”，对于农村人来说，边际效应不大，其中的原因之一就是缺少人才对此做宣传和普及。

其实，农村电商面临的问题还有很多，但这并非唱衰农村电商，而是说农村电商发展需要一个过程和步骤，就像建设小康社会一样，需要循序渐进。

农业电商是未来农业发展的必然趋势，也是农业现代化、信息网络化的必然选择。要想真正地实现农业现代化，加快农村建设步伐，就要不断地探索农业电商模式，从传统的B2B、B2C模式的电商到O2O模式，从农业快递的受限到农业电商的自建物流，这一系列的改变将从农业电商这一新兴领域开始，又将开创电商领域的新天地。

3.3 “互联网+农业”商业模式创新

3.3.1 “互联网+农业”商业模式概述

“互联网+农业”就是利用信息通信技术以及互联网平台，让互联网与农业进行深度融合，创造新的发展生态。它代表一种新的社会形态，即充分发挥互联网在社会资源配置中的优化和集成作用，将互联网的创新成果深度融合于农业的发展过程当中，形成更广泛的以互联网为基础设施和实现工具的农业发展的新形态。

如果说农业信息化和农业电商还只是互联网对农业的介入和改造的话，那么近年出现的互联网营销让农业的发展方式从根本上改变了，这颠倒了一般意义上的“生产-销售”模式，即运用大数据分析定位消费者的需求，按照消费者的需求去组织农产品的生产和销售，从而让农产品不再难在理论上成为可能，也在现实中得到初步的实践，形成了“互联网+农业”商业模式中的“C2B”模式。

3.3.2 “互联网+农业”商业模式的选择

我国幅员辽阔，东西南北中地区的自然条件、社会文化基础差别较大，特别是经济基础和发展水平极不平衡，造成了全国各地区的农业信息化建设水平不一样，因此，农业信息化服务模式必须因地制宜，选择适用于本地区的服务模式。从全国来看，主要涌现出以下几种典型模式。

3.3.2.1　北京“怀柔模式”

“怀柔模式”就是充分利用电信网络资源，将所有村镇的信息化站点用宽带光纤连接起来，通过短信平台和呼叫平台，用无线网络连接每个农户，构造一个“天网（无线通信网）+地网（宽带数据网）+人网（信息服务员）”的无线连接的网络。怀柔模式有三个支点：企业是运营主体，爱农信息驿站是运营节点，信息服务人员是运营骨干。在这个模式中，政府部门着重推动前期网络和市场整合，正式运营后政府逐步退出，然后交予企业主导，进行市场化运作。

3.3.2.2　河南“郑州模式”

“郑州模式”即“电视+机顶盒+ADSL”模式（又称电视机上网模式）。该模式以宽带互联网为基础，以电视机为显示设备，借助于机顶盒视频点播系统，给广大农户和农业组织、合作社开通视频点播业务和电视上网业务。农民足不出户便可用遥控器浏览互联网，利用网上信息指导种植、养殖，利用网络推销农副产品，不再盲目生产，节约了大量人力物力。“郑州模式”有以下六大优势：一是有效推动了新农村建设的进程。不但促进了农业新品种、新技术的推广应用和产业升级，而且在营造农村新生活的同时，为农民找到了一条实现农业稳定增产、农民稳定增收的有效途径。二是减少了农民生产经营的盲目性，有效降低了市场风险。三是加快了农业产业结构调整步伐。通过新技术、新产品的引进，降低环境污染，保护生态环境，降低了成本，提高了效益。四是为先进实用技术“嫁接”优化，发挥了“弹跳板”“助推器”的功能，促进了农业新技术的推广应用和产业升级，提高农产品的市场竞争力。五是为农民找到一条实现农业稳定增产、农民稳定增收的有效途径。六是推动了农村精神文明建设，营造出了农村新生活。该模式是在政府相关政策、法规和管理办法指导下，采取政企合作、共同协商、示范带动，使政府、企业和农民三方紧密协作、互有分工、各取所需、各得其利。

3.3.2.3　四川“成都信息综合应用模式”和“金堂模式”

“成都信息综合应用模式”即“企业信息化平台+农业专业经济合作组织信息服务+农户”模式。通过现代信息技术与龙头企业经营管理、农业产业链条、农业产业化经营的有机结合，促进了农业产业化经营，带动了农民增收致富。该系统主要采用“企业信息化平台+农业专业经济合作组织信息服务+农民”的模式，利用互联网、内部局域网和电话等信息媒介来构建一个基础信息服务网络，为农户提供市场、生产、技术服务的综合信息。“企业信息化平台+农业专业经济合作组织信息服务+农民”的应用模式主要在龙头企业中推广，建成和完善了一批龙头企业信息综合应用系统。

“金堂模式”即“扶贫村+学校+网校”应用模式。金堂县九龙镇光荣村利用社会资源集中扶贫，依托村小学建立了全省第一所农民网络技术学校，按照中小学生计算机课程教学大纲要求，采取“农忙准备、农闲开课、定期开放”的方式培训骨干农民，由此形成了“扶贫村+学校+网校”的模式。同时，该村通过“电视户户通工程”，使210家农户收看到20余套中央和省市的电视节目，并利用县闭路电视系统开设的“空中课堂”传播科技知识。农民学会了上网，足不出户就能查询市场行情，上网发布当地特色农作物销售信息，改变了传统的生产销售方式，使农民致富的门路更宽了。

案例精选

京东农牧互联网商业模式分析

（1）价值主张

京东农牧致力于实现智能养殖全面数字化，为农户提供科学的养殖方案，推出高效便捷、低成本的智能养殖方案。京东农牧身体力行，加大对智能云养殖的研究，推出神农大脑等一系列虚拟农业技术，助力农业发展。此外，京东农牧还热衷公益，开展惠农助农业务。

（2）目标客户

京东农牧智能养殖面向大中型养殖企业，旨在降低人工成本，节约饲料，缩短喂养时间，打通全产业链环节，实现数字科技与实体经济的有机结合，助力农牧业实现互联网化、数字化、智能化。

（3）渠道通路

采用典型的云服务系统，利用O2O线上线下结合的营销渠道。线上采用神农大脑、神农IOT等科技系统提供科技服务，此外京东农牧正在打造农牧产品活体销售平台、数字农业物联网平台、养殖大数据平台等，并联合京东商城、京东云、京东物流等京东生态开展销售活动。线下结合活体销售平台与农户进行业务合作，利用物联网技术，开展销售活动。

（4）客户关系

京东农牧与吉林精气神有机农业股份有限公司（以下简称“精气神”）在线上线下全渠道联合上线“AI鲜肉铺”，主打AI养殖、品质安心等卖点，引起消费者的强烈反响。此外，与成都元宝枫农业开发集团有限责任公司签署智能养殖和智慧农业合作项目，从而提升数字科技在实体经济方面的实力。打造数字农业物联网平台、养殖大数据平台等，与农户进行业务往来，完善平台资源配置。

(5) 关键业务

京东农牧为养殖企业提供生产车间新建设计，以及旧场改造、升级的定制化服务。利用人工智能大脑、物联网机器人、智能养殖管理系统三大核心模块组成一体化解决方案，为养殖企业节约人工成本，提高生产效能，减少资源浪费，同时拓展新型销路，为养殖企业解决融资困难等问题。最终，企业可以优化养殖工艺、提高养殖管理水平，从而快速扩大生产规模。目前，京东农牧已经覆盖的业务领域包括智能养猪、智能养牛、智能养羊、智能养鸡、智能水产等。此外，京东农牧成立农业物联网平台，全方位赋能养殖业全产业链的各环节，依托京东生鲜等资源，产业链条化发展。

(6) 核心资源

京东农牧可根据用户场地等信息，进行配套的定制服务，其拥有 AI 大脑养殖、机器人作业、非接触式个体识别、非接触式体重测量、非接触式体态测量等首创技术，利用 AI 技术、物联网技术等开展活动，开展智能农业项目。京东农牧背靠京东，借助其平台资源、技术能力和品牌效应，致力于串联内部多个生态，如京东生鲜、农村金融、京东城市等，组成完整的农牧生态体系，深入企业生产、营销、销售等全产业链的各环节。

(7) 重要合作

为了推进肉羊产业向智能化、数字化转型升级，助力科技兴农，中天羊业与京东农牧战略合作签约，基于各自优势领域，开展产业全方位互利共赢合作。京东数字科技旗下京东农牧与成都元宝枫农业开发集团有限公司签署智能养殖和数字农业合作项目，为成都元宝枫提供全程技术解决方案。此外，除众多合作外，依托京东实业，利用京东金融、云京东、京东城市等相关资源，进行业务开展。

(8) 成本结构

京东农牧中对精密的智能养殖科技设备的研发以及对技术人员的支持成为成本消耗的核心，此外还有智能机器人等线下设备的使用、人员、推广宣传等费用，其中还有项目投资、基建服务等相关的花销。

(9) 收入来源

首先，京东农牧拥有先进、首创的智能养殖技术以及配套设备，通过与畜牧养殖企业进行业务合作，为其提供设备技术养殖方案。其次，京东农牧成立物联网云平台以及活体销售平台等，进行产品的销售、代销等，进行农业系统开发。再次，京东农牧与众多第三方相关企业进行合作，实现双赢。

（资料来源：霍琦，新浪财经，2018 年 12 月 4 日。）

案例思考题

请借助商业模式画布九要素来分析京东农牧如何真正助力中小养殖户发展。

4 “互联网+教育”商业模式

引　例

受疫情影响，中国校外培训机构在2020年上半年营收同期减少不少于30%，其中接近一半的线下机构预计同期营收跌幅超过50%。疫情给整个教育行业带来了一定的冲击，但是相比于主要依靠线下业务的教育企业，具有线上教育业务的在线教育平台受疫情影响相对较小。

提到好未来，可能有些人不知道，但是说到好未来的前身很多人都知道，那就是学而思。好未来是一个以智慧教育和开放平台为主体，以素质教育和课外辅导为载体，在全球范围内服务公办教育，助力民办教育，探索未来教育新模式的科技教育公司。公司成立于2003年，2010年10月好未来的前身学而思在美国纽约交易所正式挂牌交易，成为国内首家在美国上市的中小学教育机构，并于2013年更名为好未来。好未来全面布局教育产业，旗下共有学而思、学而思网校、爱智康、摩比思维、励步英语、顺顺留学、家长帮、未来魔法校、Career China等业务品牌。业务与投资双轮驱动，目前已披露的投资项目包括宝宝树、Minerva大学、果壳网、Knewton、多贝网、鲨鱼公园、嘿哈科技、奇迹曼特、轻轻家教、小伴龙、学科网、作业盒子等。

（资料来源：左小黄，华精情报网，2020年7月25日。）

4.1 “互联网+”与MOOC教学模式

4.1.1 “互联网+教育”

“互联网+教育”就是要用互联网思维去改造升级甚至颠覆式变革传统教育行业，利用大数据对传统教育进行组织流程再造，促进互联网与传统行业进行深度融合，带来教学方式、教学组织管理等的颠覆性变革。互联网显性基因（免费和开放）与隐性基因（大数据和组织变革）将对传统教育行业产生深远变革。

“互联网+教育”以其开放、分享和低成本运营的特点倒逼传统教育企业进行变革。在“互联网+”时代，在线课程开发建设的固定成本确定后，其使用、传播的边际成本将无限降低并趋近于零。随着课程参与人数的增加，长期平均成本将随着选课人数的提高而降低，出现规模经济效应。2014 年 Udacity、Coursera 宣布对认证证书进行收费，Coursera 系列课程（3~9 门）的费用在 200~500 美金，但其费用远低于传统课堂教育的收费。在开放、分享与低成本的基础上，互联网教育的普惠有助于改善教育资源分配不均的现状，提供大众可以支付得起的高等教育服务，更大程度促进教育公平。

“互联网+教育”通过大数据采集、重组、再利用来重构教与学的组织流程。大数据包括结构化数据和非结构化数据，后者主要包括图片、音频、视频等，且大数据 80% 以上都是非结构化数据。大数据第一个重要特征是将现象（包括文字、方位、行为等）转变为在线的量化数据形式，量化一切是数据化的核心。在线数据远比记录在纸上、磁带上的数据更有价值。第二个特征是在正常行为发生同时，系统同步、持续、自动地记录数据。例如，大规模在线课程（massive open online course，MOOC）能同步自动记录下学生的学习成绩、学习习惯、偏好等，通过对数据挖掘和再利用，得到学生“情商”、领导力等潜在信息。

4.1.2 MOOC 教学的发展历程

4.1.2.1 *在开放教育资源运动中发端*

早在 1989 年，美国凤凰城大学就开始推行在线学位计划，1991 年授予首批在线工商管理硕士（MBA）学位。1994 年宾夕法尼亚大学的詹姆斯·奥唐奈（James O’Donnell）曾开设过一门在线研讨课。英国政府于 2000 年投资 5 000 万英镑资助英国环球网络大学（UK e Universities Worldwide Limited，UKeU）开展在线高等教育。麻省理工学院（MIT）自 2001 年起实施 OCW（Open Course Ware）计划，将学校开设的所有课件（Courseware）资料通过网络免费提供给世界各地的学习者。2002 年，联合国教科文组织进一步提出开放教育资源（open educational resources，OER），通过信息通信技术向教育者、学生、自学者提供基于非商业用途，可被自由免费查阅、参考或应用的各种教育类资源。2005 年，开放课件联盟（Open Course Ware Consortium，OCWC）成立，西班牙语高校开放课程联盟（OCW-Universia）、中国开放课件联盟（CORE）、非洲网络大学（African Virtual University，AVU）、韩国开放课程联盟（Korea OCW Consortium）、日本开放课件联盟（JOCW）等也相继成立。

"开放课程协助提升全世界每个角落的高等教育" "知识公益，免费共享" "世界是平的、世界是开放的" 等理念逐步得到广泛认同，开放教育资源运动不断深入推进。据统计，截至2011年5月，全球有200所大学和机构免费开放了13 000门课程①。

4.1.2.2 在连通主义学习理念下兴起

2005年，加拿大曼尼托罗大学（University of Manitoba）的乔治·西蒙斯（George Siemens）首先提出网络时代的连通主义（Connectivism）学习理念。他认为，传统的静态、分类与层级化的知识发展到网络时代已变成动态的、网络化的知识流。相应地，学习也主要是在动态连结的知识网络中形成知识节点的过程。同年，加拿大国家研究理事会（The National Research Council）的斯蒂芬·道恩斯（Stephen Downes）也提出应将连通性知识（connective knowledge）作为连通主义的认识论基础，并认为连通性知识具有多样性、自治性、交互性和开放性四个特征。2008年，西蒙斯和道恩斯在曼尼托罗大学联合开设"连通主义与连通性知识"课程（Connectivism and Connective Knowledge，CCK08），CCK08课程综合运用维基网页脸书群组（Facebook Groups）、维基网页（Wiki Pages）、论坛（Forums）以及其他在线渠道吸引学生参与到课程内容之中。除25名曼尼托罗大学在校生外，有 2 200多人在线学习该课程，其中有170人专门为这门课程开通了博客。针对西蒙斯和道恩斯联合开设的CCK08课程，加拿大爱德华王子岛大学（University of Prince Edward Island）的戴夫·科米尔（Dave Cormier）、国家通识教育技术应用研究院（National Institute for Technology in Liberal Education）的布莱恩·亚历山大（Bryan Alexander）首创了MOOC这一术语。他们认为，MOOC是一种参与者和课程资源都分散在网络上的课程，只有在课程是开放的、参与者达到一定规模的情况下，这种学习形式才会更有效。MOOC不仅是学习内容和学习者的聚集，更是一种通过共同的话题或某一领域的讨论将教师和学习者连接起来的方式。

4.1.2.3 在行为主义学习理念下繁荣

自20世纪初以来，行为主义学习理论经由桑代克、巴甫洛夫、华生、格思里、赫尔、托尔曼、斯金纳等心理学家不断完善，仍是当前学习理论的主流。在基于连通主义学习理念的cMOOC前途未卜时，建立基于传统的行为主义学习理念下的xMOOC，利用其结构化的课程体系和系统化的学习平台，把全新的教学组织模式与传统的高等教育体制理念有机结合在一起，从而促成

① 陈肖庚，王顶明. MOOC的发展历程与主要特征分析［J］. 现代教育技术，2013（11）：5-9.

新一轮 MOOC 的繁荣发展。

2011 年秋，斯坦福大学的巴斯蒂安·图伦（Sebastian Thrun，谷歌无人驾驶汽车项目负责人）在萨尔曼·可汗（Salman Khan）创办的面向 K-12 学生免费提供网络课程的可汗学院（Khan Academy）的影响下，和彼得·诺维格（Peter Norvig）联合开设的人工智能（Introduction to Artificial Intelligence，CS221）课程广受欢迎，直接促使他与大卫·史蒂文斯（David Stavens）、迈克·索科尔斯基（Mike Sokolsky）联合创办了以盈利为目的的在线课程供应平台 Udacity（在线大学）。同年底，麻省理工学院启动实施的在线开源学习项目 MITx，通过新的交互式学习平台，让在线学习的学生出席模拟实验室，与教授和其他学生互动交流，完成学业的学生将获得正式证书。2012 年秋，哈佛大学与麻省理工学院以 MITx 为基础，合作组建了 edX 平台，旨在以开放与免费的形式向大众提供优质的在线课程。在此期间，除斯坦福大学达芙妮·科勒（Daphne Koller）与吴恩达（Andrew Ng）创办了 Coursera（课程时代）外，斯坦福大学的开源网上教学平台 Class2Go、提供在线学士/硕士学位的 University Now、专攻在线自学程序设计的 Codecademy，以及主张"人人可授课、人人能学习"的 Udemy 等在线学习平台也相继成立。2013 年，英国开放大学联合 20 所大学共同组建的 Futurelearn、澳大利亚开放大学发起的 Open2Study、德国的 Iversity、日本的 Schoo、巴西的 Veduca 纷纷涌现。一言以蔽之，"当知识遇上网络，MOOC 诞生了"，而且由 MOOC 带来的对传统教育模式的冲击远未结束。

4.1.3 MOOC 教学的定义

大规模开放在线课程是 Massive Open Online Course（简称 MOOC）的中文翻译，在国内又称"慕课"。通俗地说，MOOC 是大规模的网络开放课程，是为了增强知识传播而由具有分享和协作精神的个人或组织发布的、散布于互联网上的开放课程。

自 2012 年以来，大规模在线开放课程在世界高校开始流行，对全球高等教育产生了重要影响。美国高校先后推出 Coursera、edX 和 Udicity 三大 MOOC 平台，吸引世界众多知名大学纷纷加盟，向全球学习者开放优质在线教育资源与服务。Coursera 最新统计显示，世界上 109 所知名大学在该平台开放 679 门课程，769.6 万学生在该平台注册学习。我国多所"985"知名高校也已加盟 MOOC 平台，与哈佛、斯坦福、耶鲁、麻省理工等世界一流大学共建全球在线课程网络。

MOOC 的内涵可以从课程形态、教育模式和知识创新三个维度诠释。

4.1.3.1　从课程形态角度诠释 MOOC 的内涵

从课程形态的角度，MOOC 是一种将分布于全球各地的教学者和成千上万的学习者通过教与学联系起来的大规模线上虚拟开放课程。它既提供视频、教材、习题集等传统课程材料，又通过交互性论坛创建学习社区，将数以万计的学习者在共同的学习兴趣和学习目标的驱动下组织起来开展课程学习。

4.1.3.2　从教育模式角度诠释 MOOC 的内涵

从教育模式的角度，MOOC 是一种通过开放教育资源与学习服务而形成的新型教育模式，它通过网络实施教学全过程，允许全世界有学习需求的人通过互联网来学习。MOOC 不单是教育技术的革新，更是一种全新的教育模式和学习方式，带来教育观念、教育体制、教学方式和人才培养过程等方面的深刻变化，将驱动高等教育变革与创新。

4.1.3.3　从知识创新角度诠释 MOOC 的内涵

从知识创新的角度，MOOC 是一种新型的知识创新平台，它引导学习者创造性地重组信息资源和自主探究知识，支持学习者在问题场域中通过协商对话激发灵感和生成新知。MOOC 为人类创造知识、产生智慧搭建新平台，大规模、多样性的学习者、教学者和研究者相互启发、碰撞观点，使 MOOC 演化为内容丰富的分布式知识库。

4.1.4　MOOC 教学的分类

4.1.4.1　基于内容的 MOOC（简称 xMOOC）

以行为主义和认知主义学习理论为基础，以教学视频、作业和测试等为学习方式，强调学习者获取和掌握课程内容，侧重于知识传播和复制。

该模式产生于 2011 年，以美国名校的 Coursera、Udacity 和 edX 三大 MOOC 平台为代表，在 2012 年和 2013 年获得飞速发展。xMOOC 结构化程度高，每门课程有明确的开始时间和结束时间。课程内容以视频讲授为主，视频长度约为 5~15 分钟，教学者通常通过案例激发学习者的兴趣，组合多种媒体呈现、讲解课程内容。课程互动以线上交流为主要形式，学习者与教学者利用课程讨论区互动交流和答疑解惑；以城市为单位的线下见面会为辅，通过线下见面会增加学习者的交流，实现线上与线下的混合学习。课程评价以软件测试评分为主，通过视频中内嵌的自动化测试，使学习者反复提取已经学习的内容，强化知识掌握，同时将课程作业的学伴互评成绩作为参照性评价标准。该模式的缺点是忽略了人类学习的复杂性和丰富内涵，单一使用“刺激-强化”模式加速学习者的学习。

4.1.4.2　基于网络的 MOOC（简称 cMOOC）

以关联主义学习理论为基础，围绕某一特定课程主题，以周为单位，每

1~2 周探究一个专题，强调学习者自治和社会网络学习，侧重于知识的创造与生成。

乔治·西蒙斯等认为，学习是一个连续的知识网络形成的过程，知识不只是驻留在人类的大脑中，还驻留于人类的人际交互网络中。cMOOC 的代表课程是由乔治·西蒙斯等人开设的连接主义和连接知识（Connectivism and Connective Knowledge）课程。

cMOOC 是一种结构松散的分布式课程，主题紧跟时事，学生自主选择内容，自定学习步调，不注重课程评价。cMOOC 平台整合多种技术构建课程的在线学习环境，该环境支持学习者从其他课程网站导入课程资源，以任何想要的方式重新组织课程内容，并以 RSS 订阅、网络站点和 JSON 数据格式等方式传播课程内容。在 cMOOC 平台中，学习者自主地开展多种学习活动，包括：搜索信息资源并选择过滤出自己感兴趣的内容；在论坛中开展协商讨论和合作探究，进行问题解决与自主建构；通过社交网络媒体共享学习成果，如博客、微博、脸书（Facebook）和推特（Twitter）等。

4.1.4.3 基于任务的 MOOC（简称 tMOOC）

以建构主义学习理论为基础，课程结构松散，内容设计灵活，以任务为驱动，注重学习者对知识的深度加工。在 tMOOC 中，学习者在特定的任务情境中自定学习步调，利用丰富的学习支持服务，与同伴开展协作学习，完成预设的学习任务，获得相应的专业技能。tMOOC 的典型代表是牛津布鲁克斯（Oxford Brookes）大学开设的 First Step sin Learning and Teaching in Higher Education（FSLT12）课程。该课程的目标是培养学习者的高等教育教学技能，训练和提升高校教师职业发展中的学术技能。珍妮（Jenny）等学者的研究发现，该课程能有效提升学习者的高等教育教学技能和学术素养。

综上所述，三种模式的 MOOC 在学习理论基础和实践运行形式方面存在明显差异。xMOOC 以行为主义学习理论为基础，属于知识复制型，学习者通过观看教学视频学习课程内容，辅以在线测评和同伴互助，强调知识的独立自主学习。cMOOC 以关联主义学习理论为基础，强调学习者应用社交媒体围绕专题开展协商讨论，师生共同贡献思想，目的在于通过社会性网络学习和创新课程知识。tMOOC 以建构主义学习理论为基础，采取基于任务驱动的学习方式，认为知识与技能是学习者通过个体建构与社会建构而形成的，强调学习者对知识的能动加工。

4.1.5 MOOC 教学的特点

4.1.5.1 规模大

MOOC 规模大的特征体现在大规模参与、大规模交互和海量学习数据三个方面。首先，大规模参与是指课程参与人数的可能性增大，同时参与课程学习的学习者数量可以达到数万人甚至数十万人。而在传统的课程教学中，授课规模受物理空间和教师数量的限制，优质的教育资源难以同时为数万人共享。其次，大规模交互是指课程研讨同时有数千、数万人参与，当学习者提出问题，数百人从问题的不同角度与其交流讨论。最后，学习者大规模的参与和交互使得课程产生海量的学习数据，MOOC 平台利用数据挖掘、人工智能和自然语言处理等技术，多维度和深层次分析海量学习行为数据，发现课程学习的特征和规律，动态调整学习引导策略和学习支持服务。

4.1.5.2 开放性

开放性是互联网与生俱来的特性，MOOC 的开放性扩展了互联网的开放性，具有四个层次的开放特征。

一是课程学习的时空自由。MOOC 学习不受时间和空间限制，学习者利用移动学习终端在任何时间和任何地点均可参与课程学习，摆脱传统物理教室的时空限制。

二是面向全球的学习者免费开放。除学习者申请课程证书需缴纳一定费用外，其数据、资源、内容和服务向全球的学习者免费开放，学习者能够无障碍地访问课程资源，自由获取信息和知识。

三是课程系统开放的信息流，学习者和教学者利用网络学习工具与 MOOC 学习环境的外界保持信息交互，将专业领域中最新的知识自由地整合为课程内容，同时把课程知识应用于实践解决问题。

四是课程学习中权威的消失，学习者利用社交媒体与同伴和教学者自由地展开互动与交流，学习者负责媒体语境下的自身知识建构，达到真正的学术和言论自由。

4.1.5.3 网络化

MOOC 的网络化特征体现在学习环境网络、个体学习网络和课程知识网络等三个维度。在学习环境网络维度，MOOC 的学习资源通过互联网空间生成和传播，MOOC 的教与学活动利用各种网络学习支持工具在互联网络空间中实施。在个体学习网络维度，参与 MOOC 学习是学习者个体构建个体内部知识网络和外部生态网络的过程，学习者利用同化和顺应两种认知机制更新大脑中的知识网络，同时利用社交媒体工具构建个体的社交网络和知识生态网络。在课程知识网络维度，MOOC 是一个分布式知识库系统，其内部存在一个以学习者、教学者、社交媒体、学习资源和人工智能等为节点的相互交织的知识网络，知识以片段形式散布于该网络的各个节点中。

4.1.5.4 个性化

与传统课程学习相比，MOOC 更能充分实现学习者的个性化学习。首先，学习者自选学习内容和自定学习步调。学习者根据学习兴趣和学习需要选修课程和确定课程学习的路径，根据自己的知识基础自定课程学习的步骤。其次，课程学习方案与课程资源的个性化推荐服务。MOOC 平台根据学习者的个人档案和学习行为，使用协同过滤推荐技术向学习者推荐其可能感兴趣的课程，支持学习者创建个性化的课程学习方案，同时从海量学习资源中提取和推荐符合学习者认知需求的学习资源。最后，MOOC 内嵌学习者的个性化学习情景。学习者使用移动学习终端设备，摆脱了传统物理教室和实验室的限制，将课程学习灵活地与学习者所处的特定学习情境融合，支持学习者开展基于情景的个性化学习。

4.1.5.5 参与性

参与性是 MOOC 与视频公开课、网络精品课程和精品资源共享课的重要区别之一。MOOC 与以上三类课程的相同之处是通过网络共享课程的优质资源，包括课程大纲、作业、讲义、题库、课件和教学录像。不同之处在于学习者和教学者通过在线参与课程教学活动实现课程教学的全部过程。首先，MOOC 拥有特定的教学方法和教学活动，包括课堂讲解、随堂测试、虚拟实验、师生对话、学生研讨、作业互评、分组协作、单元测试、期末考试和证书申请等，学习者除了观看教学视频，还需要积极参加以上课程教学活动。其次，课程评价将学习者在教学活动中的参与度作为主要的评价维度。MOOC 学习环境利用互联网的自动跟踪和记录功能，记录并保存学习者在课程学习活动中的学习行为，利用学习行为分析算法挖掘学习大数据背后的信息和规律，将形成性评价结果及时反馈给学习者和教学者，为学习者提供个性化的学习指导，帮助教学者了解课程教学效果，改进教学策略和方法，科学、全面地提高课程教学质量。

【资料链接】

在线教育如何搭上短视频这辆快车？

如今的短视频平台，诸如抖音、快手等都会有很多知识类的短视频内容，涉及领域广泛，比如情感教育、亲子教育和 K12 学科教育等。这些短、平、快的小视频很容易吸引受众的注意力，利用短视频传播知识成了一种新趋势。不过，市场上不只有依赖这些短视频平台做内容的公司，还有一些自己专门运营教育类短视频平台的企业。

不仅是教育机构瞄准了短视频平台，短视频平台同样也将目光投向了教育领域。近日，快手完成了其在教育领域的首次布局：领投了 K12 阶段学科学习平台“精准学”。教育与短视频互生好感，会擦出哪些火花？短视频又会给教育行业带来哪些变革？教育类短视频要如何做才能成功？

《短视频与知识传播研究报告》指出，知识类大 V 正在成为新的“网红”。截至 2018 年 12 月 8 日，抖音上粉丝过万的知识类创作者近 1.8 万个，累计发布超过 300 万个知识类短视频，累计播放量超过 3 388 亿次。这些知识类短视频主要分为：科普类、考学类（包含 K12 教育、本科教育和研究生教育等）、才艺类、职场类、生活类和母婴育儿类。

教育类短视频要如何运营才能成功？

“内容越垂直，用户会感觉越受用。但是如果太专业的话，容易让人产生距离感。如何能用幽默、轻松的方式传递专业内容，如何把握干货内容和营销内容的平衡点，这都需要商家自己把握好。”李伟说道：“现在同质化比较严重，关键还是产出内容的质量及创意，总的来说，还是要内容为王。”

对于这一问题，教育家社区联合创始人徐鲲表示，主要需做到三点：第一，“找准定位，坚持做”。在运营之前，首先要确定自己的用户是否在这里；确定自己的用户是否喜欢这样的内容。确定之后需要长久地坚持输出内容，并在输出过程中不断适应和调整。第二，“严选内容，精准输出”。第三，“研究规律，摸清算法”。结合大数据，熟悉、掌握平台的机制；分析内容和用户，让内容更加契合平台用户的喜好。

（资料来源：蓝鲸教育，亿欧网，2019 年 6 月 4 日。）

4.1.6 MOOC 教学常见的网站

4.1.6.1 Coursera

Coursera 是免费大型公开在线课程项目，由美国斯坦福大学两名计算机科学教授创办，旨在同世界顶尖大学合作，在线提供免费的网络公开课程。Coursera 的首批合作院校包括斯坦福大学、密歇根大学、普林斯顿大学、宾夕法尼亚大学等美国名校。

Coursera 与另外 12 所大学达成合作协议。其课程报名学生突破了 150 万名，来自全球 190 多个国家和地区，而网站注册学生有 68 万名，开通了 124 门课程。目前新增的大学包括了佐治亚理工学院、杜克大学、华盛顿大学、加州理工学院、莱斯大学、爱丁堡大学、多伦多大学、洛桑联邦理工学院—洛桑（瑞士）、约翰·霍普金斯大学公共卫生学院、加州大学旧金山分校、伊利诺伊大学厄巴纳—香槟分校以及弗吉尼亚大学。

4.1.6.2 edX

edX 是麻省理工学院和哈佛大学于 2012 年 4 月联手创建的大规模开放在线课堂平台。它免费给大众提供大学教育水平的在线课堂。两所大学各向这个非营利性计划资助三千万美元。2012年秋天，edX在麻省理工学院启动。

4.1.6.3 爱课程

"爱课程"网是教育部、财政部"十二五"期间启动实施的"高等学校本科教学质量与教学改革工程"支持建设的高等教育课程资源共享平台。

4.1.6.4 网易云课堂

网易云课堂是网易公司打造的在线实用技能学习平台，该平台于2012年12月底正式上线，主要为学习者提供海量、优质的课程，用户可以根据自身的学习程度，自主安排学习进度。立足于实用性的要求，网易云课堂与多家教育培训机构建立合作，课程数量已达4 100门以上，课时总数超50 000小时，涵盖实用软件、IT与互联网、外语学习、生活家居、兴趣爱好、职场技能、金融管理、考试认证、中小学、亲子教育等十余大门类。

4.1.7 在线教育的新产物——SPOC

SPOC是英文small private online course的简称，按照字面意思可理解为"小规模限制性在线课程"。一般认为，这个概念是由福克斯教授最早使用的。其中，small和private是相对于MOOC中的massive和open而言的。"small"是指学生规模一般在几十人到几百人；"private"是指对学生设置限制性准入条件，达到要求的申请者才能被纳入SPOC课程。

从当前的SPOC教学案例中不难发现SPOC主要针对围墙内的大学生和在线学生两类学习者进行设置。前者是一种结合了课堂教学与在线教学的混合学习模式，是在大学校园课堂采用MOOC的讲座视频（或同时采用其在线评价等功能）实施翻转课堂教学。其基本流程是：教师把这些视频材料当作家庭作业布置给学生，然后在线下课堂教学中回答学生们的问题，了解学生已经吸收了哪些知识，哪些还没有被吸收，在课上与学生一起处理作业或其他任务。总体上，教师可以根据自己的偏好和学生的需求，自由设置和调控课程的进度、节奏和评分系统。后者是根据设定的申请条件，从全球的申请者中选取一定规模（通常是500人）的学习者纳入SPOC课程。入选者必须保证学习时间和学习强度，参与在线讨论，完成规定的作业和考试等，通过者将获得课程完成证书。而未申请成功的学习者可以以旁听生的身份注册学习在线课程。例如，观看课程讲座视频、自定节奏学习指定的课程材料、做作业、参加在线讨论等。但是，他们不能接受教学团队的指导与互动，且在课程结束时不会被授予任何证书。下面我们用几所大学的案例进行详细解析。

4.1.7.1 哈佛大学的SPOC实验

2013年，哈佛大学的三门课程进行了SPOC实验。第一门课程是“版权法”（Copyright）课程，为期12周，由法学院在edX平台开设。这门课程要求申请者提交个人的入学信息，写一篇小论文，说明申请原因和能够付出的努力。他们要保证每周的学习时间不少于8小时，并参与每周80分钟的在线研讨。最终，威廉·费舍尔教授等人从全球4 100个申请者中，挑选出500名学生参加哈佛大学在线课堂（Harvard Online Classroom）。这门课程模仿传统的哈佛法学课堂，将学生分成每组少于25人的项目组，由费舍尔教授之前的毕业生或现任学生担任助教，组织各个项目组成员之间的讨论。课程结束后，在线学生要像传统的哈佛大学法学院学生一样，参加三小时的考试，通过者获得课程完成证书和一份书面评价。由于反响良好，这门课程于第二年再次上线。第二门SPOC课程是肯尼迪政治学院开设的“美国国家安全、战略和媒体面临的主要挑战”（Central Challenges of American National Security, Strategy and the Press）。这一入门课程以SPOC形式同时提供给哈佛大学校园内的学生和500名在线学生。在线学生需要提交有关美国政府应对叙利亚冲突话题的书面作业以及他们的学业证明。最终入围的学生既有不能够到校学习的哈佛大学学生，也有在家学习者或在职人员。他们课外观看视频，每周阅读约75页的文献，完成所有的作业，并参加由助教组织的主题讨论、在线学生的讨论以及哈佛大学校园学生的讨论。课程结束时，达到课程要求的学生被授予HarvardX证书。第三门课程是设计学院为其新入学的研究生开设的“建筑学假想”（The Architectural Imaginary）SPOC课程，将来有望对更多人开放。

4.1.7.2 加州大学伯克利分校的SPOC实验及推广

“软件工程”是加州大学伯克利分校的品牌课程，由福克斯教授在edX平台开设，同时以SPOC模式提供给伯克利校园的学生。校内外的学生都需要在线上完成同样的任务，但校内学生要给真实的客户制作软件。这门SPOC课程的关键特色是其自动评分功能。学生提交完整的编程作业或在云端配置完整的应用程序，马上就能得到详细的评分结果和反馈信息。这远比从传统的教学助理那里得到的反馈详细得多，因为他们往往只在每份作业上停留几分钟。此外，自动评分功能允许学生多次提交作业，在获得更高分的同时，也提高了他们对知识和技能的掌握。

由于成效显著，2013年春季，福克斯团队将其SPOC模式迁移至其他四所大学，见表4.1。对四名授课教师的调查显示，所有教师在上课之前都观看了伯克利的MOOC视频，三位教师使用了MOOC测试题，两位教师使用了

MOOC 自动评分作业。一位教师翻转了课堂，让学生课下观看 MOOC 视频，课上进行讨论。

表 4.1 四所大学的“软件工程”课程情况

大学	学生	选修/必修	时间	项目形式	教师
宾汉姆顿大学	大一、大二	选修	14 周	团队	罗斯·威廉姆斯（Rose Williams）
夏威夷太平洋大学	高年级	必修	15 周	学生独立项目	萨姆克尔·约瑟夫（Samucl Joscph）
科罗拉多大学	低年级、高年级	必修	16 周	团队项目	克里斯丁·沃尔科特（Kristen Walcott）
北卡罗来纳大学	大一、大二	必修	15 周	小组项目	理查德·伊尔森（Richard Ilson）

一个学期之后，四所大学的 SPOC 课程都取得了明显的成效：

第一，自动评分功能减轻了教师的负担，同时强化了软件工程课程的“测试驱动开发”（test-driven development）理念。

第二，课程讲座视频的信息含量丰富、密集，学生可以暂停、回顾任何一个知识点，因此是一种非常高效的信息传递方式。

第三，学生对自己能接触到软件工程的最新技术（Rails）和最前沿的开发方法（Agile）感到兴奋。

第四，该课程给优秀学生带来其他课堂所没有的挑战。

第五，学生（通过讲座视频）接受世界一流的教学，并且迎接来自伯克利顶级计算机科学计划所提供的同样课程的挑战。

4.2 “互联网+”与在线教育信息技术

好未来发布的《在线教育用户发展趋势分析报告》称，人才结构性失衡、一系列教育政策的改革、二胎政策带来的红利、留学低龄化、二三线城市家长对课外辅导教育的重视等因素，推动了目前在线教育市场的迅速扩大。报告还指出，移动互联网、大数据、人工智能将加速互联网在在线教育行业的渗透。青少年及儿童对于移动设备使用率增加，将为学前和 K12 领域的“互联网+教育”渗透起到推动作用。

报告分析认为，大数据分析、人工智能、移动互联网这三项技术，可以让互联网在教育行业走得更深。

学生的学习行为线上化之后能够产生大量的数据，这些数据可以基于学生进行多维分析，通过人工智能向智能引擎推荐的方式，给学生提供更加个性化的指导。由此可见，在线教育信息技术主要由移动互联网、大数据、人工智能组成。接下来将从三大技术角度讲解“互联网+”与在线教育信息技术。

4.2.1 大数据对“互联网+教育”的影响

大数据的产生与信息技术、互联网等密不可分并且以越来越多的方式产生，如多媒体内容、社会网络以及各类传感器，不论是传统的数据密集型行业如基因研究、药学，还是互联网新贵，都面临着储存分析大数据的问题。例如，脸书（Facebook）拥有超过 9 亿的用户，并且用户数量仍在增长，谷歌（Google）每天有 30 亿次的搜索查询，推特（Twitter）每天处理 4 亿次的短信，相当于大约 12TB 的数据量。

大数据的应用和影响体现在各个领域。大数据不只意味着体量的大小，它同时意味着研究方法更倾向于利用新的多种类型的数据获取信息，以数据为基础进行研究，并作出决策。在教育领域，随着远程教育的发展和 LMS（如 Blackboard 和 Moodle）等的应用，大数据的潜在应用也越来越广。这些系统每天都记录大量的学生交互信息、个人数据、系统数据等。这些也促进了教育学习分析学（Learning Analytics，LA）和教育数据挖掘（Educational Data Mining，EDM）的发展应用，以及教育技术领域研究范式的变化。

科什曼（Koschmann）认为：在计算机进入教育领域后，教育技术作为一个独立的研究领域才开始出现，因此针对教育技术范式的研究也应该集中在以计算机为基础的技术方面；同时他认为教育技术研究也经历了一系列范式转换。他应用库恩的理论，主要描述了三种涉及计算机的教育技术范式，即计算机辅助教学（Computer-Assisted Instruction，CAI）、智能教学系统（Intelligent Tutoring System，ITS）以及计算机支持的协作学习（Computer-Supported-Collaborative Learning，CSCL）。

4.2.2 移动互联网对“互联网+教育”的影响

近年来，随着移动互联网的飞速发展和普及，全球接入互联网的移动设备总数达到 70 亿台，平均全球人手一台。移动互联网改变了人们的学习方式，给在线教育带来了无尽机遇与挑战。国外在线教育领域发展迅猛，很多知名高校和企业相继建立互联网在线教育，如美国哈佛大学、麻省理工学院、美国密涅瓦（The Minerva Project）等。在线教育充分利用移动互联网的随时、随地、随身和互联网开放、互动、分享等特点，使传统教学模式发生了质的变化，特别是人们通过移动终端增加了获取知识的渠道，打破时间和空间限制、优化了教育资源、扩大教育资源覆盖面，逐步缩小城乡、地域、校际的教育水平差距。移动互联网背景下的在线教育还可以让学习者掌握自主学习的选择权，让学习者自己掌控学习内容、学习时间、学习地点，从而提升学习效率。移动互联网下的在线教育为真正实现教育的普及提供了可能。

我国在线教育从 20 世纪 90 年代末开始到现在，经历了以网络为介质的远程线下教育、传统培训机构线上网络课程教育到互联网公司参与的在线教育三个阶段。在线教育主要应用在 IT 培训、职业技能教育、语言学习、兴趣爱好、中小学及大学教育、亲子课堂等方面。根据有关部门统计，从 2012 年到 2014 年近三年间我国公开创立的在线教育公司近 320 家，2014 年互联网教育方面投资规模大约有 100 亿元，教育类移动 App 数量超过 7 万个，中国在线教育市场规模正以每年 30%以上的速度增长，到 2015 年总价值超过 1 600 亿元，2015 年之后出现井喷的状态。移动互联网下的在线教育的形式和内容越来越多样化，便利程度也不断提高，越来越多的消费者开始乐意尝试这种新型学习形式。2011 年教育部印发《教育信息化十年发展规划（2011—2020 年）》提出，2020 年，全面完成教育信息化全覆盖的目标。由此，移动互联网下的在线教育成为我国教育信息化发展过程中最受瞩目的领域。

4.2.3 人工智能对“互联网+教育”的影响

人工智能是一门综合性的交叉学科，涉及计算机科学、生理学、哲学、心理学和语言学等多个领域。人工智能主要研究用人工的方法和技术，模仿、延伸和扩展人的智能，实现机器智能，其长期目标是实现人类水平的人工智能。从脑神经生理学的角度来看，人类智能的本质可以说是通过后天的自适应训练或学习而建立起来的种种错综复杂的条件反射神经网络回路的活动。人工智能专家们面临的最大挑战之一是如何构造一个可以模仿人脑行为的系统。这一研究一旦有突破，不仅给学习科学以技术支撑，还能反过来促使人脑的学习规律研究更加清晰，从而提供更加切实有效的方法论。人工智能技术的不断发展，使人工智能不仅成为学校教育的内容之一，也为教育提供了丰富的教育资源，其研究成果已在教育领域得到应用，并取得了良好的效果，成为教育技术的重要研究内容。

人工智能的研究更多的是结合具体领域进行的，其主要研究领域有：专家系统、机器学习、模式识别、自然语言理解、自动定理证明、自动程序设计、机器人学、博弈、智能决策支持系统、人工神经网络和分布式人工智能等。目前，在教育中应用较为广泛与活跃的研究领域主要有专家系统、机器人学、机器学习、自然语言理解、人工神经网络和分布式人工智能，下面就专家系统、自然语言理解等领域进行阐述。

4.2.3.1 专家系统

专家系统是一个具有大量专门知识与经验的程序系统，它使用人工智能技术，根据某个领域中一个或多个人类专家提供的知识和经验进行推理和判断，模拟人类专家的决策过程，以解决那些需要专家决定的复杂问题。专家系统主要组成部分为：知识库，用于存储某领域专家系统的专门知识；综合数据库，用于存储领域或问题的初始数据和推理过程中得到的中间数据或信息；推理机，用于记忆所采用的规则和控制策略的程序，使整个专家系统能够以逻辑方式协调地工作；解释器，向用户解释专家系统的行为；接口，使用户与专家系统进行对话。近几十年来，专家系统迅速发展，是人工智能中最活跃、最有成效的一个研究领域，广泛应用于医疗诊断、地质勘探、军事、石油化工、文化教育等领域。

目前，专家系统在教育中的应用最为广泛与活跃。专家系统的特点通常表现为计划系统或诊断系统。计划系统往前走，从一个给定系统状态指向最终状态。如计划系统中可以输入有关的课堂目标和学科内容，它可以制定出一个课堂大纲，写出一份教案，甚至有可能开发一堂样板课，而诊断系统是往后走，从一个给定系统陈述查找原因或对其进行分析，例如，一个诊断系统可能以一堂 CBI（基于计算机的教学，computer-based instruction）课为例，输入学生课堂表现资料，分析为什么课堂的某一部分效果不佳。在开发专家计划系统支持教学系统开发（ISD）程序的领域中最有名的是梅里尔（Merrill）的教学设计专家系统（ID Expert）。

教学专家系统的任务是根据学生的特点（如知识水平、性格等），以最合适的教案和教学方法对学生进行教学和辅导。其特点为：同时具有诊断和调试等功能；具有良好的人机界面。已经开发和应用的教学专家系统有美国麻省理工学院的 MACSYMA 符号积分与定理证明系统，我国一些大学开发的计算机程序设计语言、物理智能计算机辅助教学系统以及聋哑人语言训练专家系统等。

目前，在教育中，专家系统的开发和应用更多的集中于远程教育，为现代远程教育的智能化提供了有力的技术支撑。基于专家系统构造的智能化远程教育系统具有以下几个方面的功能：具备某学科或领域的专门知识，能生成自己的提问和应答；能够分析学生的特征，评价和记录学生的学习情况，诊断学生学习过程中的错误并进行补救教学；可以选择不同的教学方法实现以学生为主体的个性化教学。目前应用于远程教育的专家系统有智能决策专家系统、智能答疑专家系统、网络教学资源专家系统、智能导学系统和智能网络组卷系统等。

4.2.3.2 机器人学

机器人学是人工智能研究的一个分支，其主要内容包括机器人基础理论与方法、机器人设计理论与技术、机器人仿生学、机器人系统理论与技术、机器人操作和移动理论与技术、微机器人学。机器人的发展经历了三个阶段：第一代机器人以“示教—再现”方式进行工作；第二代机器人具有一定的感觉装置，表现出低级智能；第三代机器人是具有高度适应性的自治机器人，即智能机器人。目前开发和应用的机器人大多是智能机器人。机器人技术的发展对人类的生活和社会都产生了重要影响，其研究和应用逐渐由工业生产向教育、环境、社会服务、医疗等领域扩展。机器人技术涉及多门学科，是一个国家科技发展水平和国民经济现代化、信息化的重要标志，因此，机器人技术是世界强国重点发展的高技术，也是世界公认的核心竞争力之一，很多国家已经将机器人学教育列为学校的科技教育课程，在孩子中普及机器人学知识，从可持续和长远发展的角度，为本国培养机器人研发人才。在机器人竞赛的推动下，机器人教育逐渐从大学延伸到中小学，世界发达国家例如美国、英国、法国、德国、日本等已把机器人教育纳入中小学教育之中，我国许多有条件的中小学也开展了机器人教育。机器人在作为教学内容的同时，也为教育提供了有力的技术支撑，成为培养学习者创新精神和实践能力的新的载体与平台，大大丰富了教学资源。多年来，我国中小学信息技术教育的主要载体是计算机和网络，教学资源单一，缺乏前瞻性。教学机器人的引入，不仅激发了学生的学习兴趣，还为教学提供了丰富的、先进的教学资源。随着机器人技术的发展，教学机器人种类越来越多，目前在中小学较为常用的教学机器人有：能力风暴机器人、通用机器人、未来之星机器人、乐高机器人、纳英特机器人、中鸣机器人等。

4.2.3.3 机器学习

机器学习是使计算机能够模仿人的学习行为，自动通过学习来获取知识和技巧，其研究综合应用了心理学、生物学、神经生理学、逻辑学、模糊数学和计算机科学等多个学科。机器学习的方法与技术有机械学习、示教学习、类比学习、示例学习、解释学习、归纳学习和基于神经网络的学习等。机器学习（自动获取新的事实及新的推理算法）是使计算机具有智能的根本途径，对机器学习的研究有助于发现人类学习的机理和揭示人脑的奥秘。随着计算机技术的进步和机器学习研究的深入，机器学习系统的性能大大提高，各种学习算法的应用范围不断扩大，例如将连接学习用于图文识别，归纳学习、分析学习用于专家系统等，大大推动了其在教育中的应用，例如在建构适应性教学系统中，用机器学习与朴素的贝叶斯分类器动态了解学生的学习偏好，有较高的准确率。基于案例的推理（case-based reasoning，CBR）是一种新兴的机器学习和推理方法，其核心思想是重用过去人们解决问题的经验解决新问题，在计算机辅助教育方面，已经出现了基于 CBR 的图形仿真教育系统，并且，针对个体特征的教育教学方法研究也有所突破。另外，数据挖掘和知识发现在生物医学、金融管理、商业销售等领域的成功应用，不仅给机器学习注入新的生机，也为机器学习在教育中的应用提供了新的前景。

4.2.3.4 自然语言理解

自然语言理解就是研究如何让计算机理解人类的自然语言，以实现用自然语言与计算机交流。一个能够理解自然语言信息的计算机系统看起来就像一个人一样需要有上下文知识以及根据这些上下文知识和信息用信息发生器进行推理。自然语言理解包括口语理解和书面理解两大任务，其功能为：回答问题，计算机能正确地回答用自然语言提出的问题；文摘生成，计算机能根据输入的文本产生摘要；释义，计算机能用不同的词语和句型来复述输入的自然语言信息；翻译，计算机能把一种语言翻译成另外一种语言。由于创造和使用自然语言是人类高度智能的表现，因此对自然语言处理的研究也有助于揭开人类高度智能的奥秘，深化对语言能力和思维本质的认识。

自然语言理解最早的研究领域是机器翻译。应用研究的广泛开展，也为机器人和专家系统的知识获取提供了新的途径，例如由 MIT 研制的指挥机器人的自然语言理解系统 SHRDLU 就可以接收自然语言，进行人机对话，回答关于桌面上积木世界中的各种问题。同时，对自然语言理解的研究也促进了计算机辅助语言教学和计算机语言设计等方面的发展，例如“希赛可”网络智能英语学习系统，这个基于网络的“人-机”语境的建立，突破了普通英语教师和传统单机的多媒体教学软件的能力限制，也比建立于网络的“人-人”语境更具灵活性，可以为远程学习者提供良好的英语学习支持，在国内第一次系统地将用自然语言进行的人机对话系统应用在计算机辅助外语教学上，在国际上也是一种创新。

4.2.3.5 人工神经网络

人工神经网络就是在对大脑的生理研究的基础上，用模拟生物神经元的某些基本功能的元件（即人工神经元），按各种不同的联结方式组织起来的一个网络，其目的在于模拟大脑的某些机理与机制，实现某个方面的功能，例如可以将其用于模仿视觉、模式识别、声音信号处理、控制、故障诊断等领域。人工神经元是人工神经网络的基本单元。人工神经网络有两种基本结构：递归（反馈）网络和多层（前馈）网络。两种主要学习算法：指导式学习和非指导式学习。人工神经网络从模拟人类大脑神经网络的结构和行为出发，具有大规模并行、分布式存储和处理、自组织、自适应和自学习能力，特别适合处理需要同时考虑许多因素和条件的、不精确和模糊的信息处理问题，这使人工神经网络具有更大的发展潜能，目前已经开发和应用的人工神经网络模型有 30 多种。人工神经网络在教育中的应用大多与教学专家系统相结合，以此来改进教学专家系统的性能，提高智能性，使其在教学过程中对突发问题具有更好的应对能力。人工神经网络在学校管理中也得到应用，例如采用误差反传算法（BP）的多层感知器已应用于高校管理之中。

4.2.3.6 分布式人工智能（distributed artificial intelligence，DAI）

分布式人工智能是分布式计算与人工智能结合的结果，研究目标是要创建一种能够描述自然系统和社会系统的精确概念模型，主要研究问题是各 Agent 之间的合作与对话，包括分布式问题求解和多 Agent 系统两个领域。分布式人工智能系统一般由多个 Agent 组成，每个 Agent 又是一个半自治系统，Agent 之间及 Agent 与环境之间进行并发活动并进行交互来完成问题求解。由于分布式人工智能系统具有并行、分布、开放、协作和容错等优点，在资源、时空和功能上克服了单智能系统的局限性，因此获得了广泛应用。分布式人工智能中的 Agent 和多 Agent 技术在教学中的应用逐渐受到关注。在教学中引入 Agent 可以有效地提高教学系统的智能性，创造良好的学习情境，并能激发学习者的学习兴趣，进行个性化教育。目前，Agent 和多 Agent 技术多用于远程智能教学系统，通过利用其分布性、自主性和社会性等特点，提高网络教学系统的智能性，使教学资源得到充分利用，并可实现对学习者的学习行为进行动态跟踪，为学习者的网络学习创造合作性的学习环境。在网络教学软件中应用 Agent 技术的一个典型是美国南加利福尼亚大学（USC）开发的教学代理 Adele（Agent for Distance Education - Light Edition）。Agent 技术在网络教学软件中取得的良好效果，促进了研究者对分布式人工智能在教育中的应用研究。

综上所述，科学技术的发展将会推动人工智能技术在教育中应用的广度和深度。从人工智能的应用趋势来看，人工智能在教育中应用的扩展可以通过以下三个方面进行：

一是人工智能与其他先进信息技术结合。人工智能已经与多媒体技术、网络技术、数据库技术等有效融合，为提高学习效率和效度提供了有力的技术支持。例如，人工智能技术通过与多媒体技术相结合，可以提高智能教学系统的教学效果；与网络通信技术相结合，可以提高和改进远程教育的智能性。

二是人工智能应用研究领域间的集成。人工智能应用研究领域之间并不是彼此独立，而是相互促进、相互完善的，它们可以通过集成扩展彼此的功能和应用能力。例如自然语言理解与专家系统、机器人的集成，为专家系统和机器人提供了新的知识获取途径。

三是人工智能的研究和应用出现在许多新的领域，它们是传统人工智能的延伸与扩展，这些新领域有分布式人工智能与 Agent、计算智能与进化计算、数据挖掘与知识发现以及人工生命等，这些发展与应用蕴藏着巨大潜能，必将对教育产生重要的影响。

技术发展不断发挥着引导教育技术研究的作用，一种新兴技术的出现总是会掀起相应的研究热潮，引发对技术在教育中应用的探讨、评价以及与传统技术的对比。人工智能作为一门交叉的前沿学科，虽然在基本理论和方法等方面存在争论，但从其研究成果与应用效果来看，有着广阔的应用前景，值得进一步的开发和利用。

【资料链接】

在线攻读“第N学位”

随着高校教育的发展壮大，专业划分愈加细致。根据国务院学位委员会、教育部2011年印发的《学位授予和人才培养学科目录（2011年）》，普通高校本科专业可分为12个基本类别，下设92个一级学科专业，506个二级学科专业。考生专业选择成为一大难题，盲目地选择专业就是就业难的开始。很多大学本科毕业生就业所从事的专业与所学专业大相径庭。“问卷星”问卷调查网站发布的关于“大学生就业现状”的调查结果显示，有41.42%的大学生认为在求职过程中，所学专业成为就业最大的障碍或困惑；72.99%的大学生对所在专业的就业前景并不看好；超过半数的已就业大学生所从事的工作与专业不对口。

面对这样的考学和就业背景，MOOC 可以整合高校和企业资源，由教师、智力公司、招聘单位共同打造培养课程，为大学生提供学业上的多种选择，增加就业机会。

（资料来源：雷洋，张昭俊，中国教育网络，2015年6月9日。）

4.3 “互联网+教育”商业模式创新

4.3.1 “互联网+教育”目前的主要商业模式

目前我国“互联网+教育”的商业模式有六类。

4.3.1.1 MOOC 平台（大规模开放在线课程）

学生无论身在何地，只要有互联网就可以参与学习。MOOC 平台的开放性不仅体现在授权开放、课程结构开放、学习目标开放以及课程注册和退出自由，还体现在信息、知识、观点和思想的自由共享等方面。其优点是：一是互动性比较强。学生可以参与网上课程的实际运行，参与由课程团队提供教学过程管理的学习，有学习的时间节奏、经常性的小测验、预习阅读、课后作业等教学活动。二是可获得证书。学生达到课程要求可获得证书。由此可见，MOOC 平台实际上是提供了一个网上课程交易平台，由平台认可的大学及其教师提供课程。

4.3.1.2 B2B 平台（为机构客户提供服务）

在线机构将研发的课程或服务直接提供给机构客户，机构客户在此基础上，利用课程进行教学或利用服务（如相关在线课程系统软件、服务和解决方案）建立在线教育体系，在线教育机构和机构客户从学费或者课程中进行分成。B2B 平台盈利要点主要有平台广告、平台交易、自销产品、平台搜索、增值服务、线下服务、商务合作。

4.3.1.3 B2C 平台（自制课程提供给学习者）

在线教育机构提供优秀的教育资源服务，会把教学资料和视频等内容都上传到其服务器上。以学院为中心，学员可根据需要随时随地学习所需课程，充分体现了现代学习理论中以学习者为中心的理念。学员遇到问题可以随时在线向老师提问，在线教育机构所聘任的老师提供在线实时答疑服务，及时解决学习者在学习方面遇到的困惑。

4.3.1.4 C2C 平台（1 对 1 即时互动学习）

以即时通信工具如 YY、QQ、微信等为技术环境，通过网络和即时通信工具相结合的模式搭建学习者、教师之间的互动交流平台。教师和学习者以及教师之间、学习者之间在这个平台上进行沟通和交流，教师可随时随地进行在线教学及答疑服务，教师之间可交流合作，学生之间可讨论交流。该平台的盈利方式主要为收取会员费，广告费，获得交易提成，搜索排名竞价，支付环节收费。

4.3.1.5 SNS 平台（基于社交信任驱动教学）

SNS 是帮助 web2.0 时代的互联网认识营造和构建社会性交互网络的新的 web 服务，是根据真实社会关系和人际关系而建设起来的 VR 网络社区。

SNS 的互动性可以给学习者与学习者、学习者与教师、学习者与学科专家之间提供更畅通有效的交流协作空间。信息分享者除了可以帮助学生获取资源外，还能更好地实现知识的传播。另外，学习者在 SNS 上还可以训练协作，别人的点评和建议甚至是批评可以给学习者带来动力或者发现自己在学习上存在的主要问题。SNS 的社会性还可以极大地帮助学习者提高自己的应变能力和社会认知能力。

4.3.1.6 O2O 模式（线上线下学习相结合）

本地化教育模式，方便不同地区学生的学习。在线教育课程可以降低教学机构对老师的依赖，线上线下结合可以保障学生的学习效果。

【资料链接】

现有在线教育商业模式比较

（1）提供教育内容的商业模式

国内每年都有将近 1 亿人参加各式各样的培训，而这些培训从根本上说都需要内容的支持。教育培训机构除了提供的具体培训形式很重要外，其提供的内容对于整个在线教育行业而言也是相当重要的。从教育培训机构的现状来看，目前中国国内教育培训中较有影响力的机构有新东方、好未来、学大教育、正保远程教育、环球雅思五家，其中新东方一直采用大班教学，以做出国留学英语培训起家，后拓展到其他方面。好未来即学而思教育，主要为 3~18 岁孩子提供课外辅导，其所有分校及教学点均为全资拥有的直营模式，精心组织编写一系列品牌教材，对相关的师资进行统一培训，尽管与学大教育的线下规模相比尚有一定的差距，但是其在 K12 教育领域的细分成就是学大教育所不具备的。正保远程教育拥有 16 个品牌网站，其中影响力最大的就是中华会计网校。环球雅思的重心在于雅思英语、托福、口语、少儿英语等出国语言培训机构。

（2）网络教育平台的商业模式

互联网平台公司不直接提供教育内容，主要是搭建在线教育的平台，发掘和聚拢在线教育的潜在客户，同时欢迎其他教育机构入驻，如腾讯、淘宝、阿里巴巴、百度、欢聚时代等公司，往往发展初期不会有直接盈利，而是在用户群体扩大到一定程度才能形成盈利模式。

（3）技术开发公司的商业模式

技术开发公司注重教育模式的研究与信息技术在教育中的应用，属于营利性机构，其开发的相关教育软件与在线教育直接相关，比如科大讯飞，将智能技术应用于教育领域，通过在教育领域的广泛受众，在技术产品的直接销售上获得足够的利润。方直科技和汇知堂公司为教师和学生提供教材配套软件、学习辅导软件、网络在线教育服务来实现盈利。

（4）在线教学平台的商业模式

这种模式主要以网易的公开课形式为主，其本质是，一方面，将自己的流量或者用户转卖给内容提供商，以此来盈利；另一方面，打造自己的教育品牌，形成一种固定的教育平台盈利模式。

（资料来源：雷大刚、石丽明，《现代营销》，2018 年第 6 期。）

4.3.2 “互联网+教育”商业模式创新发展

“互联网+教育”商业模式创新发展主要有三个部分。

4.3.2.1 创新内容，打造品牌产品集群效应

（1）整合内容资源，完善产品线

内容资源是“互联网+教育”的核心竞争优势。对于内容资源的整合，出版企业大致可以沿袭三条路线展开。

第一，从优势资源入手，借力发力形成不可替代的竞争优势。教材是教学活动开展的源泉，数字化教材的研发是出版企业的第一战略。其次，整合传统品牌内容，以开发新的产品。

第二，重视短板资源的改造，利用互联网工具改进业务流程。互联网颠覆实质上就是利用高效率来整合低效率，让价值链变得更高效。

第三，密切关注市场新需求，整合外围资源开发新产品。只有整合教育行业、技术等外围资源开发新产品，相关企业才能跟上在线教育发展步伐。

（2）以用户为中心，打造品牌产品群

以用户中心，为用户提供不同阶段满足需求的品牌产品，要抓住三项核心工作。

第一，要彰显用户价值，充分理解用户核心痛点，产品或服务的价值能明确满足目标用户的特定需求。

第二，营造产品与用户之间的情感联系，让教学变得更加生动、更具有吸引力。

第三，在迭代升级中，完成极致体验产品打造，从而提高用户黏性，形成产品“粉丝群”。以凤凰集团在线教育为例，目前集团已建立了覆盖中小

学、面向师生的在线教育平台。

4.3.2.2 融合思维，转变在线教育商业模式

(1) 利用互联网改变运营流程，实现线上线下融合发展

新东方从线下到线上的推广，沪江网从线上走向线下，构建线上线下融合的全渠道运营模式来推动在线教育发展已成为行业共识。

第一，全运营渠道建设。首先，构建线上渠道生态，主要是跨平台多个生态体系之间和支付手段的应用触点整合，平台生态体系内部的用户引流与沉淀路径设计。其次，优化线下渠道，对多年积累的渠道资源进行维护和优化。

第二，全渠道融合运营。一是策划活动时线上线下要形成互动；二是通过活动提高用户活跃率，并对活动留存的用户数据进行有效分析；三是形成闭环模式，即线下—线上—线下（Offline to Online to Offline），更精准地为用户提供个性化服务。

(2) 利用大数据驱动运营管理，提高商业价值环节管理

亚马逊、谷歌和中国三大互联网公司（百度、阿里、腾讯）都是典型的数据驱动型企业，数据蕴藏着改善企业经营、优化商业模式、拓展业务范围的信息。

第一，数据驱动业务流程，沉淀数据资源。数据驱动的主要业务环节包括选题策划、市场调研、产品分析、用户分析、产品运营等。从数据驱动的选题策划开始，各环节的数据监控和分析就要贯穿始终，这样才可以实现数据驱动运营。

第二，大数据驱动，推动精细化营销。首先是产品推荐。大数据时代，企业可以将每个客户全渠道的行为数据汇聚起来，以此来判断客户的需求和消费行为逻辑，然后从用户相似性、产品关联度和社交关系三个基本维度向客户精准推荐产品。其次是运营渠道管理，包括渠道引入流量、渠道营销投放管理、渠道营销质量管理等。再次是用户响应和营销策略调整。从用户点击率、购买率、使用评价、使用频率等监控指标来评定营销成效，进一步调整和优化营销策略。

第三，大数据驱动，提供个性化教育服务。个性化教育是在线教育最大的发展空间。因为学习的长期性和成长的渐进性，利用大数据可以对用户进行科学管理。首先，根据用户行为和偏好数据，对存量用户、活跃用户、粉丝用户、流失用户等制定不同的客户生命周期管理。然后根据大数据统计出来的用户特征，对学习者的学习行为进行自动提示、诱导和评价，提供个性化的辅导。

(3) 探索持续盈利模式，实现商业模式转型

盈利模式是企业在市场竞争中逐步形成的特有的赖以盈利的商务结构及其对应的业务结构，是企业的一种获利方式。而任何一个商业模式都是一个由客户价值、企业资源和能力、盈利方式构成的三维立体模式。新的持续盈利模式是实现商业模式转型的前提。

第一，设计盈利模式，定位核心竞争优势。业务结构反映的是企业资源配置的效率，商务结构反映的是企业资源配置的效益。盈利模式设计主要分析与规划客户和用户、产品或服务、业务活动、竞争门槛等因素的商务逻辑关系和优化组合，进一步确定企业核心竞争优势。

第二，整合企业资源和能力，打造持续盈利模式。打造持续的盈利模式，要求企业能根据确定的盈利模式，持续为客户和用户提供满足需求的产品或服务。这要求企业根据自身的资源和能力，提高资源配置效率和资源配置效益。

第三，传递客户价值，实现商业模式转型。虽然在线教育尝试的商业模式主要有 B2B、B2C、C2C、C2B 以及 O2O 等，但像出版社这样的企业多年在教育系统和新华书店中积累的资源优势，更有助于拓展 B2C、B2B2C 以及 O2O 模式。目前国内最大的教育资源门户网——学科网采用的主要是 B2B2C 模式：学校统一购买后老师免费使用。

4.3.2.3 整合资源，构建企业发展生态圈

(1) 丰富企业文化，注入互联网基因

第一，建设与互联网精神契合的价值体系。互联网时代下的企业文化建设，要形成与网络化组织和管理相适应的价值体系。首先，设计合理的制度文化，引导、约束和激励企业员工的行为。其次，倡导以个人能力驱动转化为执行能力的协作发展精神。再次，建立创新、共享的企业文化氛围。

第二，采用大数据驱动管理变革。首先，针对公司内外部流程进行数据化管理，定期收集业务数据；其次，整理和分析企业数据，参考数据管理及时优化管理决策；最后，评估大数据实施效果，推动企业管理决策模式的变革。

第三，开辟互联网人才成长的文化土壤。开拓、创新的团队是企业发展的顶梁柱。企业人才培养要做到以下几个方面：一是企业愿景分享。企业愿景描述了企业的长期愿望及未来蓝图，体现组织不懈的追求。与员工分享愿景，激发员工的梦想和拼搏精神。二是树立自我实现、与企业同步成长的文化理念。互联网与传统产业融合，不仅需要技术开发型人才，更需要具有创新融合思维的“战略师”，需要个人价值与企业价值的高度契合。三是形成快

乐学习、乐于分享的氛围。

凤凰集团为数字化工作建立了较为完备的组织架构和运作体系。目前集团正在加大投资和研发力度，建设覆盖全集团、贯通全产业链的高效统一的数字化管理平台；组织“凤凰英才”中青年业务骨干培训，学习与研讨“互联网+”思维下的国有文化企业发展路径；推出“凤凰青年创业基金”，挖掘员工的创新创业潜力。

（2）加强战略布局，构建生态圈

第一，规划发展战略，提供生态圈构建原始动力。发展战略既是企业实现快速、健康、持续发展的航标，也为企业构建创新型商业生态圈提供原始动力。

第二，全力布局在线教育产业价值链，构建生态圈。发展在线教育，企业要构建生态圈，把在线教育产业价值链当作一个具有生命、动态平衡的有机体。

凤凰集团以教育资源为主导，初步形成覆盖教学全线的数字教育体系，打造凤凰云校园。一是在 K12 在线教育领域打造的全国第一个“一云多端”平台。在学科网平台的基础上，公司积极研发“一云多端”智能软件入口，打造全国第一个智慧教育云平台。二是打造了全国首家在线职教平台网。公司旗下职教软件公司创壹公司触网，实现由软件开发企业向职教在线教育平台的转变。目前创壹正与教育部门和职业学校合作，积极推进职教教育“云平台”建设。

（3）推动跨界融合，优化生态圈网络

技术、大数据、教育资源、出版资源相融合催生了蓬勃发展的在线教育产业。跨界融合，将助力出版企业优化在线教育生态圈。

第一，借技术之力，领跑在线教育。教育信息化是国家信息化发展战略的重要组成部分，教育部提出要探索现代信息技术与教育的全面深度融合，以信息化引领教育理念和教育模式的创新，充分发挥教育信息化在教育改革和发展中的支撑与引领作用。智能语音、视频技术、移动端学习、大数据等技术的革新推动在线教育快速发展。

第二，借平台之力，助跑在线教育。平台是由多主体共建、资源共享，能够实现共赢、开放的商业生态系统。凤凰集团旗下的学科网已成为国内最有影响力的教育资源平台，在学科网的基础上，集团极力打造 K12 教育“一云多端”平台；集团也借现有互联网平台顺势而为，与腾讯、亚马逊等大型平台展开战略合作。

第三，借资本之力，提速在线教育。凤凰集团收购控股学科网后，集团加大资金和资源支持力度，网站规模不断扩大，目前已成为国内最有影响力的教育资源平台。2015 年 10 月 9 日学科网引入战略投资者好未来，并获得好未来 3 000 万美金的战略投资。凤凰传媒、学科网、好未来将强强联手协力深耕数字教育。

随着互联网的普及、计算机技术的进步以及人们教育观念的转变，“互联网+教育”已成为现代教育模式的重要组成部分。“互联网+教育”商业模式的诞生促使传统的教育企业转型，各个互联网企业涉足教育领域，试图在这新兴的领域占据重要地位。

案例精选

雨课堂引领课堂革命

加快教育现代化，必须深化教育改革。在深化教育改革过程中，课堂教学改革是核心。在教育全球化和信息化的背景下，如何用信息技术推动课堂教学改革？雨课堂用教学实践给出了答案。

雨课堂是清华大学在线教育办公室和学堂在线共同推出的新型智慧教学工具，是教育部在线教育研究中心的教学研究成果。雨课堂将现代信息技术手段融入 PPT 和微信，搭建了课外学习与课堂教学间的沟通桥梁，让课堂互动永不下线。授课教师通过这个软件，可以向学生的手机上发送授课的 PPT、习题、视频、语音等学习材料，学生只要扫二维码进入课堂，在微信里就可以看到老师实时推送的学习材料，避免了手机拍照的“麻烦”，还可以在不懂的那页 PPT 上点击“不懂”按钮。在课堂讨论时间，学生们可以发送弹幕，给老师留言，亦可进行班级讨论。老师可根据同学们点击的不懂和发送的弹幕，及时答疑和调整自己的授课节奏。

对学生而言，雨课堂可以方便学生找到老师发布的学习资料，对自己所学的知识进行检测，还可以选择匿名或实名制的方式，给老师们提建议。对老师而言，雨课堂能更好地营造课堂的气氛和接收学生的反馈，实时给学生们发送习题和问卷，了解学生们对知识的掌握程度；开启课堂弹幕，可以和学生们实时沟通，进行课堂互动；课后及时收到课堂的统计数据，如答题情况、学生不懂的反馈等，能让老师对自己上课效果有个更直观的了解，极大程度地增强了教学趣味性与教育教学的实用性。

告别课堂“低头族”变手机为“抬头利器”。世界上最遥远的距离，是我和你在一起，你却在低头看手机。在智能手机普及的今天，这个“最遥远的距离”也成了大学课堂上老师与学生之间的距离。雨课堂的出现，成功改变“低头族”的现象，让智能手机变成学习的有效工具之一。

2017 年 4 月，教育部部长陈宝生在观摩了应用雨课堂教学的清华思政课后表示：“学生在听‘死理论’时，没有温度、没有触感、没有质量，这样的课学生不愿意听。今天的课我看到，到课率、抬头率都很高，让手机从‘低头的工具’变成了‘抬头的利器’，这就是我们‘教材攻坚’的主要内容。”

2018 年 1 月 16 日下午 3 时许，北部战区空军某场站通信营多功能教室里气氛紧张而热烈。官兵们个个拿着手机，一边聚精会神地听，一边认真编写理解体会发送弹幕。雨课堂荧屏上方飘过一条条弹幕，成了台上台下目光的聚焦点。该营政治教导员韩玉峰介绍，他们针对网络时代“人人都有麦克风，人人都用小键盘”的特点，借助智慧教学工具雨课堂，颠覆“我讲、你听”的传统授课模式，把手机变为思想政治教育工具，利用现代网络信息技术把教育主课堂变成连接授课者与官兵、官兵与官兵之间交流的大平台，进行线上线下互动式教育，有效增强了政治教育的吸引力、感染力和渗透力。

雨课堂引领课堂革命，成为国内最为活跃的智慧教学工具。在过去的两年里，雨课堂共发布了锦鲤和秋刀两个版本，迭代更新 20 多次，在课堂红包、学生投稿、课后小结、试题导入、随机点名、弹幕调速与回访等新功能的基础上，还上线了试卷导入、微信通知公告、批量数据导出、支持 WPS、英文版雨课堂、课件打印等一大批一线教师呼吁的功能。

湖南大学物理与微电子科学学院肖艳萍老师骄傲地说：“使用雨课堂之后，我再也不用操心我的上课内容中，有哪些是学生不懂的，也不用再分出时间与精力来关注哪些学生没有参与课堂学习，哪些学生参与度高等，因为雨课堂都已经进行了统计。雨课堂让我实现了在一二百人的大学物理课堂中的讨论教学。由于弹幕的匿名功能，学生发送弹幕没有了顾忌，课堂讨论参与度非常高；在课堂上进行随堂测试时，答案一旦提交，学生即可得知结果，且我在课堂上会把答题最佳同学的情况进行投屏，这样的行为刺激了学生们的好胜心，同学之间无形中展开了良性竞争。”

厦门大学教育研究院郭建鹏老师认为，使用雨课堂让课堂实现了理想中的变化，学生更加主动学习，师生、生生之间的互动交流更加频繁、深入。雨课堂是转变传统教学方式，进行课堂教学创新不可缺少的工具，尤其符合翻转课堂、混合式教学的理念和要求。两次教学实验数据显示，翻转课堂班的学生学习体验更加正面，学习方式更加深层，学习投入更多，学习信心更强，学习效果也更好。翻转课堂的模式能够发挥作用，有不少是雨课堂的功劳。

目前，雨课堂已经在清华大学、重庆大学、厦门大学、河北工业大学等超过百所高校教学楼计算机实现软件预装。截至2019年3月底，全球已经有114个国家20万个课堂330万用户使用了雨课堂。在智慧教学蔚然成风的当下，雨课堂已经成为国内最为活跃的智慧教学工具，并继续推动更多高校跑步迈入智慧教学时代，助力教育教学改革，引领课堂革命。

（资料来源：科学频道，太原晚报，2018年4月3日。）

案例思考题

“雨课堂”与传统的课堂有什么区别？

案例精选

好未来商业模式分析

（1）目标客户

好未来的客户主要为0~18岁的学生、留学考生、孩子的家长以及教育行业创业者。

（2）价值主张

好未来集团运用全球范围内先进的理念和技术，推动教育产品的创新和进步，让每一个人都能享有公平而有质量的教育，实现人生梦想。

针对0~18岁的学生推出学而思培优（6~18岁中小学小班课外辅导）、智康1对1（6~18岁中小学1对1针对性辅导）、学而思网校（6~18岁平台）、摩比思维馆（3~8岁关键期儿童思维培养）、e度教育网（0~18岁教育信息与资源分享平台）等，为众多中小学生辅导教育提供平台，方便自主学习。

针对留学考生则推出了备考网站考满分，包括托福考满分，雅思考满分，GRE考满分，GMAT考满分，考满分词汇，GRE3000词等，为众多学生出国留学提供了便利的条件。

针对家长则推出家长帮、家长帮App、家长帮微信群、家长帮微信公众号等，帮助家长对孩子教育问题进行更好的监控与辅导。

针对教育行业创业者则推出未来之星，未来之星以推动教育行业进步为使命，坚持为对教育行业产生深远影响力的创业者助力；为教育行业的进步做出较大贡献。

(3) 渠道通路

好未来集团将旗下各大网络教育平台与各地线下教育机构作为分销渠道。依靠集团旗下各大优质网络教育平台，各大网络教育平台将优质的教育资源以网课的形式销售给消费者，通过品牌的影响力，在线下开拓教育培训机构，增加收入来源，扩大品牌影响力。

(4) 客户关系

好未来希望成为受尊敬的教育机构，所以不断地倾听、满足并超越客户需求，为全球不同国家或地区、不同收入水平、不同教育程度的 15 亿人提供可信赖的内容、产品和服务。

好未来还自主或参与成立了多家公益性基金会，让更多人平等地享受教育资源，推动教育的公平性。

(5) 关键业务

好未来全面布局教育产业，致力于推进教育行业进步，建设多家教育科研机构。覆盖 0 岁至 24 岁人群的多元化教育需求。旗下包括大量的教育品牌，如学而思、爱智康等。致力于“用科技推动教育进步”，用学习的科学，让孩子更科学地学习，利用科技让教育回归本质。建设多家教育科技研究机构。好未来和腾讯联合发起教育行业学习交流平台——未来之星。未来之星以推动教育行业进步为使命，坚持为会对教育行业产生深远影响力的创业者助力。

(6) 核心资源

好未来开发核心教育资源“未来魔法校”项目，经过 16 年教研沉淀，开发高质量标准化的教研教学产品，以课标课本为纲领，从助力机构招生、辅助教师教学、促进学生学习这三个维度为中小机构打造标准化教师教研教学的培训平台，帮助培训机构快速打造成熟师资团队，助力中小培训机构发展，输出核心资源，让更多的学生可以共享优秀教师，加快推动优质教学资源的惠普，为行业赋能。

其中好未来的核心资源主要包括 AI Lab、脑科学实验室、硅谷研发部、基于大数据的智能学习系统、基于大数据的个性化学习体系、直播这六大项。

(7) 重要合作

好未来与教育企业进行合作，合作伙伴突破 4 500 家，未来三年将服务 2

万家机构，分享学习科学的最新研究成果。在智慧教育国家新一代人工智能开放创新平台的框架下，好未来教育开放平台将以持续深入的开放来凝聚行业合作伙伴，与他们一起创造教育行业的美好未来。好未来和腾讯合作发起未来之星以推动教育行业进步为使命，坚持为对教育行业产生深远影响力的创业者助力。与北京大学数学系、南开大学数学系、上海交大数学系、武汉大学数学系等机构签订合作协议，成为他们的实习基地和就业实践基地。与海内外高校合作，在全球范围内建立6所联合实验室，为用户提供更全面的教育资源，为教育行业的发展助力。

(8) 成本结构

好未来的成本结构主要包括教育科技开发、线下门店建设、员工薪酬与线上品牌维护。截至2019年初，好未来拥有5 000名技术、产品和教学研发人员，未来三年将超1万人；科技研发投入10亿元左右，两年之后会达到数十亿元；与海内外高校合作，在全球范围内建立6所联合实验室。2019年，好未来成立教育行业首家博士后科研工作站。好未来为实现线上线下教育铺设了多家线下门店。开拓线下门店，维持线下门店，需要付出大量的成本，比如房租费用、基础设施的搭建费用、日常学习办公用品的成本等。好未来在拥有线下门店的同时拥有大量的优质线上品牌，而维持线上品牌的优质口碑，保证线上品牌的平稳运行，也需要大量的成本，如新软件的开发与维护，防火墙的防攻击系统，保持平台的正常运行等费用。同时，线上技术人员与教师职工薪酬也是企业成本的较大组成部分。

(9) 收入来源

作为一个从事教育行业的企业，好未来主要的收入来源便是教育资源的收入，收入由线上收入与线下收入组成，线上是通过好未来旗下各大优质教育平台课程的售卖获得收益，线下是利用各地的教育培训机构进行授课与学习资料的售卖获得收益。

(资料来源：根据罗曦祥的硕士论文《好未来教育培训公司营销策略优化方案》整理。)

案例思考题

请借助商业模式画布九要素来分析好未来的商业模式的优缺点。

5 “互联网+医疗”商业模式

引 例

平安好医生，原名平安健康管家，是在线健康咨询及健康管理 App，由平安健康推出。据平安好医生官方网站显示，平安健康互联网股份有限公司是中国平安集团旗下的全资子公司，为平安集团旗下互联网业务板块的重要成员。平安好医生，集“家庭医生、名医问诊、健康社区、健康评测、健康习惯、健康档案”六大特色服务于一体，为用户提供一站式健康咨询及健康管理服务。

平安好医生于 2014 年 8 月成立，总部设在中国上海。

2015 年 4 月 21 日，中国平安宣布上线互联网健康管理产品“平安好医生”App，以医生资源为核心，提供实时咨询和健康管理服务，包括一对一家庭医生服务、三甲名医的专业咨询和额外门诊加号等。上线 100 天，App 注册用户就已经突破百万。

2017 年 11 月 8 日，平安好医生入选时代影响力 · 中国商业案例 TOP30。2018 年 5 月 4 日，平安好医生登陆香港交易及结算有限公司（简称“港交所”），创下 2018 年以来港股最大规模 IPO。2018 年 8 月 8 日，平安好医生获金运奖最佳活动创意奖。2019 年 6 月 11 日，平安好医生入选“2019 福布斯中国最具创新力企业榜”。

2020 年 3 月 18 日，平安好医生以 730 亿元人民币市值位列《2020 胡润中国百强大健康民营企业》第 13。

（资料来源：裴婧雅，《中国互联网医疗保险的创新研究——以“平安好医生”为例》，2017 年 4 月 1 日。）

5.1 “互联网+”与移动医疗垂直化发展新趋势

5.1.1 移动医疗

5.1.1.1 移动医疗的概念

移动医疗就是通过使用移动通信技术来提供医疗服务和信息。在目前医疗压力不断增大、医疗资源并不丰裕的情况下，移动医疗提供了一种有效的方法，有助于发展中国家减缓医疗压力。

与移动医疗名称相近但本质相异的概念有很多，如移动医疗单位，是指可移动的医疗站点，医护人员离开医院上门服务①；医疗移动设备，是可以移动的医疗设备，不一定通过无线技术来实现其移动性，如移动硬盘。而本书所指的移动医疗服务是一种基于无线传感技术、无线宽带网络和数字化技术而形成的新兴医疗服务模式。移动医疗服务技术通过各种先进的移动医疗设备为患者提供实时的医疗服务，无论患者是在家中还是在路上，都可以接收医生的医疗监护。患者可以通过移动医疗终端设备接收对健康有益的医疗资讯、医生的嘱咐等；也可以通过随身佩戴的传感器获得自身的体征信息，供自己查看或传递给医生；甚至可以通过移动医疗设备与医生进行交互，实现远程就诊；医疗信息平台可以通过移动医疗设备向患者提供预约挂号、掌上资讯等服务。

5.1.1.2 移动医疗的相关技术

欧洲委员会建立的移动医疗项目提出，移动医疗服务可以满足病人在医疗监视器的监控下任意移动。每个病人会佩戴一种轻量级的医疗监视系统——人体局域网络（body area network，BAN），这种系统首先通过无线传感技术与人体相连接，然后通过无线宽带技术与网络相连接，可以实时将病人的有关信息传输到网络上，供医生查看。BAN 可以针对不同种类的病人设计个性化的监视功能，无论是需要长期医疗监控的患者还是需短期医疗监控的患者，都不需要留在医院接受监视。移动医疗服务不仅可以为患者带来自由，也可以为医生提供便捷的医疗模式。医生可以使用掌上电脑或者移动医疗车，通过患者佩戴的 BAN，实时查询患者的医疗信息。无须采用传统的固定式医疗设备替患者诊断，也无须与患者当面交涉，即可完成医疗过程，减

---

① HEZARJARIBI Y，HAMIDON M N，SIDEK R M，et al. Analytical and simulation evaluation for diaphragm’s deflection and its applications to touch mode MEMS capacitive pressure sensors［J］. Journal of basic and applied sciences，2009，3（4）：4281-4292.

少了很多不必要的环节，提高了工作效率。

5.1.1.3 移动医疗的特点

(1) 让医疗服务“随手可得”

移动医疗，改变了过去人们只能前往医院“看病”的传统生活方式。无论在家里还是在路上，人们都能够随时听取医生的建议，或者是获得各种与健康相关的资讯。医疗服务，因为移动通信技术的加入，不仅节省之前大量用于挂号、排队等候乃至搭乘交通工具前往的时间和成本，而且会更高效地引导人们养成良好的生活习惯，变治病为防病。

(2) 为公立医院改革“添把火”

2010 年 10 月起，国家卫生部决定启动全国近百家医院和部分区域的电子病历试点工作。卫生部领导在公开场合表示，建立和完善以电子病历为核心的医院信息系统，是公立医院改革试点工作的重要任务之一。

(3) 通信业的下一座“金矿”

移动医疗对于移动运营商、医疗设备制造商、芯片企业、应用开发商等来说，是一座“金矿”，是一项潜力极大的“朝阳产业”。

运营商可以借助收益分成，变单纯的“管道工”为“智能管道”。例如，日本运营商 NTT DoCoMo 就给出了“智能管道”的一个范例。2010 年，都客梦（NTT DoCoMo）的“智能管道”平台，让用户和各种专业医疗和保健服务提供商共同拥有了一个符合标准的、安全可靠的生命参数采集和分发平台，从而架起了用户与医疗保健机构沟通的桥梁。而在收费模式上，运营商代收费模式值得借鉴。又如，卡塔尔电信就专门为用户设置了一个移动医疗（Mobile Health）账号，以便用户支付移动医疗费用。

对于医疗器材制造商来说，无线宽带网络、RFID 芯片与传统诊疗设备的全新组合，让传统诊疗设备跳动了一颗“智慧心”。美国的 GE 公司于 2009 年就研发了一种名叫“VScan”的手机式超声仪，该超声仪在中国市场的前期测试中反响相当好，就像现在的血压仪、听诊器一样使用方便，医生拿到这个超声仪，可以提高信息辅助诊断水平。

中国有家医疗网站“好大夫”，在线推出了完全免费的苹果手机（iPhone）客户端。截至目前，好大夫已经收入全国 3 100 多家正规医院、26 万余位大夫，通过手机，可以检索到包括所有常见疾病以及全国各地医院、大夫的相关信息，患者可浏览检索到当地医院介绍、科室介绍等相关信息，也能查询到大夫的简历、出诊时间等，甚至可以查看患者对该医生的打分评价。

5.1.1.4 移动医疗的应用

在整个医疗服务体系中，移动医疗正在引领医护人员朝着提升工作效率、提高工作质量的方向发展，以更好地推进医疗服务体系建设。移动医疗的应用主要表现在以下几个方面。

（1）医疗信息交流对象模型

移动医疗的应用有多种多样的形式和内容，很难做出简单、不交叉的分类。

（2）提供医学知识教育和医学资讯服务

移动医疗可以用于疾病的预防和改进公民健康生活习惯。随着手机的普及率不断提高，这种医疗服务可以通过手机短信非常方便地把大量健康信息传播给大众，包括提供一些对疾病的简单测试、自我治疗或者防护的医学知识及有关的健康资讯。例如，通知大众流行疾病的暴发或者注意事项，以及疫苗注射服务的时间和地点等。另外，这种将手机短信发送到个人手机上的形式也能保护病人隐私。

（3）大众健康热线服务

健康热线服务也是一种移动医疗服务。广大公民和病人可以拨打一些特定的热线服务电话号码，获得针对性的健康信息。健康热线服务是健康网站的一种有声的信息服务形式，内容也和健康网站一样可以覆盖许多领域。现代医疗体系本身很复杂，病人需要医疗资源方面的信息。大众健康热线服务能为大众提供对医院医生资源方面的咨询、疾病专业的初步咨询，同时健康热线服务也提供了一个让病人反馈有关医院和医生医疗服务质量和效果的平台。

（4）门诊预约

移动医疗的一个简单应用是医生门诊预约管理。病人可以方便地通过手机来预约医生，同时手机会提醒病人准时赴约。在美国的医疗体系中，病人迟到给医生工作流程带来很大的不便。移动医疗能改善医生和病人的时间管理。

（5）电子健康档案查询

病人有权利知道自己在医院健康档案中的内容，现代的医院信息系统必要的功能之一是能向病人提供病历查询服务。移动医疗使病人可以通过手机去查询个人电子病历的部分内容，例如有关 X 光或体检血液测试的结果等。

（6）用药管理

移动医疗还可以应用到病人的用药管理方面。医院里面的相关信息系统和医护人员可以通过手机短信去通知病人关于用药的时间、用量等信息，让病人按照医疗计划去定时定量用药，保证医疗效果。此应用还可以集成决策支持，检查病人用药和其他用药之间是否冲突，防止副作用出现。从医生角度，病人用药的历史是很难收集的，数据往往不及时、不完整，从而影响医生对病情的判断。移动医疗应用在数据采集方面能够解决实时数据采集的问题。移动医疗应用能让病人通过手机短信的方式来向医生提供其用药情况，用药后的反应、症状和效果信息。此外，对一些治疗方案相同的用药情况，移动医疗可以提供电子化的用药处方，减少病人反复去医院开处方的问题，也减少了医院的门诊量。

（7）慢性病管理

移动医疗可以应用到许多老年人的慢性病管理中。人口老龄化是一个全球现象，随着年龄的增加，慢性病如高血压、心血管疾病、呼吸道疾病还有糖尿病等的发病概率会增加。慢性病的治疗给社会带来的负担和个人家庭的经济负担都是很沉重的。电子移动医疗是远程医疗的一部分，可以让病人在家里接受一些医疗服务。例如，医生可以远程追踪病人的身体情况，采集病人的各种数据，及早发现病人的一些变化，并及时进行治疗，避免出现更多负面问题。移动医疗应用使医生或者医院信息系统通过移动通信的方式提醒、提示病人定时、定量服药。如果病人能够按医嘱去配合治疗，很多慢性疾病的病情会控制在一个合理的范围内。例如糖尿病病人血糖的控制，移动医疗有可能让病人的生活行为发生改变，坚持按医生的要求去做。整体上来说，老年人愿意在一个比较熟悉的环境里接受这种移动医疗服务，对远程医疗的服务方式持欢迎的态度。

（8）远程诊断和治疗

移动医疗是远程医疗的一部分，能远程对病人进行诊断和处理。现代的手机具备照相和传送照片的功能，移动医疗应用可以把病人受伤的部位拍成照片，把相关的信息传送给远端的医生。医生在医院里进行初步的诊断，帮助病人控制病情。医院信息系统还能向病人的手机发送有关的医学知识，例如有关疾病的决策树，可以让病人按照决策树逐步诊断和处理自己的病情。在火车或飞机上如果有人突然发病，移动医疗应用有独特的优势，在这种情况下可以提供初步的远程诊断和治疗服务。

（9）医护人员的个人应用

移动医疗有许多针对医护人员的应用。现代医学越来越复杂，新药和新的医疗方案日新月异，层出不穷。一个医生所了解的医学知识相对于快速发展的医学科学是很有限的，所以医生需要有很强的信息提取能力，需要在个人经验的基础上，去了解当前最新的、最有效的、最科学的治疗方案。循证医学知识库的不断出现和发展，允许医生在任何时间和地点，都能方便地去查询医学证据，让医生的工作方式符合循证医学的新要求，因此循证医学工作方式的推广要依靠更多移动医疗应用的开发。此外，医生的移动办公设备上还应有医学计算器、决策树、数据图表等应用，特别是医学药物字典，医生可以在上面查证有关疾病的药名、品种、使用方式等信息。

（10）医院内部信息交流

移动医疗还可以广泛地应用到医院的内部管理中。医院内部医护人员之间、部门与部门之间有很多交流的需求，例如医生和护士换班交接，信息的传递很重要。手机通信针对性很强，上一班的护士可以有针对性地把特殊的病人症状、用药、有关处理等信息传递给接班的护士。移动医疗还可以应用到医院内部资源的管理上，例如床位的管理、医疗器械的分配和共享等。移动医疗在医院急诊部门有特殊的应用，包括在救护的现场救护车、急诊室、医院本部手术室之间的信息交流。各个部门之间的医护人员要保持信息交流通畅，当救护车把病人送到医院急诊室时，医院要在很短的时间内做好准备，马上展开手术，相关的医生、护士要到位。移动医疗中的手机应用可以提供及时的交流。许多临床科室对及时通信有特殊的高要求，例如器官移植应用。当器官从一个地方的捐献体取出，另一边的器官受体病人要做好准备，开始手术，时间一定要精确计算。如果有交通堵塞，器官不能及时送到，信息一定要及时沟通。此外，还可以开发特殊的移动医疗应用来满足专业科室特定的信息交流需要。

（11）RFID 应用

除了手机应用外，移动医疗中使用最广泛的是射频识别技术（RFID）应用。RFID 应用的核心功能是定位，定位的对象可以分为两大类，一类是人，一类是物。人可以包括医生、护士、病人，例如跟踪儿童、精神病人等。物的定位包括重要仪器、药品等。RFID 应用还可以管理医院里面的医疗垃圾。

（12）灾难管理

移动医疗在灾难管理中有重要的应用，可以大范围地及时采集数据，有助于灾难的早期发现和应对。例如，对流行病的监测，能及早发现流行病暴发。移动医疗更多是用到灾难管理的快速反应中。手机用来采集数据更加快捷，基于这些数据，政府可以做出相应的合理措施。在突然发生的自然灾害面前，卫星通信手机在灾难快速反应、灾后重建中有不可替代的作用。如果在每个医院配备卫星通信手机，那么在自然灾难（例如地震、龙卷风等）出现的时候也能保持医院交流通畅，让医护人员尽快到位。

5.1.2 移动医疗产业迎来发展机遇

健康医疗行业是关系国计民生的公益性行业，其变革将给社会和民众带来巨大的影响。目前，我国的医疗体系已经不能完全满足广大人民群众的需求，移动医疗在一定程度上被赋予了冲破现有医疗服务束缚、为人民群众生命健康带来福祉的使命。

5.1.2.1 传统医疗行业面临困境

随着过去几十年我国经济的高速发展和人民生活水平、医疗水平的提高，未来30年我国将面临人口深度老龄化问题，医疗健康服务需求将随之大幅提升。根据联合国2012年发布的世界人口展望报告①，到2050年，我国60岁及60岁以上人口数将增至4.54亿人，占全国人口的34%，进入深度老龄化阶段。同时，环境的恶化，现代人的作息、饮食和工作节奏导致亚健康和各种慢性病患者数量不断攀升，并呈现年轻化趋势。德勤咨询发布的《2020年健康医疗预测报告》显示，我国高血压患者有1.6亿~1.7亿人，高血脂患者有1亿多人，糖尿病患者达9 240万人，超重或者肥胖症患者达7 000万~2亿人，这大大增加了人们对医疗服务的需求。而人们收入水平的提高、健康管理意识的增强将把对主动医疗、保健医疗的需求变成经济学上的有效需求。

目前，我国不断扩大医疗资金投入，但是医疗资金投入占国民生产总值的比重与发达国家相比差距甚大。根据世界卫生组织发布的数据，我国医疗卫生支出占GDP的比重为5.1%，而发达国家中美国占比为17.6%，英国占比为9.6%。医疗资源的分配不仅在于总量的不足，还由于我国的经济、文化发展水平呈现出显著的城乡和地区差异，医疗资源在分布上也极不均匀。总人口数占比不足20%的大城市拥有80%的医疗机构、人才和经费，而拥有总人口80%的广大农村则缺医少药。一旦有较大的疾病，大批农村和小城市的居民就会蜂拥至大城市的大医院就医，就会加剧医疗资源的紧张，也带来个人就医成本的大幅上升。

一方面，人口老龄化、亚健康、慢性病人群激增，扩大了对健康医疗服务行业的需求；另一方面，不断增长的医疗费用支出，医疗资源配置不合理以及医疗服务资源（医护人员等）匮乏，造成了看病难、看病贵等现象普遍存在。传统医疗行业存在的种种问题给移动医疗产业带来了发展空间。

5.1.2.2 政策大力支持产业发展

当前，我国通过加大医疗体制改革和政策引导以解决医疗服务存在的诸多痛点，促进行业更健康地发展。自2014年8月以来，我国有关部门在远程医疗、医师多点执业、“互联网+”行动等方面推出了相关指导意见。一方面，明确远程医疗服务范围，包括一方医疗机构邀请其他医疗机构，运用信息化

---

① World population prospects：the 2012 revision［EB/OL］．［2021－06－20］．http：//www.un.org/en/development/desa/publications/world-population-prospects-the-2012-revision.html.

技术为本医疗机构诊疗患者提供技术支持，也包括医疗机构运用信息化技术，向医疗机构外的患者直接提供诊疗服务；另一方面，提出推进医师合理流动，鼓励医师到基层、边远地区、医疗资源稀缺地区和其他有需求的医疗机构多点执业，并简化注册审批手续，建立健全医师多点执业政策环境。另外，国务院近期发布的“互联网+”行动指导意见提出，要推广在线医疗卫生新模式，发展基于互联网的医疗卫生服务，提供在线预约诊疗、诊疗报告查询、药品配送等便捷服务。同时还提出积极探索互联网延伸医嘱、电子处方等网络医疗健康服务应用，鼓励有资质的医疗服务机构联合互联网企业，发展疾病预防等健康服务模式，并促进智慧健康养老产业发展。这些重要政策举措的密集发布代表了国家深化医疗改革的决心，也为移动医疗的健康发展保驾护航。

5.1.2.3 技术革新为移动医疗产业发展带来契机

首先，智能移动终端已在我国得到广泛普及，目前，我国已有5.19亿人在使用智能手机，这些设备功能强大，能够承载复杂的应用，包括各类移动医疗应用；其次，低功耗、便携式可穿戴设备迅速兴起，可以随时随地采集医疗健康数据，为各项医疗和健康决策提供依据，促进健康生活方式的养成和疾病状况的改善；再次，无处不在的无线高速网络、家庭光纤接入为海量数据传输和用户、平台之间的互联互通提供了通道，打破了医疗资源空间分布不均的限制，激发了新的医疗服务形态；最后，大数据分析技术的崛起为健康促进、疾病预防和筛查、精准医疗奠定了技术基础。现有医疗体系的不足为移动医疗健康服务产业的发展带来了机遇，政策的支持和技术的发展，更使得这个领域呈现出惊人的发展潜力。

【资料链接】

高调宣布三大“新”计划，京东健康葫芦里卖的是什么药?

作为互联网的最后一块处女地，大健康产业在近几年都保持着较高的话题度。阿里、腾讯、百度等互联网巨头的相继布局，更是将大健康产业推上风口浪尖，随之而来的便是布局正确与否的众说纷纭。

毫无疑问，这年头不说自己布局大健康产业，都不好意思说自己是互联网巨头。而后起之秀的京东和拼多多，也早在几年前便一脚踏入大健康产业。格外引人瞩目的是，京东一出手便是独角兽的“京东健康”。

京东集团副总裁、京东健康CEO辛利军在其主题为“共创健康新时代”的2019京东健康合作伙伴大会上正式提出“以健康管理为核心”的主张，力争成为全民“首席健康管家”。

三大“新”计划=扶贫+全科医生+健康管理。区别于辛利军此前对外宣布的医药健康电商、互联网医疗、健康服务、智慧解决方案四个业务板块，京东健康此次重新梳理了业务板块，宣布其聚焦于医药供应链、医疗服务和慢病管理三大领域，并依托于京东大药房、京东互联网医院和慢病管理中心的业务能力和资源优势，提出了“新药品扶贫计划”、“新赤脚医生计划”和“新慢病防治计划”。

谈及医药供应链的搭建，辛利军率先用三组数据和一个词概括了贫困及边远地区用药现状。第一组数据是截至2018年末，全国农村贫困人口达1 660万人；第二组数据是截至2018年，全国因病致贫贫困人口为514.6万人；第三组数据是我国每年产生的过期药多达1.5万吨，其中相当一部分通过非法二手药交易市场流通到农村小诊所。而供不应求则是农村常用药、廉价药面临的现状，很多慢病药物没有纳入基药范围，农村用药需求难以完全满足。

基于此，在《健康中国2030规划纲要》第十二章完善药品供应保障体系中提出：“建设遍及城市的现代医药流通网络，提高基层和边远地区药品供应保障能力。”于是，京东健康的“新药品扶贫计划”便应运而生，其将针对贫困人群提供每人一千元的药品补贴，解决其用药贵的问题，同时利用供应链优势保障基层和偏远地区的药品供应，全面提高药品可及性。

在随后的媒体群访中，辛利军也进一步透露，“针对贫困人群提供每人一千元的药品补贴，将联合药企一同来出，京东健康承担五六百元，所提供的也不仅仅是药品，还有其他健康类产品。与此同时，贫困人群需要依靠各地民政部门界定，预计需要一到两年的落地时间。”

而“新赤脚医生计划”则是全科医生计划，是针对全国乡村医生、基层医疗工作者，利用互联网能力开展培训、远程帮扶，助力实现基层乡村诊疗水平和质量的提高。谈及实施落地情况，辛利军在群访中表示，该计划刚提出不到一个月的时间，具体的措施还有待进一步明确。相比之下，“新慢病防治计划”的开展相对快一些。据辛利军介绍，其已与多家三甲医院合作开展针对专病专科的健康管理，并将逐步建立慢病管理生态体系。

活动现场，京东健康公布的五组数据格外引人注意。据京东健康医药部总经理金恩林介绍，京东大药房仅用三年时间，便成为全国规模最大的医药零售渠道，收入远超一心堂、大参林、老百姓和益丰大药房四大民营连锁药店，增速超过行业平均4倍。

实际上，早在2016年，京东大药房的正式上线，便预示着京东正式进入医药电商行业。京东健康提供的数据显示，京东健康零售合计占据医药零售

15%以上的份额，贡献了超过60%的专科用药销售额，有超过一半的药品被发往三线以下城市。

脱胎于京东零售的京东健康，自然躲不过基于零售能力重新架构人、货、场。京东健康渠道创新部总经理周新元现场表示，新“货”主要分为三大类，第一类是实物商品，第二类是服务商品，第三类是智能硬件。而“新”场的目的在于成本效率体验。其中，药京采所搭建的“零售药店+医疗诊所”，有利于提升传统渠道效率；京小康所搭建的社交业务渠道，将开创线上新场景；京东企业业务渠道则能够开创线下新渠道。

（资料来源：http：//www. Sohu. com//350189755-115035。）

5. 1. 3 “互联网+”与移动医疗垂直化发展新趋势

“互联网+医疗”的融合，最简单的做法是实现信息透明和解决资源分配不均等问题，例如，类似挂号网等服务，可以解决大家看病时挂号排队时间长、看病等待时间长、结算排队时间长、看病时间短的“三长一短”问题。而春雨医生、丁香园等轻问诊型应用的使用，则解决了部分用户的就诊难问题。未来的移动医疗主要趋向于以下四个方面发展。

5. 1. 3. 1 终端设备小型化、高速度、低成本

随着通信技术的迅猛发展，移动设备具备了强大的处理能力，将成为一种独特的电脑。为了让广大患者及健康人群能随时随地与医院交换信息，终端设备仅有较快的速度是不够的，还要方便携带、售价低廉。小型化设备如手机，自然是移动医疗发展的理想结合点。而为了让更多患者能使用这类便捷的移动设备，降低其成本是一个重要的努力方向。经政府主导，让网络供应商、无线设备供应商、系统集成商、电信运营商形成利益链条，而这些产业的融合与完善将避免大量资金重复性投入及出现同质化产品的不利局面，从而更好地推动移动医疗的发展。

5. 1. 3. 2 与“云技术”的结合

车辆的速度与安全，不仅依靠其本身的性能，还取决于道路是否宽阔平坦。“移动医疗”想要在任何设备上畅通无阻地运行，离不开“云技术”的支持。以“掌上浙一”系统为例，仅将其适用于安卓和苹果操作系统就花了两年多的开发时间，可见不同操作系统对系统开发是极大的障碍。而有了“云技术”，系统界面则会将其变化量传到任意操作系统的终端设备，这意味着在一个较低的带宽下即可实现对系统的操作；同时，由于传送的界面只是镜像，系统的安全性能得到极大的保障，病毒变得难以入侵。更值得关注的是，“云技术”选择终端设备更随意，不需安装系统软件，只要具备基本的操

作系统和网络，即可使用移动医疗系统。

5.1.3.3　接口规范标准化

政府主导的移动医疗技术虽然在创新上较难，但是平台和版本的统一使其在各个医疗机构之间具备良好的扩展性，是行之有效的惠民工程。而诸如“掌上医疗”这类“自底向上”开发的移动医疗技术往往更贴合广大患者及健康人群的需求，但是因服务提供商的不一致，患者与各个医疗机构之间分享信息不通畅。为此，行业协会或信息产业部应推出标准化接口规范，虽然前期工作量较大，但是考虑到未来的可持续发展及避免后期的二次重复开发，这项工作意义重大。

5.1.3.4　向更加专业的移动医疗垂直化产品发展

可穿戴监测设备将会是最可能突破的领域。例如，iHealth 推出了 Align 性能强大的血糖仪，该血糖仪能够直接插入智能手机的耳机插孔，然后通过移动应用在手机屏幕上显示结果，紧凑的外形和移动能力使其成为糖尿病患者最便利的工具；健康智能硬件厂商 Withings 发布了 Activite Pop 智能手表，该手表具有计步器、睡眠追踪、震动提醒等功能，其电池续航时间长达 8 个月；南京熙健信息将心电图与移动互联网结合，建立可以随时监测心脏疾病风险的移动心电图。大数据和移动互联网、健康数据管理未来有较大的机遇甚至可能改变健康产品的营销模式。同时，随着互联网个人健康实时管理的兴起，未来传统的医疗模式也将迎来新的变革，以医院为中心的就诊模式或将演变为以医患实时问诊、互动为代表的新医疗社群模式。

5.2　可穿戴设备与健康管理

5.2.1　可穿戴医疗设备

目前可穿戴市场的发展变革正进行的如火如荼，智能手表、智能手环以及智能眼镜这三类产品更是占据了可穿戴市场的大部分份额。智能手表、运动手环更是作为可穿戴设备的代表，一直凭借其监测健康的功能而得到广大消费者的认可与喜爱。而可穿戴市场的发展前景远不止于此。根据市场调研数据显示，预计到 2021 年可穿戴产品销量将达到 1.6 亿台之多。随着可穿戴市场的繁荣与多元化发展，将会有越来越多的基于健康监测的可穿戴产品有望获得医疗级的新功能和认证。以上的数据充分表明了可穿戴智能设备的未来发展还是有很大空间的。

5.2.1.1　可穿戴医疗设备的定义

目前，国际公认的可穿戴设备的定义是：可穿戴设备“具有可移动性、可穿戴性、可持续性、简单操作性、可交互性”等特征。可穿戴设备是一种将计算机“穿戴”在人体上的由传感器、驱动器、显示器和计算机元素组成的物理世界，通过无线网络连接为人们提供一个有趣的数字世界，使我们的生活变得更加舒适和便利。而所谓的可穿戴医疗设备（wearable devices）是指把传感器、无线通信、多媒体等技术嵌入人们眼镜、手表、手环、服饰及鞋袜等日常穿戴中，可以用紧体的佩戴方式测量各项体征。可穿戴医疗设备不但可以随时随地监测血糖、血压、心率、血氧含量、体温、呼吸频率等人体健康指标，还可用于各种疾病的治疗。如电离子透入贴片可以治疗头痛，智能眼镜可以帮助老年痴呆症患者唤起容易忘记的人和事，谷歌眼镜可以全程直播外科手术等。

可穿戴医疗健康设备可分为三类：第一类是针对大众的健康跟踪类设备，如手环、体重秤等，这类设备主要瞄准消费级用户的健康需求，作为生活、运动、健康管理的辅助类产品，用户群体规模大，设备准入门槛较低；第二类是针对某一种疾病的设备，如血压计、血糖仪等设备，这类设备主要用户是有医疗康复需求的病患类用户，通过 CFDA 医疗器械认证的设备，其准确度可以作为临床参考；第三类是具备医疗健康应用场景的穿戴类设备，如智能眼镜、智能拐杖、智能手表等，这类设备把医疗健康应用作为其应用场景之一。随着可穿戴设备的发展，基于这些硬件设备的医疗健康的典型应用不断涌现。可穿戴医疗设备举例，见图 5.1。

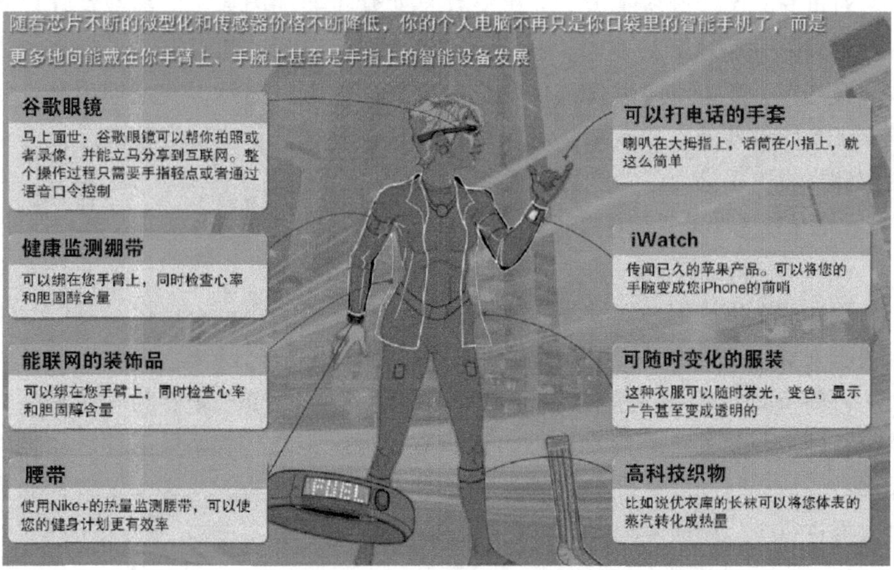

图 5.1 可穿戴医疗设备

5.2.1.2 可穿戴医疗设备的特征

(1) 可移动性

可穿戴医疗设备具有高度的移动性，用户可在任何运动状态下随时使用，这决定了可穿戴医疗设备及其应用的机动性和广泛性，也是其与传统便携式医疗设备只能在固定状态工作，在移动状态下关机的本质性区别。

(2) 可穿戴性

可穿戴性是可穿戴医疗设备最本质的特征之一，用户可以将其穿戴在身上，以人体环境为物理支撑环境，使其具有更紧密、更和谐的人机关系和更自然的携带方式。

(3) 可持续性

可穿戴医疗设备具有持续可用性，即可穿戴医疗设备始终保持备用状态，能够保证用户在需要时为其提供服务，这是反映“人机合一，以人为本”理念的重要特征。

(4) 简单操作性

简单操作性是可穿戴医疗设备最具实用价值的操作模式之一，用户只需将其穿戴在身上，便可通过传感器随时随地自动采集人体的生理数据，并将数据通过无线传输至中央处理器，再从中央处理器发送至医疗中心，以便医生进行及时分析和治疗，无须任何操作。

(5) 可交互性

对可穿戴医疗设备来说，人机交互是非常重要的因素，可穿戴医疗设备不但可以随时随地监测血糖、血压、心率、血氧含量、体温、呼吸频率等人体健康指标，还可以通过显示仪器把捕捉到的数据以显示方式反馈出来，用于保证系统设备的工作效率、可靠性和安全性。这是目前可穿戴医疗设备最独特和最具应用潜力的功能特征之一。

5.2.1.3 可穿戴设备在医疗领域的应用

(1) 个人健康管理

现在的上班族们普遍缺乏运动，久坐不起，生活作息不规律，对于这类亚健康人群，一定要保证睡眠质量，多多锻炼，提高个人体能。

目前市面上有一些健康类的可穿戴设备，比如 Fitbit Charge 运动手环，可以跟踪用户日常的一些活动指标，如步数、行走距离、卡路里消耗量、爬楼梯层数、活动时间等。除此之外，它还带有睡眠监测功能，这可以帮助亚健康人群进行个人健康管理，具有更积极的作用。

(2) 防病于未然

很多疾病在早期都是很容易治疗控制的，如果发病初期未能检测出，之后将会付出更大的代价。为了能够及早治疗隐患病情，用户日常可以佩戴可穿戴健康医疗设备，帮助你在疾病初期发现病因。心血管疾病是现在比较常见的一种并发症，在这种病发生之前都会伴随高脂血、肥胖、高血压、高血糖等症状，如果能够及时检测到高血糖、高血脂、高血压并改变不良生活习惯，就可以达到很好的控制心血管疾病的目的。

（3）慢性病管理

众所周知，去医院就医需要排队挂号、取号、就诊、取药、缴费等一系列工序，程序烦琐。所以为了更加节省时间，患者可以利用一些有针对性的可穿戴健康医疗设备来帮自已完成病情的追踪与管理，减少就诊费用。对于慢性疾病，如糖尿病，患者需要进行饮食控制和血糖监控；对于疾病复发概率高的，如心脏疾病，患者需要及时监测心率变化以避免病情突变。

现在市场上形形色色的可穿戴健康医疗设备已经进入到人们的视野中，虽然这些智能设备足够强大，但是对于医学领域来说它是无法对某一种疾病起到根治作用的，比如说打鼾。

5.2.2 健康管理

5.2.2.1 健康管理概述

健康管理是指一种对个人或人群的健康危险因素进行全面管理的过程。其宗旨是调动个人及集体的积极性，有效地利用有限的资源来达到最大的健康效果。在我国，健康管理服务由具有执业资格的健康管家来提供。

健康管理是20世纪50年代末最先在美国提出的概念，其核心内容是医疗保险机构通过对其医疗保险客户（包括疾病患者或高危人群）开展系统的健康管理，达到有效控制疾病的发生或发展，显著降低出险概率和实际医疗支出，从而减少医疗保险赔付损失的目的。美国最初的健康管理（managed care）概念还包括医疗保险机构和医疗机构之间签订的最经济适用处方协议，以保证医疗保险客户可以享受到较低的医疗费用，从而减轻医疗保险公司的赔付负担。

随着实际业务内容的不断充实和发展，健康管理逐步发展成为一套专门的系统方案和营运业务，并开始出现区别于医院等传统医疗机构的专业健康管理公司，作为第三方服务机构与医疗保险机构一起直接面向个体需求，提供系统专业的健康管理服务。

狭义的健康管理（health management），是指基于健康体检结果，建立专属健康档案，给出健康状况评估，并有针对性地提出个性化健康管理方案（处方），据此，由专业人士提供一对一咨询指导和跟踪辅导服务，使客户从社会、心理、环境、营养、运动等多个角度得到全面的健康维护和保障服务。

5.2.2.2 健康管理的特点

健康管理是指一种对个人或人群的健康危险因素（health risk factors）进行检测、分析、评估和干预的全面管理的过程。主要有以下三个特点。

第一，健康管理是以控制影响健康的危险因素为核心，包括可变危险因素和不可变危险因素。可变危险因素指通过自我行为可以改变的可控因素，如不合理饮食、缺乏运动、吸烟酗酒等不良生活方式，高血压、高血糖、高血脂等异常指标因素。不可变危险因素为不受个人控制的因素，如年龄、性别、家族史等。

第二，健康管理体现一、二、三级预防并举。一级预防，即无病预防，又称病因预防，是在疾病（或伤害）尚未发生时针对病因或危险因素采取措施，降低有害暴露的水平，增强个体对抗有害暴露的能力，预防疾病（或伤害）的发生或至少推迟疾病的发生。二级预防，即疾病早发现早治疗，又称为临床前期预防（或症候前期），即在疾病的临床前期做好早期发现、早期诊断、早期治疗的“三早”预防措施。这一级的预防是通过早期发现、早期诊断而进行适当的治疗，来防止疾病临床前期或临床初期的变化，能使疾病在早期就被发现和治疗，避免或减少并发症、后遗症和残疾的发生，或缩短致残的时间。三级预防，即治病防残，又称临床预防。三级预防可以防止伤残和促进功能恢复，提高生存质量，延长寿命，降低病死率。

第三，健康管理的服务过程为环形运转循环。健康管理的实施环节为健康监测（收集服务对象个人健康信息，是持续实施健康管理的前提和基础）、健康评估（预测各种疾病发生的危险性，是实施健康管理的根本保证）、健康干预（帮助服务对象采取行动控制危险因素，是实施健康管理的最终目标）。整个服务过程，通过这三个环节不断循环运行，以减少或降低危险因素的个数和级别，保持低风险水平。

5.2.2.3 个人健康管理

个人健康管理是根据个人生活习惯、个人病史、个人健康体检等方面的数据分析，提供健康教育、健康评估、健康促进、健康追踪、健康督导和导医陪诊等专业化健康管理服务。主要针对以下人群展开管理。

第一，健康人群，热爱健康的群体已认识到健康的重要性，但由于健康知识不足，希望得到科学的、专业的、系统的、个性化的健康教育与指导，并拟通过定期健康评估，保持健康，尽享健康人生。

第二，亚健康人群，处于四肢无力、心力交瘁、睡眠不好等症状人群。由于从事的行业不同、面临社会竞争以及家庭负担的压力，自我明白处于亚健康状态但不知道如何改善、强烈要求采取措施提高工作效率和整体健康水平。

第三，疾病人群，在治疗的同时希望积极参与自身健康改善的群体。需要在临床治疗过程中配以生活环境和行为方面的全面改善，从而监控危险因素，降低风险水平，延缓疾病的进程，提高生命质量。

5.2.3 可穿戴设备与健康管理的关系

5.2.3.1 实现动态监测，提供医疗诊断数据

可穿戴医疗设备可以实现医疗动态监测，如在早期心脏病监测中，仅一次心电图检查难以捕捉到有效的医疗诊断依据，而动态心电图（DCG）可连续 24 小时记录心电活动的全过程，包括休息、活动、进餐、工作、学习和睡眠等不同情况下的心电图，能够发现常规一次心电图（ECG）检查不易发现的心律失常和心肌缺血等病理现象，给医疗诊断分析提供安全可靠的数据依据。

5.2.3.2 有利于寻找病因，实现疾病早期治疗

可穿戴医疗设备在早期的病理诊断过程中，可以实现疾病的早期治疗。移动医疗基于更丰富和全面的监测数据及后台的云技术分析，可以帮助患者在疾病初期寻找病因，及时治疗，实现疾病的早期治疗。如心血管疾病，在发病前都伴随高血脂、肥胖、高血压、高血糖等症状，如及时检测到高血糖、高血脂、高血压并改变不良生活习惯，就可以达到很好的控制心血管疾病的目的。

5.2.3.3 可以提升医疗水平，改进医疗技术

通过互联网技术，医生不但可以提高医疗诊断水平，还可以与患者进行更好的沟通，改进医疗技术。益普索医疗（Ipsos Healthcare）和罗德亚洲健康及医疗（Ruder Finn Asia Health & Wellness）于 2013 年第四季度针对全世界范围内 1 800 名医生进行的网络调研的结果显示：60%的医生认同如果能够更方便地获取网络医疗信息，将有助于改善整体医患关系；56%的医生曾依据网络资源（浏览器及在线免费服务）获得的新信息改变了初步诊断；40%的医生认为他们可以通过在线交流即时回答患者的紧急咨询。经济学人智库 2013 年的一份调查显示，有接近 50%的医生认为未来需要远程数据处理和诊断决策服务。他们最希望未来能有远程病情监控这项服务，因此医生需要可穿戴智能医疗设备的支持。通过可穿戴智能医疗设备可以持续跟踪患者后续情况，医生可以根据远程反馈数据，改进新的医疗诊断技术。如在上述 24 小时心电图诊断中，DCG 能够评价心律失常药物的疗效。

5.2.4 支持典型应用场景的关键技术分析

5.2.4.1 小数据

人们认为大数据的应用将改变当代医学，譬如基因大数据等。与大数据相对，小数据是个体化的数据，是我们每个个体的数字化信息。较之大数据，小数据没有规律可循。两者的区别在于，小数据以单个人为唯一对象，重点在于深度，大数据则侧重于针对共性问题大规模全面地收集、分析、处理，侧重点在于广度。医疗领域由于个人差异巨大，大数据得出的结论直接应用于个体治疗时有一定的不确定性，存在风险。个性化的治疗需要分析个人的数据变化趋势，这些都需要基于小数据。从大数据得到规律，用小数据去匹配个人，是较好的医学诊疗模式。健康运动类应用和慢病管理类应用产生的用户数据都是小数据，这些数据被穿戴设备连续采集、收集，并通过移动互联网传递到云端平台进行存储、分析，每个用户都将得到一份仅属于自己的健康自画像。例如在慢病治疗领域，根据关联药物用量和穿戴设备采集的个体指标随时间变化的规律，可摸索针对个体的最优治疗方案，改善医疗效果。

5.2.4.2 生物传感

生物传感技术是慢病管理类穿戴设备的核心能力。传感技术通常通过传感器芯片实现。除生物传感技术外，传感器技术还包括运动感知和环境感知。运动感知通过内置的陀螺仪、加速度传感器等装置感知运动相关指标，是健康运动类应用的基础。环境感知指对周围环境变化进行感知，包括光、温度、湿度等指标。

生物传感技术采集人体的电生理参数，包括血糖、血压等指标。血糖感知技术通过计算渗出液中葡萄糖浓度与血糖浓度的相关性测量血糖。血压感知技术通过采用生物电极和光电传感器测量脉搏波传速来计算血压值。生物传感技术的发展将提高慢病监测的效率。例如，美国美敦力（Medtronic）公司推出经食品药品监督管理局（FDA）批准的血糖实时连续监测系统中的血糖探头，使用细小金属丝紧贴患者的腹部（金属丝，刺入速度极快，患者无疼痛感），连续对皮下间质液的葡萄糖浓度进行测量，通过这种方法每天监测到的信息量是指血测试法的100多倍。

5.2.4.3 无线传输

上述典型应用场景中，无论健康运动类应用、慢病管理类应用还是远程医疗类应用，硬件端的穿戴设备采集数据均需要在第一时间传递到业务端。运动类和慢病类穿戴设备多采用蓝牙协议，功耗相对较低，待机时间相对较长，但蓝牙方式传输距离近，必须通过移动设备（一般是手机）进行中转才能把数据传递到业务端，脱离中转设备无法直接使用。对于一些老年慢病患者，蓝牙的方式使设备的易用性大打折扣，对此部分厂商推出内置 SIM 卡的血压计和血糖仪，以无线通信的方式直接把数据上报到业务端。内置 SIM 卡方式成本相对较高，无法做到低功耗，由于存在网络通信，还需要支付网络流量费用。随着新的低功耗广域无线接入技术（如 LoRa 和 NB-IoT 等）的推出和对应低功耗网络的建设，部分基于蓝牙、ZigBee 连接的设备将被低功耗广域无线连接技术设备取代。

除小数据、生物传感和无线传输技术外，支撑穿戴医疗健康的技术还包括材料技术、云计算、大数据、人机交互等技术，这些技术的发展将推动或改变医疗健康行业现状。

5.3 “互联网+医疗”商业模式创新

互联网医疗如今炙手可热，从产生之初就被各方看好。各种新兴互联网公司和资本涌入医疗圈，相关行业的公司也蠢蠢欲动，积极向互联网医疗转型和探索，掀起了一股重构医疗资源的热潮。

5.3.1 “互联网+医疗”的基本内涵

2015 年初国务院发布《全国医疗卫生服务体系规划纲要（2015—2020年）》，文中指出：要积极应用移动互联网、物联网、云计算、可穿戴设备等新技术，开展中国健康云服务，转变卫生服务模式，惠及百姓。这就意味着“互联网+”模式进入了医疗卫生改革的新蓝图。随着医疗电子商务的进一步发展，远程医疗技术不断进步，分级诊疗、社区养老、健康综合体建立，互联网医疗将真正达到医者“自医”，健康“自主”的普惠格局。据波士顿咨询公司（BCG）和瑞士再保险公司（Swiss Re）联合发布的报告预测，到 2050 年，中国 60 岁及以上人口数将增至近 4.4 亿，占全国总人口数的 34%，中国将全面进入深度老龄化阶段。发展普惠人民的互联网医疗迫在眉睫，互联网医疗也因此获得了众多风投公司的青睐。

同年 7 月 4 日，国务院印发了《关于积极推进“互联网+”行动的指导意见》（以下简称《意见》）。《意见》指出，到 2018 年要实现互联网与经济社会各领域的融合发展，进一步深化健康医疗、教育、交通等民生领域互联网应用；到 2025 年要实现网络化、智能化、服务化、协同化的“互联网+”产业生态体系基本完善，“互联网+”新经济形态初步形成，自此“互联网+”成为经济社会创新发展的重要驱动力量。《意见》明确了“互联网+”的十一个重点行动领域：创业创新、协同制造、现代农业、智慧能源、普惠金融、益民服务、高效物流、电子商务、便捷交通、绿色生态以及人工智能。

指导意见从顶层设计的角度全面呈现了医改决策层当下对“互联网+医疗”的思考图景。总体而言，互联网在健康医疗等社会服务领域应用的目的可以概括为两点：便捷和普惠。更值得注意的是，国务院的指导意见出台之后，“互联网+医疗”不再是一个完全抽象的概念，而是已经被赋予了丰富的内涵。

5.3.1.1 基于互联网的医疗卫生服务

关于互联网究竟能够提供怎样的医疗卫生服务，并没有统一答案。很多在互联网医疗领域的创业者相信，在线诊断是未来发展趋势。

5.3.1.2 便捷的服务

互联网在其他领域应用所产生的最明显的作用就是便捷，尤其是在移动互联网发展起来之后，这种便捷性再一次大大提高了。从已有的实践来看，移动互联网在预约诊疗、候诊提醒、划价缴费、诊疗报告查询、药品配送等方面都已经有所应用，包括很多掌上医院、送药O2O等。而这也正是指导意见中所提出的希望利用移动互联网所提供的服务。

5.3.1.3 远程医疗

远程医疗是诞生时间远远早于互联网医疗概念的医疗服务形式，只不过受制于定价、医保等政策因素，远程医疗多年来发展比较缓慢，但在近年来尤其是疫情后的进步给予了远程医疗发展更大的空间。虽然仍然是以诊断、会诊等为主要内容，但远程医疗正呈现出一种平台化的趋势，医院、医生、患者，甚至提供设备、药品、数据等相关企业都可以接入其中，形成所谓的“空中医院”。

5.3.1.4 鼓励联合

指导意见中提出了两类联合：一个是鼓励互联网企业与医疗机构合作建立医疗网络信息平台，提高重大疾病和突发公共卫生事件防控能力；一个是有资质的医学检验机构、医疗服务机构联合互联网企业，发展基因检测、疾病预防等健康服务模式。

总体而言，指导意见当中所明确的“互联网+医疗”的五项内容可以归结为一点：在线医疗卫生模式。不过略有欠缺的是，指导意见当中没有提到在线支付的问题，而这实际上是目前困扰绝大多数互联网医疗企业的问题所在。但指导意见的出台仍然是对互联网医疗创业的又一次推动。

【资料链接】

“互联网+医疗”项目遇资本青睐

自2014年以来，互联网企业掀起了互联网医疗建设的热潮，阿里巴巴推出“未来医院”计划，收购全国唯一的药品电子监管码体系以及药品流通的庞大数据库。目前，互联网医疗市场格局大致可分为4类：一是以患者为入口的春雨医生与好大夫在线；二是以医生为入口的全科医生与丁香园；三是以医院为入口的挂号网；四是以药店消费者为入口的掌上药店。不仅互联网企业加入互联网医疗的建设中，北京各大医院也纷纷参与其中，部分三甲医院已经实现了微信预约挂号、在线疾病咨询等服务。

社会资本快速进入互联网医疗领域，行业竞争日趋白热化。数据显示，2015年上半年，国内互联网医疗领域的风险投资总额达到7.8亿美元，已接近2014年全年融资总额。仅2015年第二季度，就有多达41家互联网医疗公司获得融资，总额超过3.5亿美元。百度、阿里、腾讯等互联网巨头通过投资或并购的形式入主国内知名在线医疗平台。百度战略投资“健康之路”（医护网）；阿里巴巴构建医药电商，并借此从药品O2O扩展至医疗O2O，建立完整的医药生态闭环；腾讯在投入7 000万美元到丁香园后，又以1亿美元领投挂号网。微信官方发布的数据显示，2014年底全国已有近100家医院上线微信全流程就诊，超过1 200家医院支持微信挂号，服务累计超过300万患者，为患者节省时间超过600万小时。

目前具有代表性的互联网医疗形式有：

第一，以健康教育和信息为主的39健康网；

第二，以患者社区和医生信息为主的爱好医生；

第三，以医师评价和挂号为主的好大夫在线；

第四，以电子健康档案采集和应用为主的120ehr网；

第五，以疾病风险评估为主的宜康网；

第六，以即时在线咨询为主的医通无忧网等；

第七，以远程云诊、全程陪诊为主的就诊通网。

（资料来源：白晶、罗荣，《中国卫生事业管理》，2019年第36卷第1期。）

5.3.2 “互联网+医疗”商业模式创新

“互联网+医疗”商业模式仍处在市场检验阶段，尚未形成成熟的发展路径。目前，患者对互联网医疗的盈利模式、信息安全等方面还存在疑问。尽管如此，在互联网医疗的健康管理环节，自诊和自疗环节以及院内就诊环节已形成一批具有代表性和一定市场竞争力的企业。基于互联网平台，将信息通信技术渗透到每一个领域，将互联网与医疗模式结合，将有助于解决医疗模式问题。

基于互联网的信息通信技术的使用，使医、患双方从单线联系拓展到了多线联系，医疗模式从平面化拓展到了立体化、网络化，医患可以实现全方位的多角度沟通，居民的身体健康状况将得到良好的监护。新医疗模式较好地体现了“互联网+”时代的高效、患者本位、万物互联、去中心化等一系列特点，可以有效解决现有的医患矛盾。同时互联网正催生医疗业向移动化、智能化和信息化前进。

“互联网+医疗”商业模式主要包括医药电商、在线问诊预约、可穿戴设备、远程医疗四大领域。目前，尽管各大厂商已竞相布局“互联网+医疗”，但是我国“互联网+医疗”还处于发展初期，由于各种因素的限制，各个模式也处于探索时期。

5.3.2.1 医药电商

医药电商是指以医疗机构、医药公司、银行、医药生产商、医药信息服务提供商、第三方机构等以盈利为目的的市场经济主体，凭借计算机和网络技术（主要是互联网）等现代信息技术，进行医药产品交换及提供相关服务的行为。在医药电商方面，由于药品所需要的配送条件较高、国家监管政策不明朗，因此大部分医药零售企业对电商还是持观望态度，暂时只有小部分的医药连锁企业在试水电商。但是，医药电商的优点和发展前景不容小觑。第一，电商提供充分的药品资源，简化了购药流程，针对非处方药品购买而言，节约了用户的时间成本。第二，所有药品在电商平台上价格透明、来源透明、信息对称。

5.3.2.2 在线问诊预约

在线问诊是指医生在互联网上给患者解答问题，在线预约是指患者通过网络预约去医院巡诊的时间。在线问诊预约方面，在线医疗网站用户覆盖人数在逐渐增长，“快速问医生”“寻医问药”“39 健康网”“好大夫在线”“丁香园”这几家网站的排名比较靠前。在线医疗效率高、流程少、资源多的优点，有效平衡了我国医疗资源的配置。

5.3.2.3 可穿戴设备

可穿戴设备是指应用穿戴式技术对日常穿戴进行智能化设计、开发出可以穿戴的设备的总称，如眼镜、手套、手表、服饰及鞋等。随着越来越多的消费者开始注重健康管理及老龄化，以及慢性病患者的增加，可穿戴设备实时检测、远程监控等功能的需求越来越多样化。供给端的可穿戴设备厂商也正积极地以可穿戴设备为数据交互中心，为患者提供移动智能云服务，采集并建立大数据库，探索更多基于患者数据的模式创新，如为医院提供诊疗检测，为医生提供辅助决策，为保险公司做出及时干预、减少保费支出提供支持等。尽管这一概念具有广阔的前景，但现在有关互联网健康管理仍处于数据收集环节，行业仍处于各自为战的探索阶段。

5.3.2.4 远程医疗

远程医疗是指通过计算机技术、通信技术与多媒体技术，同医疗技术相结合，提高诊断与医疗水平、降低医疗开支、满足广大人民群众保健需求的一项全新的医疗服务。在远程医疗方面，较先进的医院在移动信息化应用方面发展较快，可在医院内部和医院之间联网实时共享相关信息。但是目前欠缺长期运作模式，缺乏规模化、集群化的产业发展，还存在成本高昂、安全性及隐私问题。

目前比较成熟的三类商业模式为：一是在互联网医疗里能够形成一体化闭环的垂直应用。希望先把深度做下去，再拓展到其他领域，如从“可穿戴设备+云端服务+医疗机构”三位一体的应用就可以看出可穿戴设备和移动医疗的结合。二是先从 ToB 再到 ToC 的模式。在中国的强牌照管理下，先要建立和医院的强信任关系。三是借助互联网医疗来服务高端人群的健康管理、慢病管理，通过互联网医疗的方式服务这类人群。

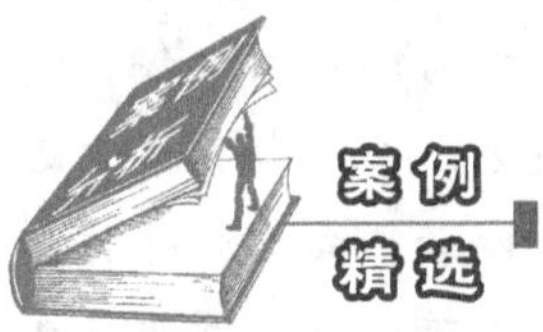

从“平安好医生”看中美“互联网+医疗”商业模式的不同

近期平安集团下的平安好医生融资 5 亿美元，估值高达 30 亿美元，而这也意味着平安好医生成为目前估值最高的“互联网+医疗”公司，平安好医生包括了在线问诊、医疗保险、个人健康管理、问诊、家庭医生等诸多服务，而在医疗产业发达的美国却找不到一家与之类似的公司，同样美国任何一家公司在国内也找不到与之类似的。本文从历史、政策、环境等方面来分析为什么中美“互联网+医疗”公司会如此不同。

美国的医疗保险与中国一样，主要分为公共医疗保险和商业医疗保险两大类，但是与中国不同的是，美国将商业医疗保险作为社会医疗保险的重要组成部分，并且强制企业为雇员购买商业医疗保险，因此也就导致了美国的商业医疗保险极度发达，商业医疗保险品类繁多，有八成的美国人都购买了相关的商业医疗保险。

依托于发达的商业医疗保险产业和海量的用户需求，商业公司就有了切入整个医疗产业的机会。所以很多美国医疗集团旗下，既有医疗保险公司同时又有涉及医疗产业的公司，最著名的两大集团是联合健康与凯撒医疗。联合健康集团的主要业务分为团体、老人、社会救助的医疗保险业务，以及个人健康管理、医疗技术服务、药品管理的医疗产业业务。凯撒集团是从 70 年前一位企业主为其员工购买医疗保险而与医生建立的一套保险机制开始的，此后将该医疗保险扩大到全社会，最后凯撒又下沉到医疗实体产业链中，实现了保险与医疗一体化。

我国现行的医疗保险依然是以国家主导的社会保险为主，其参考的对象是德国的全民医保体系。在 2011 年我国基本完成社会医疗保险的全民覆盖，从另一个侧面说明，我国的医疗保险行业整体其实极不发达，连基础的社会医疗保障尚在建设中，更不用说商业医疗保险了，因此我国难以出现像联合健康、凯撒集团那种从医疗保险切入医疗行业的模式。

平安集团是专业做保险的，其业务范围也包含了医疗保险，但旗下的这款平安好医生的优势并非在于医疗保险，而在于其拥有一个一千人的全职医师团队。

美国是一个已经成熟的现代社会，而中国依然处在“熟人社会”向“现代社会”的过渡阶段。“熟人社会”是费孝通在《乡土中国》一书中提出的概念，由于农耕文化，中国人更喜欢讲人情，办事靠关系。而这种关系远近从亲缘向地域扩散，因为农耕时期周围邻居的固定，所以必须向彼此寻找支持与依赖，而这也可以解释为什么中国人不喜欢买保险。据统计美国投保率为 500%，平均一人就有五份保险，而中国的投保率仅为 10%，其原因在于中国人把生老病死的全部“保险”捆绑在各种亲缘关系中。我们经常能够在报纸上看到某某人得了重病之后向亲戚朋友借款，甚至还要向全社会发起募捐的报道，但是他们却并没有想过为自己与家人提前购置一份重疾保险，而这种事情在美国则很少发生，除了医疗制度的保障不同以外，也有文化差异的影响。

两国的文化反映到医疗产业中就分别表现为，美国在于预防，中国在于事后。美国考虑健康预防，因此十分重视医疗保险行业。美国从凯撒集团保险医疗一体的模式中衍生出了著名的 HMO 综合医疗模式。HMO 同样是集保险与医疗一体，但更加强调以预防疾病为主，每一个参保者都有一个私人医生为患者“守门”，遇到重病之后再进入体系中的医院进行检查就诊，保险公司承担大部分费用，这样就极大地减轻了医疗系统的整体负担，降低了参保者的投保费用，最后还降低了其患病的概率，最终实现了三赢局面。这其中最为关键的美妙逻辑在于医疗保险公司为了自身利益的最大化，需要让每一位患者把发病的概率降到最低，以及降低医疗体系资源成本，因此医疗保险公司向医疗产业扩张是为了降低自身风险所作出的必然决策。而国内经常会看到整体的商业医疗保险费用很高，而赔付的费用却很低，保险公司鱼龙混杂，存在不规范操作等问题。

因此在国内医疗保险市场中，对于“事后”的需求远远大于“事前”的需求，这是与美国最大的不同。“互联网+医疗”要想给整个医疗行业的未来带来一丝震撼，就必须要从“事后”的治疗环节切入，而无论挂号、买药、问诊，最核心的还是医生，控制医生就能够实现整个后端的看病体验，通过后端体验掌握用户之后再不断引导用户的预防意识，降低其患病率，反向推进个人健康管理，医疗保险等。

目前，平安集团平安好医生项目掌握了千人的庞大医师团队，保证了用户在线问诊体验，而且其自身还推出了家庭医生服务，打通了线下体检机构的数据，再加上平安保险各种健康保险的支撑，以及向成熟社会的转型中中国人民保险意识的加强，越来越多的中产阶级开始关注健康的预防以及考虑购买保险，最后平安如果在未来进军实体医院也自然不会出乎所有人的预料。所以如此看来，平安好医生切入的是一个基于当前中国医疗需求环境，并且面向未来的市场。

中国医疗市场必须先切入后端问诊送药等服务，再向前端预防检测以及医疗保险反向推进，而不是美国式的自前端医疗保险，再向后端医疗服务一推到底的模式，这也就解释了为什么平安好医生难以在美国找到一家完全相似的公司，以及为什么中美之间的医疗公司不会完全相同。

由于美国的医疗发达，各种基础设施完善，因此互联网相对于美国医疗行业来说只是一种补充，而中国的各项基础设施都很落后，因此互联网为各行各业带来了几乎颠覆式的机遇，但“互联网+医疗”领域却并不是那么轻松，其面临的不仅是医疗资源整合的问题、政策的问题，最后还要面临文化倾向的问题，但对于一个正在向现代成熟社会转型中的国家，这里面蕴藏着巨大的机会，尽管风险重重，平安还是迈出了必须迈出的第一步。

（资料来源：周勇，速途网，2016年5月23日。）

案例思考题

结合商业模式画布及本案例谈谈中美两国“互联网+医疗”商业模式有哪些不同。

6 "互联网+金融"商业模式

引 例

京东金融是京东数字科技旗下的独立子品牌。在数据获取能力方面，京东金融背靠京东集团超过2.4亿的活跃用户，拥有几十万供应商和合作伙伴数据，以及交易数据；通过投资和合作的形式，丰富数据资源。在数据技术能力方面，以大数据为基础，进行人工智能、图像识别、图谱网络、区块链等技术应用；在数据模型产品能力方面，开发出风险量化模型、营销模型以及用户洞察模型等。京东金融集团通过领先的大数据应用技术，建立起风控体系、支付体系、投研体系、投顾体系以及DaaS（数据即服务）平台、SaaS（软件即服务）平台等一整套金融底层基础设施。

京东金融作为京东数字科技旗下子品牌，包含个人金融、企业金融、金融科技等版块，它致力于为个人和企业提供可信赖的、普惠的数字金融服务，帮助金融机构提升业务效率、降低成本、增加收入，与金融机构一道更好地服务个人和企业用户。

(1) 个人金融版块

白条、京东支付、京东小金库、产品众筹、小白卡、金条等产品及服务，涵盖消费金融、支付、财富管理、众筹、保险、证券等领域。

(2) 企业金融版块

京保贝、京小贷、金采、快银等产品，提供涵盖保理融资、信用贷款等领域的服务。

(3) 金融科技板块

北斗七星、固定收益基本面量化分析系统（FIQS）等产品和服务，为各类金融机构提供涵盖资产交易、企业及个人借贷、场景应用、用户运营、理财、智能投顾技术服务、风控数据、风险定价系统等多领域服务。

（资料来源：韩骋，《特区经济》，2016年5月25日。）

6.1 “互联网+金融”的内涵

金融新常态下，改革与创新成为当下金融发展的“主旋律”，也是当今的重要经济命题。而“互联网+”不仅仅为传统金融行业注入新鲜血液，增加新的动力，更带动了新兴行业的发展。

6.1.1 互联网金融的概念

互联网金融的含义在学术界尚未有非常明确的界定。定义互联网金融，首先要以金融的定义为切入点。从广义上来讲，金融为资金的融通，与货币的发行、流通相关的就是金融；从狭义层面来理解，金融仅指货币的融通，即资金在各个市场主题之间融通转移的过程。这一转移过程，可以分为两种形式：一是直接融资，二是间接融资。

由于广义金融和狭义金融的存在，互联网金融也存在广义和狭义之分。广义上讲，互联网金融是互联网“开放、平等、协作、共享”的精神，与传统金融行业相互渗透形成的新领域，在广义的互联网金融里，包括传统金融产品的线上营销、金融中介、第三方支付平台等，但并不仅限于此。从狭义的金融角度来看，互联网金融应该界定在与货币的信息化流通相关的层面，即资金的融通无论是通过直接还是间接方式，只要运用了互联网的技术来实现，就是互联网金融①。

互联网与金融深度融合是大势所趋，其对促进小微企业发展和扩大就业发挥了现有金融机构难以替代的积极作用。而且市场对互联网金融依然看好，互联网金融融资并未遇冷。有机构预测，在今后几年内，中国互联网金融行业将从一个多方混战的“战国时代”进入整合期。在这样的新形势下，无论监管者还是从业者，都需要调整思路，明确方向，既鼓励创新创造，又加强风险管理、强化行业自律，从多个方面入手，推动互联网金融的稳定健康发展。

6.1.2 互联网金融的特点

互联网金融与传统金融两者之间既有相似之处，也有不同点。除了金融业务的媒介不同，思维模式也不尽相同。互联网具有“开放、平等、协作、分享”的特点，这就要求互联网金融从业者转换思维方式，依照互联网思维对传统金融产品进行创新。在互联网与金融业结合的过程中，互联网金融业

① 白杰．我国互联网金融的演进及问题研究［D］．保定：河北大学，2014.

务将会更加透明，将以更低的成本提供更加方便快捷的服务。

6.1.2.1 即时性与移动化

随着平板电脑、智能手机等移动端设备的推出，其便于携带、功能丰富、操作简单的特点，使用户可以随地使用互联网提供的金融服务。利用互联网，用户可以通过手机、平板电脑等客户端随时随地地进行转账、支付、购买理财产品等。

6.1.2.2 覆盖广与发展快

互联网金融在我国的发展，主要以互联网的发展为基础，同时，依靠电商平台的快速覆盖，网络将自身的特点赋予到互联网金融上，可以对全球进行有效的覆盖，打破传统地域的限制，并且突破时间上的约束。金融与互联网结合，业务覆盖范围将会扩大，将会有更多的客户。

6.1.2.3 互动强与透明化

互联网的发展逐渐从 PC 端向移动端渗透，越来越多的移动应用应运而生。移动应用具有很强的互动性，比如微博社区、大众点评、微信等应用程序，可以实现交流沟通、获取资讯等目的。信息在网络上快速传播的特点，使得用户能够在第一时间获取信息，信息也更为透明和公开。

6.1.2.4 低成本与高效率

互联网金融的另一个特征就是在降低交易成本的同时提高了效率。互联网金融业务操作流程区域规范化、标准化，所有的业务都在计算机或手机上进行操作，客户不需要去银行网点排队等候，降低了时间成本。除此之外，计算机在业务处理上效率更高，可以使客户体验得到改善，提高满意度。

6.1.2.5 管理弱与风险大

虽然互联网金融平台可以通过大数据进行客户的信用调查，但没有与人民银行征信系统进行对接，大量的数据信息不能够共享。与传统商业银行相比，风险控制能力还不足，所以加强互联网金融企业的风险控制能力是今后工作的重点。此外，互联网金融在我国发展时间还不长，缺乏必要的行业规范和法律监管，面临着法律风险和政策风险。

6.1.3 主要互联网金融产品的发展状况

6.1.3.1 国外主要互联网金融产品

(1) 网络信用卡 Next Card

Next Card 是美国一家通过互联网发放信用卡的网络公司。此公司在网上为用户提供维萨（VISA）信用审批系统的同时，也与用户进行实时的互动。即使申请人的信用资料不全，只要在这里存入要求数量的存款即可申请到信用卡。在卡片没有邮寄之前便可随时在网络上申请到信用额度是其独特之处。Next Word 自 1996 年上线到 2001 年 9 月，共发放信用卡 120 万张，成本比之前减少了 70%，即便其所发信用卡的未偿还余额超过 20 亿美元。

2002 年 9 月，Next Card 承认美国证券交易委员会已对其进行调查，并要接受九起诉讼，同年公司宣布破产。在运营过程中，许多客户主观上刻意的不及时还贷，这原本是普通的信用坏账，而公司却将其分类为“欺诈”损失，那么未来的信用损失就会使其储备金失去大量储备而导致企业资金流动性减弱。Next Card 的大部分用户是由于没有通过其他机构的借贷审核，转而选择了 Next Card。因而信用风险必然很大，这也增加了欺诈和坏账的可能性，因此在审核过程中存在漏洞以及坏账猛增是其破产的主因。

（2）互联网保险 InsWeb

1995 年互联网保险平台 InsWeb 上线，其总部在美国加利福尼亚州。它有两种盈利模式：一种是向投资者提供众多可供选择的产品的价格，给出投资建议，在投资者做出交易选择后收取一定手续费；另一种是通过平台提供相关信息给代理人以得到一定的费用。该平台提供服务范围十分广泛，包括了人寿、财产、医疗等众多业务，是世界上最大的互联网保险电商站点，在美国上市，具有较高的知名度和外界评价，曾被福布斯评为最优秀的互联网商务平台。

然而，保险产品通常需要代理人向客户进行一对一的说明，其内容大多比较复杂，想要快速了解产品特点，仅仅通过网络上的咨询互动来进行保险产品营销，是很难走得通的。另外，公司仅凭借相对单一的车险或意外险来维持经营是很困难的。长时间的亏损最终引发公司股价大幅下跌，在 2011 年 Bankrate（美国著名的个人理财站点）将其并购。InsWeb 被并购前最后一次发布的公司财务信息显示，公司前三季度收入不到 4 000 万美元，跟万亿保费相比可以忽略。

6.1.3.2 国内主要的互联网金融产品

（1）收益宝

2013 年 8 月 1 日，“收益宝”上线，它是同花顺基金销售公司推出的一款互联网理财产品。首期“收益宝”优选了以广发货币为代表的 8 只国内业绩相对平稳的货币基金，购买者可以自主决定投资哪一个基金，不同于类似产品的捆绑销售。在线登陆，对于“收益宝”进行充值即购买基金，其收益率可达活期存款利率的 8~15 倍，高于一年期的定期存款利率。整个充值过程不收取任何手续费，资金的转入转出也十分便捷，在确保流通性的同时又降低了交易成本。“收益宝”首次申购最低限额为 1 000 元，以复利方式日计收益，月计分红，分红直接转入账户成为基金份额，并且免所得税。

(2) 微信“理财通”

2014年1月15日，微信“理财通”上线，移动终端登录微信，找到“我的银行卡”选项，用户只要绑定一张指定银行的银行卡，就可以选择投资“理财通”。目前，微信“理财通”最主要是与华夏基金旗下货币基金“财富宝”合作，提供货币基金理财业务，其收益率固然会受到货币市场基金波动的影响。

投资者事先绑定且第一次使用的银行卡即为安全卡，“理财通”规定资金的转入转出都只可以使用预先绑定的安全卡。从到账时间看，除了工商银行、农业银行、建设银行等11家银行两小时内到账，其余银行基本上是1~3天到账。

虽然“理财通”是由中国人民财产保险股份有限公司（PICC）全额投保，遇到设备故障、电脑病毒、系统损坏等情况，用户不用承担任何责任，但大多数用户对其安全性仍持有保留态度。

6.1.4 互联网金融发展的风险与监管

任何新兴事物的发展必然存在诸多问题和弊端，互联网金融也不例外。当前的互联网金融处于发展初期，由于相关法律法规等监管环境的不完善或缺失，我国互联网金融的发展将面临严峻的风险问题。国内学者对目前互联网金融发展过程中存在的主要问题与潜在风险，以及相关金融监管机构应当采取的监管措施等做了大量的研究。

国内互联网金融主要存在以下几个问题：金融法律法规问题（尚无全国通用的监管法律）、金融监管体系问题（分业监管问题和技术支撑问题）、弱势金融群体问题、网络信息公开与隐私保护问题、互联网技术安全问题。

在互联网金融的监管问题上，当务之急是建设“三道防线”：一是加强风险管理，提高互联网金融企业的风险控制能力；二是加强行业自律与合作，依法开展各项金融活动；三是借鉴传统金融企业的监管规则，完善监管空白地带的相关政策。

为建立完善的金融监管体系，应当充分发挥行业自律的作用、确立互联网金融的监管原则、加快相关法律规定等环境的建设与完善互联网金融监管规制等四个方面的工作。我们认为，对互联网金融的发展应当坚持鼓励创新和规范发展并举，处理好政府监管和行业自律的关系。另外随着互联网金融的不断发展，对互联网金融的监管措施需要不断地创新，相关的法律法规等也要在动态中不断完善。总而言之，就是要坚持底线思维，加强和规范管理，促进以创新为动力的这一新型金融服务业态在可持续的轨道上健康发展。

6.2 “互联网+”与金融服务机构

随着互联网在全球的普及以及广泛的应用，互联网金融也伴随着互联网技术的不断提升而迅速发展起来。网上银行、手机银行、移动支付、余额宝、阿里小贷等金融创新业务在我国蓬勃发展，由此形成了一种新的金融模式——互联网金融。目前，互联网金融发展不断壮大，将会与商业银行展开更加激烈的竞争，甚至由此改变银行业的经营模式和运行格局。因此，了解、研究互联网金融的发展成为必要，尤其是作为金融业之首的银行业如何积极应对以及监管机构对互联网金融存在的问题如何进行监管，都具有重大的理论意义和现实意义。

6.2.1 什么是金融机构

金融机构是指从事金融服务的金融中介机构，是金融体系的一部分。金融服务业包括银行、证券、保险、信托、基金等行业，与此对应，金融中介机构也包括银行、证券公司、保险公司、信托投资公司和基金管理公司等。

6.2.2 金融机构的基本类型

按照不同的标准，金融机构可划分为不同的类型。

第一，按照金融机构的管理地位，可划分为金融监管机构与接受监管的金融企业。例如，中国人民银行、中国银行保险监督管理委员会、中国证券监督管理委员会等是代表国家行使金融监管权力的机构，其他的所有银行、证券公司和保险公司等金融企业都必须接受其监督和管理。

第二，按照是否能够接受公众存款，可划分为存款性金融机构与非存款性金融机构。存款性金融机构主要通过存款形式向公众举债而获得其资金来源，如商业银行、储蓄贷款协会、合作储蓄银行和信用合作社等，非存款性金融机构则不得吸收公众的储蓄存款，如保险公司、信托金融机构、政策性银行以及各类证券公司、财务公司等。

第三，按照是否担负国家政策性融资任务，可划分为政策性金融机构和非政策性金融机构。政策性金融机构是指由政府投资创办、按照政府意图与计划从事金融活动的机构。非政策性金融机构则不承担国家的政策性融资任务。

第四，按照是否属于银行系统，可划分为银行金融机构和非银行金融机构。

第五，按照出资的国别属性，又可划分为内资金融机构、外资金融机构和合资金融机构。

第六，按照所属的国家，还可划分为本国金融机构、外国金融机构和国际金融机构。

6.2.3 互联网对金融机构的影响

6.2.3.1 交易成本变得低廉

互联网金融机构的经营发展，主要依靠互联网高科技，客户仅仅通过一台互联网终端即可完成金融交易，与商业银行相比，具有成本优势。

首先，互联网金融公司不同于商业银行要付出高额的租金以获取良好的地理环境优势和客户资源优势，减少了与银行物理网点有关的一切开支，成本大大减少。加之，随着科技水平的不断提升和配件的更新换代，互联网终端的价格也是持续不断的降低，这些成本的降低都是显而易见的。

其次，互联网金融提供的是高效与便捷的服务。当前，银行排队等候问题成为公众关注的焦点，而互联网金融恰恰为客户省去了类似跑银行、排队等候这类隐性成本。互联网金融在获取和处理信息方面的成本也急速下降，从而能使客户以更低廉的交易成本获取服务。

6.2.3.2 大数据的分析方法更有价值

大数据是指其容量大小超出了典型数据库软件的采集、储存、管理和分析等能力的数据集。与传统数据比较，大数据有四个标志特征，即 volume（容量）、variety（多样性）、value（价值）、velocity（速度）。正因为大数据具有显著的“4V”特征，所以大数据分析方法更有价值。

6.2.4 “互联网+”背景下农村金融机构的优势与不足

农村金融机构具有扎根农村、服务三农、贴近百姓的优势，也有资金规模小、科技水平低、员工素质差等先天的劣势。

6.2.4.1 主要的优势

(1) 点多面广，贴近农民

农村金融机构的网点遍布城乡，深入农村，贴近乡土，在信息同步和对称性方面具有天然的优势。与此同时，农村金融机构长期扎根农村积累的信任感和具体经验知识，是其可持续发展的核心竞争力。在“互联网+”背景下，许多农村金融机构适应农民的需要，纷纷开展线上业务，提供在线金融服务，取得了良好的效果。

(2) 经营灵活，政策倾斜

农村金融机构大多是小微金融机构，是服务“三农”的主力军，国家在存款准备金率、经营范围、业务品种、税收政策等方面都给予了农村金融机构一定的倾斜。在此背景下，农村金融机构在利率定价上有较大的自主权，在信贷审批和决策流程方面具有较大的灵活性。这一特点在互联网金融背景下尤为重要，有利于农村金融机构轻装上阵、灵活经营，进而赢得相对竞争优势。

(3) 客户众多，潜力巨大

农村金融机构与其所服务的农村客户的感情联系十分密切，积累了具有较高认知度和忠诚度的庞大客户群。在县乡经济社会发展过程中，已经逐步涌现出经济效益较好、市场前景广阔、注重社会信誉的高端客户群体，这一群体很容易转化为农村金融机构的优质客户。在“互联网+”背景下，这些潜在的客户群将成为农村金融机构拓展业务的宝贵资源，成为农村金融机构耕耘互联网的核心竞争力。

6.2.4.2 存在的不足

(1) 科技手段相对落后

“互联网+”背景下，金融业务的开展主要依托网络进行，金融业务的提供需要信息系统及金融科技的支撑。目前，受制于资金实力，我国农村金融机构信息系统相对落后，仍然是一个个信息“孤岛”，没有形成全国统一的信息网络系统。信息系统的不统一，影响着客户体验和跨区域客户发展，也不利于对数据进行实时整体分析。此外，农村金融机构在硬件配置、结算手段等方面对科技的运用还有待加强。很多农村金融机构还未开发出微信银行、网上贷款、网上商城等系统平台，网上银行和手机银行客户体验性较差，系统没有大数据分析处理能力，导致农村金融机构在农村金融发展的新形势下处于劣势。

(2) 客户层次相对较低

在“互联网+”背景下，金融机构的很多业务将通过互联网以线上的形式开展。目前，由于文化教育程度比较低，广大农民对新兴电子产品认知度和掌握度偏低，无法理解和操作复杂的软件程序，这些制约着农民通过互联网金融办理有关业务。在很多地区，农村金融机构拥有的大量客户群体多是线下客户，居民对于存折的接受程度优于银行卡，也限制了农村金融机构开展互联网金融业务。

(3) 产品创新能力较弱

“互联网+”模式下的在线金融业务，操作上更加注重便捷性，往往只需简单的验证即可完成，与其他金融机构相比，当前我国农村金融机构在经营形式、金融产品等方面的创新能力相对不足。农村金融机构推出金融产品时仍采用传统的风险防控手段，需要客户提供各种各样的资信证明，影响了客户体验。虽然有些金融机构推出了惠农卡等金融创新产品，但这些创新业务所占比重较小，对金融机构的贡献较少。

（4）人才储备依然不足

互联网金融要求农村金融机构员工具备互联网技术以及金融数据量化分析、金融产品创新、金融建模、风险控制等方面的综合素质能力。然而，长期以来农村金融机构人才管理模式相对落后，工作环境与薪酬缺乏吸引力，工作压力大，结构不合理，人才流动频繁，缺乏高素质、创新型的金融人才。从学识层次、年龄结构、创新能力等方面来看，农村金融机构当前的人才队伍还与互联网金融时代的要求存在一定的距离。

6.3 “互联网+金融”商业模式创新

“互联网+金融”是我国金融创新的一项重要实践，是指由金融机构提供的网络支付结算、网络融资、网络保险、网络理财等金融服务。相比起传统的金融服务，“互联网+金融”在产品设计、服务模式和参与主体三方面实现了创新。更重要的是，“互联网+金融”的出现促使金融机构的商业模式创新，使其走向了新的发展道路。

互联网金融难以离开传统金融。互联网金融对银行的资产业务、支付业务等领域都有很大冲击。但传统银行在互联网金融大潮中不仅没有落后，还处于前列。依托于强大的风险控制系统、完备的信用体系和较高的信息化水平，银行将在互联网金融领域占主导地位。互联网金融的发展，改变了传统金融市场的发展模式和格局。2015 年互联网金融更是迎来了爆发式的增长，社会各界纷纷寻找解决金融信息不对称、控制金融风险的手段，探讨互联网金融体系机制、投资者权益保护机制以及互联网金融的商业模式等问题。互联网金融行业要健康发展，一是企业要有自律的精神，二是互联网金融模式必须创新。

下面我们将利用 Osterwalder 的分析方法，沿着自下向上的脉络来描述互联网金融的新兴商业模式，并结合实际案例进行说明。

6.3.1 通用支付平台

安全、高效的现代支付体系是互联网金融创新的必然要求。不同于支付宝、快钱等支付服务提供商，通用支付平台的价值内涵是为客户提供一个灵活的、可二次开发的支付结算基础设施。因此，其目标客户不是个人用户，而是电子商务企业、金融企业、希望拓展新兴支付渠道的创业企业以及支付服务提供商等，客户可以将平台提供的支付功能方便地集成到自己的业务流程当中，或基于平台开发出更灵活和更专业的支付服务。

通用支付平台的关键业务是开发、销售和运营平台服务，关键资源是接入底层清算结算网络的准入资格，关键合作方是应用开发者和相关企业。平台的成本主要是开发、销售和运营成本以及付给底层清算结算网络的交易费用。平台的收入来自客户支付的交易服务费。

美国的 IP COMMERCE 就是这样的一个创业公司。通过打造一个开放的通用支付平台，IP COMMERCE 向用户提供一系列支付工具和开发接口，为需要使用支付清算功能的公司提供方便灵活的创新环境，这种支付平台即服务的价值内涵使得 IP COMMERCE 将自己定位为商务运行的操作系统，其他一切需要支付结算的商业活动都可以以它为依托开展。

在国内，随着《非金融机构支付服务管理办法》的实施，支付业务的开放发展也取得了长足进步，中国银联和支付宝也在逐渐丰富它们的支付平台服务。

6.3.2 在线（移动）P2P 支付

个人对个人（P2P）之间的在线支付结算服务是互联网金融的一项基础服务。传统金融体系提供的 P2P 支付服务通常收费较高并且使用不便，邮政汇款体系和专门的汇款网络也存在这个问题。互联网（特别是移动互联网）建立了新的 P2P 支付服务系统，其价值内涵不仅是降低服务费用，减少交易成本，更重要的是将以前被排斥在金融服务之外的人群（在发展中国家这个问题尤为突出）纳入金融体系，这为地区经济注入了可持续的发展动力。目标客户主要是没有金融账户的低收入人群以及小微企业，这些客户可以通过该系统方便地、低成本地进行中小额资金的转账和支付，从而提高整个经济系统的运行效率。

该体系的关键业务是要构建一个方便、高效、成本低廉的 P2P 支付平台和业务受理网络，以保障资金转移服务的顺利运转并提供金融增值服务，还要培养足够庞大的用户群体来形成规模效应；关键资源是支付服务准入资质、支付清算基础设施以及相应的金融增值产品的提供能力；关键合作方包括业务代理网络、相关金融机构以及政府监管部门。该体系的成本包括平台开发运营费用、宣传推广费用、受理网络建设费用、合作伙伴服务佣金分成以及监管合规成本；收入来源于服务佣金以及增值服务的收益分成。P2P 网络借贷典型运作模式如图 6.1 所示。

目前，全世界正在推广的 P2P 支付项目获得阶段性成功的并不多，其中，肯尼亚的 M-pesa 服务是最值得推荐的。M-pesa 是由沃达丰旗下的肯尼亚移动运营商 Safaricom 主持开发运营的。M-pesa 的用户无须拥有银行体系账户，只要在 Safaricom 注册一个 M-pesa 账户就能使用自己的手机进行资金转账和支付服务。M-pesa 获得了肯尼亚人的认可，2007 年正式发布，两年内用户份额就占到了肯尼亚总人口的 65%，日均交易金额 196 万美元，平均每笔交易 20 美元。与传统的 P2P 支付服务相比，M-pesa 拥有明显的低成本优势。M-pesa 在提高资本配置效率和提升经济运行效率方面的作用已经显现。

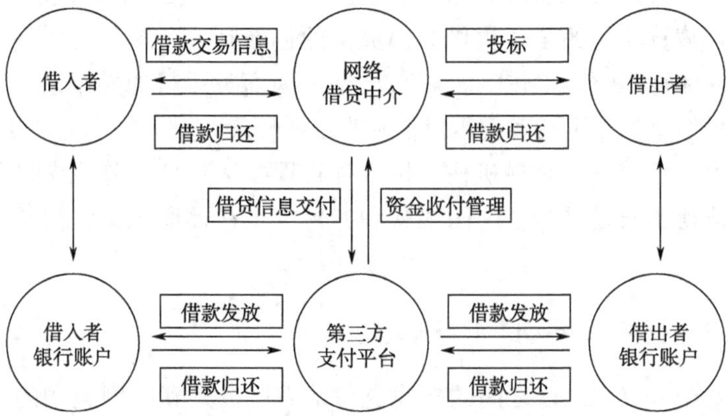

图 6.1　P2P 网络借贷典型运作模式

6.3.3　互联网人人贷

个人对个人的 P2P 信贷（国内称“人人贷”）通过互联网搭建个人信贷平台，是融资业务脱媒的具体表现，如果业务开展得当，能够在更广阔的时间和空间实现资金的有效配置。人人贷平台的价值内涵是让用户以适合的成本借出、借入资金，目标客户分为投资方和借贷方，投资方可以获取比传统理财产品更高的资金回报，而借贷方可以更方便和低成本获得资金。

人人贷平台提供的在线资金供求匹配、信用评估、资金转账、风险监督等服务是其关键业务。其关键资源是平台背后的业务流程、客户数据、风险模型、人才团队以及政策性准入资格；关键合作方取决于平台业务的深入程度，可以是支付平台、信用评估机构或者相关金融机构。平台的成本主要是在线系统的建设、运营和营销费用以及向合作方支付的服务费用，收入来源于成功交易的服务费用和向合作方收取的分成费用。Lending Club（www.lendingclub.com）是目前最成功的人人贷平台之一，自2007年上线以来累计撮合交易金额超过8亿美元，且增长速度迅猛。相比于目前的银行系统，投资人和借贷人通过该平台可以大大减少双方的交易成本和复杂性。Lending Club通过社交网络来拓展借贷关系，同时开源了自己的风险评估算法，通过用户反馈来及时调整，这两个做法都有效降低了投资借贷风险。据其披露，该平台的不良贷款率在2.7%左右，而一般信用卡业务的违约率在5%以上。

6.3.4 在线个人理财

利用互联网进行在线个人理财服务，其价值内涵是为客户提供更加方便和透明的渠道来做好个人收支和投资管理。目标客户是年轻的中产阶级群体，他们希望利用互联网来实时管理好自己的收支以优化个人消费结构，同时改善自己对金融产品的信息不对称状况，扩展个人理财渠道。

在线个人理财模式的关键业务是在线平台的开发、运营和营销，以提供对金融数据的分析、优化、搜索和决策支持功能；关键资源是个人金融数据以及分析数据的金融人才；关键合作方是相关金融产品和服务的供给方，包括网上银行、信用卡公司以及证券公司等。平台的成本主要是平台的开发、销售和运营成本以及接入和使用合作机构的个人金融数据费用；收入来源于客户的服务费用、广告费用和合作方的分成费用。

Mint（mint.com）被认为是在线个人理财服务的领先者。Mint平台集成用户的各种金融账户，通过资金管理服务帮助用户更加聪明地花钱和省钱，实现个人的财务目标。自2007年正式上线以来，Mint已拥有超过700万名用户。Mint的主要功能有提供个人的现金流和支出情况、聚类分析个人的消费记录、为用户定制个人预算、监控个人投资状况等。Mint对个人用户是完全免费的，收入主要来源于与其合作的金融机构。

6.3.5 社交网络投资平台

基于投资的共同目标，采用社交网络的形式将个人投资者和投资经理联系起来，为投资者提供透明公开的投资模型比较和选择（投资者可以全程查看投资经理的投资成绩和投资模型）——这种投资咨询业务的模式有别于普通B2C的做法，真正利用了互联网的优势，是社交网络投资平台独特的价值内涵。平台的目标客户细分为两类：投资经理和个人投资者，投资经理通过平台分享自己的投资模型和投资成绩，个人投资者依据投资经理的成绩记录，选择和跟随成功投资经理的投资策略。客户关系的维持在于平台提供的投资社交网络。平台的关键业务包括开发、销售和运营平台服务，形成双边网络效应；关键资源包括投资咨询业务的准入资质和相关人才团队；关键合作方是为平台用户提供后台证券投资交易结算服务的证券交易服务商。平台的成本主要是系统的开发运维费用、付给证券交易服务商的佣金以及给投资经理的收入分成；收入主要来源于个人投资者的投资回报佣金以及广告收入。

Covestor（interactive-advisors. com）就是这样一个基于社交网络的投资平台。Covestor 上有超过 150 名投资经理人，投资领域广泛，个人投资者可以比较和挑选投资经理的投资模型、投资标的、投资业绩，并通过 Covestor 的专用个人账户复制符合自己投资目标的投资模型和投资组合。同时，个人投资者还可以和投资经理人在平台上进行在线交流。Covestor 拥有美国证监会（SEC）的投资公司牌照，广泛地采用原来只限于“大客户”的财富管理技术，用互联网聚合个人投资者，收取相应的投资佣金。

6.3.6 So Lo Mo 金融服务

So Lo Mo，即社交化（social）+本地化（local）+ 移动化（mobile），已被认为是未来互联网的发展趋势。基于 So Lo Mo 的金融服务也是互联网金融的新兴模式，发挥空间巨大。So Lo Mo 金融服务的价值内涵集中体现在基于本地位置满足用户完全个性化的即时需求，目标客户是移动通信设备的个人持有者。客户关系通常建立于消费类社交网络上。So Lo Mo 金融服务的关键业务在于搭建一个服务生态系统，让金融服务和 So Lo Mo 形成合力；关键资源是对移动终端的影响力；关键合作伙伴包括移动终端制造商、操作系统提供商、社交网络、金融服务提供商等。该模式的主要成本是占领终端的营销成本以及向合作伙伴支付的服务费用，收入来源于交易佣金和增值服务分成。

So Lo Mo 金融服务正在崭露头角，多集中在消费金融服务领域。Visa 和服饰零售商 GAP 的合作可算一例。与 Visa 合作使得 GAP 可以基于地理位置向潜在客户推荐产品和服务，当顾客使用 Visa 支付功能时，Visa 会根据对顾客位置的判断来推荐附近的 GAP 产品并匹配相应的支付优惠计划。另外一个例子是星巴克与基于地理位置的移动社交网络 Foursquare 以及移动支付服务商 Square 的合作。通过 Foursquare，星巴克会识别出客户的位置并向其推送附近门店的产品信息；而通过 Square，星巴克可以实现移动支付功能。作为服务链条的主导方，星巴克起到了整合生态系统并推进服务创新的作用。

6.3.7 金融大数据

在网络化和数字化日益深入的今天，金融服务日渐回归本质，表现为金融数据流的产生、交换、存储、分析以及应用。互联网的普及应用使得数据量的规模迅速扩大，结构日趋复杂，这种超大数据集是无法通过寻常数据(库) 软件来处理的。比较分析发现，大数据在金融业中的价值创造中机会最大，而金融企业需要专业化的合作伙伴为其提供大数据相关服务。金融大数据服务的价值内涵在于为客户提供传统方法无法解决的与大数据处理相关的一系列功能，目标客户可以是各类金融机构；关键业务包括提供大数据存储服务、相关软硬件销售、人员培训以及一站式外包服务等；关键资源主要是以大数据分析师为核心的专家团队和原始数据；关键合作方是相关的软硬件服务商；成本主要是软硬件投资费用、数据获取费用、合规费用以及向合作伙伴支付的服务费用佣金；收入来源于产品销售收入和服务收费。

6.3.8 互联网保险

互联网金融业务的快速发展，令很多银行的存款、贷款业务都受到了较大的冲击，利润也跟着下降。互联网金融的蓝海不是 P2P 网贷，而是互联网保险。目前中国人除了买车险，真正去买其他保险的人不超过 5%。由此可见，保险市场待开发的空间非常大。有专家预测，线上买保险的额度可达 3 万亿元人民币，这规模是互联网金融 P2P 公司没法比的。

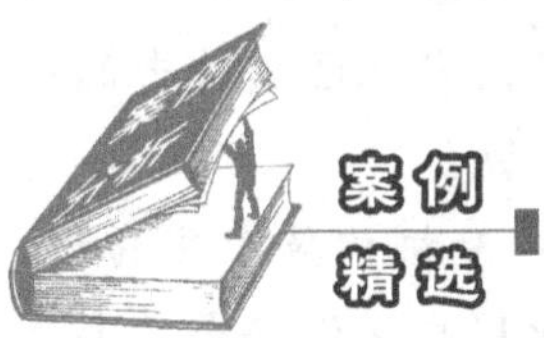

京东金融的“互联网+金融”商业模式分析

京东金融是京东数字科技集团旗下个人金融业务品牌，已经成为众多用户选择的个人金融决策平台。京东金融以平台化、智能化、内容化为核心，与银行、保险公司、基金公司等近千家金融机构，共同为用户提供专业、安全的个人金融服务。京东金融已推出白条、基金、银行理财、小金库、金条、联名小白卡、小金卡等近万只金融产品，涵盖理财、借贷、保险，分期四大业务板块。

(1) 目标客户

京东金融的目标客户有京东上游供应商、京东生态圈上下游客户。

(2) 价值主张

京东金融拥有基金代销牌照、保险经纪牌照及保险代理牌照，是基金、保险产品的持牌代销平台。目前，有近千家金融机构的近万只金融产品在京东金融平台上销售，真正为用户打造了一个专业、安全的“个人金融决策平台”，产品种类涵盖理财、借贷、保险，分期四大业务板块。理财板块为用户提供了包括小金库、银行精选、定期精选、基金、黄金等众多明星理财产品。借贷板块为用户提供了包括消费信贷、现金贷、银行借贷等个人金融服务，以及白条、联名小白卡、金条等明星金融产品。分期板块为用户提供海量的正品大牌商品，支持白条、信用卡、小金库等多种支付工具和分期方式，打造零门槛/全分期的购物场景。保险板块为用户提供寿险、财产险、养老险、重疾险、医疗险、运费险、延保等多方面的保险及相关保障服务，并可根据用户实际需求为其推荐保险产品。

京东金融也为金融机构搭建了专属于自己企业的官方店铺——“金店”。在“金店”中，有执照资质的企业和银行客户经理、基金经理、保险经纪人等个人可展示当前售卖的热门款金融产品，并通过直播、视频和文章等多种形式，为用户提供购买前参考，让用户以较低成本做出个人金融决策。

（3）渠道通路

京东金融分销渠道包括：京东金融网络平台、京东金融 App、京东金条、京东金条借款、京东金融基金投资等微信小程序线上渠道。

（4）客户关系

①创作者服务平台。创作者服务平台是指京东金融内容社区创作者的一站式服务平台，致力于助力创作者高效运营。

②京东金店服务平台。京东金店服务平台致力于金融机构数字化转型，探索全新的互联网金融发展模式，致力于为个人和企业用户提供安全、高收益、定制化的金融服务。

③客户关怀部。以“为客户提供最愉悦的金融服务体验”为使命，致力于为个人客户及企业客户提供专业、高效、便捷的服务。

（5）关键业务

①平台化。京东金融拥有基金代销牌照、保险经纪牌照及保险代理牌照，是基金、保险产品的持牌代销平台。目前，有近千家金融机构的近万只金融产品在京东金融平台上销售，真正为用户打造了一个专业、安全的“个人金融决策平台”，产品种类涵盖理财、借贷、保险，分期四大业务板块。

②智能化。依托京东金融的母集团京东数科强大的数字科技能力，京东金融通过机器学习、计算机视觉、语音识别等 AI 技术，以及大数据、区块链一系列科技能力，推出了包括智能风控、智能客服、智能投顾、AI 投研、量化营销等应用性极强的解决方案级产品。基于这些技术应用落地，一方面，京东金融 App 能够根据用户日常的搜索内容和产品使用习惯，按需智能化定

制每个用户的首页界面和内容推送，进一步减少用户的选择时间、提升决策效率；另一方面，依托核心技术能力，京东金融也在与金融机构合作研发符合用户需求的金融产品，让用户降低投资风险，并在个人金融决策时提供理性、科学的建议。

与此同时，京东金融还进一步加强了搜索引擎，并集合全网资源搭建了金融类“全网产品库”。通过搜索，用户可在京东金融平台查询到市面上近6万款金融产品，只在一个平台即可实现全网金融类产品的查询、评测等体验。

③内容化。京东金融凭借多年来在金融领域的优质资源积累，创造性地打造了以投资教育为核心的花生社区，开通图文、短视频、问答、直播、圈子等互动内容形式，邀请包含经济学家、基金经理、投资经理、金融分析师、精算师、泛财经 KOL 等 500 位金融大 V 入驻社区，分享包括泛财经类资讯、理财产品分析、保险产品评测、个人投资经验分享、财商教育等内容。

(6) 核心资源

①行业资质。京东金融具有基金代销牌照，经营财富管理业务，旗下公司北京肯特瑞基金销售有限公司是经过中国证监会核准，具有基金销售牌照的独立基金销售机构。

京东金融具有保险经纪牌照及保险代理牌照，经营保险代销业务。旗下经纪公司天津津投保险经纪有限公司、代理公司鼎鼎保险代理有限公司是经过中国银保监会核准，具有保险经纪业务、代理业务资质的保险中介机构。

②技术能力。技术能力主要包括风控技术、支付能力、AI 投研能力、智能客服。

第一，风控技术。2014 年，京东金融就把 AI 技术应用于风控领域，是业内首家在信贷风险领域大规模应用 AI 技术进行风险建模的公司。目前，京东金融已建立起覆盖数据、模型、策略、系统等全方位的风险管理体系，拥有1000+风险模型，累计实现了对 7 亿用户的信用风险评估，积累风险策略超 4 万，欺诈损失率保持在百万分之一以下。基于强大的风控技术，在账户登录、激活、交易、信息修改等全流程环节，都会进行后台安全扫描，实时计算，识别恶意行为及高风险订单，并和京东商城配送体系打通，对高风险订单实现配送最后一公里拦截，这在业内是独一无二的优势。

第二，支付能力。京东支付依托京东体系资源优势及京东数科技术能力，为企业和个人用户提供综合支付服务，输出线上、线下多场景的综合支付解决方案，是国内领先的电子支付解决方案服务商，是中国银联最大的第三方支付战略合作伙伴之一。

京东支付目前涵盖京东码付、京东闪付 NFC、聚合支付、通道支付、刷脸支付、跨境支付等，满足用户线上、线下的多元化支付需求。同时为商户提供单笔或批量代付、支付结算、资金流转、数据分析等服务，满足用户线上、线下的多元化支付需求。京东支付也支持组合支付，用户可在支付页面，选择白条、小金库、银行卡、余额等支付方式进行组合支付。

在技术层面，京东金融建立了自主产权的支付结算服务平台，平台使用分布式计算，同城多中心架构，具备多中心互备的高可用容灾能力和7×24小时不间断交易能力。利用动态规则拆分算法专利，京东金融可以解决海量数据对账问题，15分钟以内可完成5 000万笔交易对账，平稳支持“618”和“双十一”等交易洪峰，支付系统可靠性达到99.99%。

与此同时，京东金融的“刷脸支付”模块符合中国银联人脸识别终端相关技术标准，成为首批中国银联向自助售货机场景提供人脸支付整体解决方案的合作方。京东金融自研多模态人脸活体检测算法通过国家金融IC卡安全检测中心——银行卡检测中心（BCTC）的技术认证，达到国家认证的金融支付级安全标准，真人识别正确率达99.8%。

2017年3月，网联清算有限公司试运行，京东数科旗下网银在线位列首批接入其中的第三方支付机构；2017年8月，网联清算有限公司正式设立，京东数科旗下网银在线等45家机构出资共建。

第三，AI投研能力。凭借京东数科的数据优势和金融科技能力，京东金融与东方红资管基金公司深度合作，双方在2015年合作推出“东方红京东大数据灵活配置混合型证券投资基金”，尝试探索大数据服务投资研究的新模式，并在各大基金平台同步发售。截至2020年6月5日，该基金自成立以来累计收益率44.80%。2020年6月11日，京东金融与东方红资管基金公司又合作了第二只基金——“东方红智远三年持有期混合型证券投资基金”，该基金还在招商银行发行。

第四，智能客服。在语音识别、语音合成和自然语言处理技术（NLP）领域，京东数科研发了智能客服产品和智能外呼产品，在京东金融的客服应用中，智能客服有效解决了90%以上的客户询问。

(7) 重要合作

截至目前，京东金融累计与近千家金融机构进行过合作，其中包括银行机构、券商机构、基金机构和保险机构。银行机构有工商银行、建设银行、招商银行、浦发银行、中信银行、光大银行、平安银行、民生银行等；券商机构有中信证券、中信建投、安信证券、广发证券等；基金机构有天弘基金、易方达基金、华夏基金、南方基金等；保险机构有平安保险、中国人保、泰康保险、安联保险等。

（8）成本结构

①经济师人员成本。京东金融致力于打造智能化金融平台，推出了许多智能应用性极强的服务模式，因此平台后期的技术维护与更新也是很重要的。

②技术开发与维护成本。京东金融凭借多年来在金融领域的优质资源积累，邀请了包含经济学家、基金经理、投资经理、金融分析师、精算师等500位金融大V入驻。

③运营成本。京东金融搭建起一整套面向全行业的金融解决方案，具备线上线下融合、智能客服等领域的技术能力。京东金融在宣传及与其他金融机构合作方面也是下了血本。

（9）收入来源

①销售收入。销售收入是京东金融的主要收入来源。消费金融产品京东白条，是京东金融的明星产品，凭借京东商城这一天然的巨大流量入口，自上线以来亦获得迅速发展。

②供应链金融。供应链金融是京东金融的起家业务，一直以来都保持盈利。供应链金融早在2015年便已实现盈利，京东供应链金融业务服务京东体系外客户营收2017年增长超过300%。

③支付手续费。支付作为理财业务的基础和起点，一直备受京东金融重视。2017年，京东金融与中国银联达成合作，欲从支付宝与微信支付手上抢夺市场份额，并且投入大量资源在线上线下进行推广，也相应获得较高的收益。

（资料来源：百度百科，https：//baike. baidu. com/item/% E4% BA% AC%E4%B8%9C%E9%87%91%E8%9E%8D/17506023？fr=aladdin。）

案例思考题

结合案例与商业模式画布来分析京东互联网商业模式的优势。

7 “互联网+交通和旅游业”商业模式

引 例

滴滴打车、快的打车、易华录、罗计物流等全新的“互联网+交通”商业模式在最近一两年里竞相出现，互联网的“魔力”正在向交通物流领域传递渗透。

滴滴出行是全球领先的一站式多元化出行平台。滴滴在中国400余座城市为近3亿用户提供出租车召车、专车、快车、顺风车、代驾、试驾、巴士等出行服务。多个第三方数据显示，滴滴拥有87%以上的中国专车市场份额，99%以上的网约出租车市场份额。2015年，滴滴平台共完成14.3亿个订单，成为全球仅次于淘宝的第二大在线交易平台。

滴滴致力于以共享经济实践响应中国互联网创新战略，与不同社群及行业伙伴协作互补，运用大数据驱动的深度学习技术，解决中国的出行和环保挑战；提升用户体验，创造社会价值，建设高效、可持续的移动出行新生态。2015年，滴滴入选达沃斯全球成长型公司。2016年滴滴收购优步中国的品牌、业务、数据等资产。

为保障疫情防控可追溯，滴滴出行搭建“公共交通实名制乘车系统”，目前已与多城市主管部门对接，西安成为首个落地城市，助力城市疫情防控工作。

滴滴出行推出“公共交通实名制乘车系统”，其主要功能在于以下几个方面。

第一，乘客使用便捷。乘客上车扫出租车智慧码，一次绑定信息后，后续乘车扫码可直接打卡，无须重复输入相关身份信息。

第二，信息调取方便。该系统支持一个城市配置多地点、多车、多交通方式的打卡记录，方便调取全城公共交通的乘客打卡记录。

第三，实时查询。该实名制乘车系统支持实时后台查询乘车记录、搜索相关用户信息，可及时有效帮助有关部门进行疫情防控追溯工作。

（资料来源：李楠，速途网，2020年02月10日。）

7.1 “互联网+交通”与共享经济

7.1.1 “互联网+交通”内涵

“互联网+交通”已经在交通运输领域产生了“化学效应”，比方说，大家经常使用的打车软件、出行导航系统等。从国外的优步（Uber）到国内的滴滴打车、快的打车，移动互联网催生了一批打车、拼车、专车软件，虽然它们在全世界不同的地方仍存在不同的争议，但它们把移动互联网和传统的交通出行相结合，改善了人们出行的方式，增加了车辆的使用率，推动了互联网共享经济的发展，提高了效率，减少了污染物排放，对环境保护也做出了贡献。

互联网产品帮助城市交通资源重组，某种意义上说，是一种自下而上的方式。而另一种，则可以称作自上而下的方式，即将高精尖技术处理过后的数据提供给相关公共服务机构，比如交通电台、交通部委、交警支队等，他们再根据自身职能的特性选择如何使用这些数据，而用户直接感受到的更多的是这些机构的服务升级。其实，这是另一种层面的“互联网+交通”，它的变革相比前一种则更加潜移默化，这种变化的冲突要小得多，因为这种变化主要发生在后端数据层面。

【资料链接】

百度地图智慧交通

百度地图发布了智慧交通开放平台，平台包括服务平台、计算平台和数据平台，平台具体内容如图 7.1 所示。

平台建立了创新合作模式：百度地图智慧交通根据不同的业务场景，提供标准的产品服务、与行业伙伴定制解决方案、权威信息接入发布等多种合作模式。

百度地图提供开放平台的 IT 服务，具有结合业务场景快速接入地图能力。百度地图提供如下服务：专网地图，在离线环境快速集成使用地图能力，助力业务系统开发；诱导发布，分钟级更新路况，支持复杂路形，拖拽修改，快速发布；信号配时评价，路口评价系统，支持与信号机参数打通，为信号配时公司提供数据支撑决策；交通大数据，摆脱传统线圈卡口数据，快速感知城市交通态势变化；交通报告，用大数据还原城市交通运行规律；信息发布，权威信息轻松对接，快速发布；路况播报，为广播电台提供实时、精准、个性化的路况播报信息；实时拥堵排行，实时反映城市拥堵现状，呈现拥堵

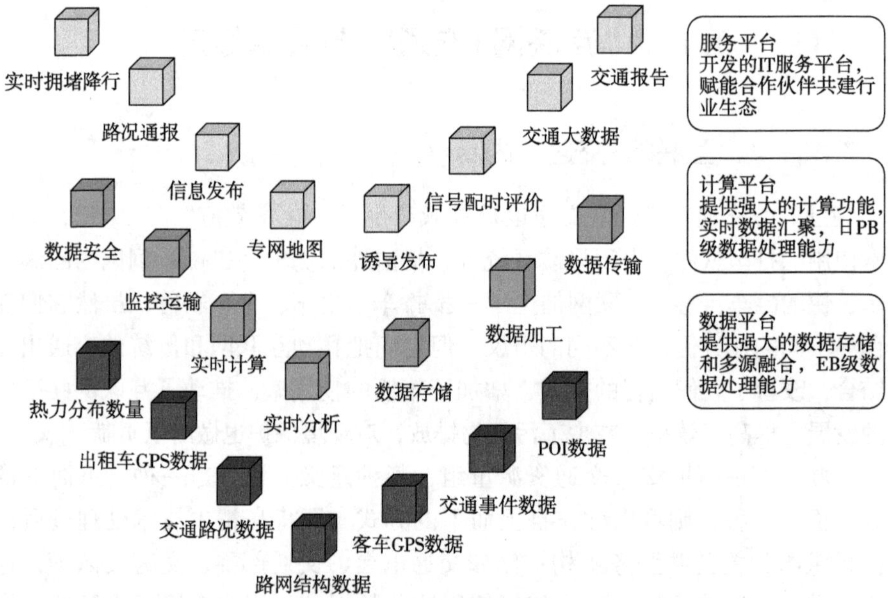

图 7.1　智慧交通开放平台

变化规律，预测未来发展趋势。

（资料来源：王楠，环球网，2017 年 7 月 6 日。）

7.1.2　共享经济

共享经济一般是指以获得一定报酬为主要目的，基于陌生人且存在物品使用权暂时转移的一种新的经济模式。其本质是整合线下的闲散物品、劳动力、教育医疗资源。也有人认为共享经济是人们公平享有社会资源，各自以不同的方式付出和受益，共同获得经济红利。此种共享更多的是将互联网作为媒介来实现的。

共享经济牵扯到三大主体，即商品或服务的需求方、供给方和共享经济平台。共享经济平台作为连接供需双方的纽带，通过移动位置服务（LBS）应用、动态算法与定价、双方互评体系等一系列机制的建立，为供给与需求方交易提供平台。

【资料链接】

美国共享办公公司 WeWork

成立七年的美国共享办公公司 WeWork 估值早已达到 170 亿美金，马上要达到 200 亿美金。创业 5 年半，旗下 92 家公司，有 21 个在纳斯达克上市。

共享办公，不就是租办公室，租桌子吗？为什么会有这么高的估值？调研发现，WeWork 在全球租办公室，一年的营业收入有 8 亿美元左右。8 亿美元怎么支撑 170 亿美元的估值呢？是支撑不了的，但是人家旗下有 92 家公司，其中 21 家在纳斯达克上市了。是这些公司支撑了估值吗？这 92 家公司怎么来的？

WeWork 打造了三个联合办公空间，吸引各种各样的公司入驻。这些公司需要各种各样的服务，于是 WeWork 就来提供这些服务，这成了 WeWork 的增值服务和优势，也成了 WeWork 新的盈利来源。更聪明的是，WeWork 并没有自己重新组建团队去做这些服务，而是直接购买公司。这些入驻的公司本来就在互相服务着，所以 WeWork 就收购这些公司 5%~10%的股份，让他们继续加大对入驻公司的服务。WeWork 在只有 100 家公司入驻的时候就开始收购其他公司，有 7 000~8 000 家入驻公司的时候就收购了 92 家公司的股份。其实数量并不多，但什么服务品类都有。

这样下来，租金、股权收益都有了。不过这样仍然不足以支撑 170 亿美元的估值。那么还有什么？

WeWork 大概有 1/4 的办公场地是自持的。这不就是房地产公司吗？还算是 TMT（科技、媒体、通信三个行业的统称）公司吗？（企业如果属于传统行业，估值肯定不如 TMT 行业的高。）

WeWork 的核心盈利模式其实是 REITs（房地产信托投资基金）。

WeWork 通过联合办公、共享办公，快速获得大量的便宜写字楼，租金是周围同类写字楼的 60%，这就产生了 40%的利润。另一方面运营联合办公的这些公司，把每个场地的 EBITDA（税息折旧及摊销前利润）算出来。比如，对于特定的场地，EBITDA 三年达 5%，六年达 8%，这就符合美国的 REITs 退出的标准了。公司就用 REITs 收购物业。

对于 WeWork 来说，房子买了以后是百分之百能退出的，因为他所设计的 EBITDA 和可以让 REITs 退出的 EBITDA 是相符的。一手玩资产，一手玩运营。大块的收入不是靠办公室的桌子的租金，而是在 REITs 退出的收入，这样的收入是极为可观的。

这个商业模式是非常完美的，共享办公所产生的每年几亿美元的租金就是现金流。一堆入驻服务公司的股权，翻倍增值。还有一些物业公司，三年退出几家，六年退出几家。这就是一个轻资产运营+资产证券化+资产资本化的公司。

（资料来源：毛大庆，高榕资本，2017 年 6 月 2 日。）

7.1.3 “互联网+交通”与共享经济的发展

“互联网 +”是中央强力倡导的，用互联网来改变生活、改变原来的经济形态是中央的重大决策。习近平总书记强调，中国正在积极推进网络建设，要让互联网发展成果惠及 14 亿中国人民。李克强总理强调，“互联网+”未知远大于已知，未来空间无限。每一点探索积水成渊，势必深刻影响传统产业行业格局。

在互联网出现以前，政府市场与居民之间存在着信息不对称现象，行业的供给信息和居民的需求信息往往难以及时相互传递，造成交通供需双方在时间与空间上无法实现有效衔接。主要表现为：居民出行需求得不到满足的同时仍存在交通资源的浪费；市场交易双方的信息无法被政府及时全面地掌握，导致政策制定和规划建设具有一定的滞后性、盲目性。互联网借助自身的经济特性为交通行业各主体之间的信息交换提供了平台，在促进交通行业智能化、信息化发展的同时也为互联网行业自身的发展带来了新契机。

互联网的核心是信息的传递，信息作为一种虚拟产品，其连通性和可复制性使其产出的边际成本几乎为零。互联网的技术特性使得数字化信息产品的复制和传送可以同时进行，任何用户都可以复制和接收信息产品。连通的用户越多，信息产品被复制和传送的次数就越多，大大降低了平均成本。在互联网的信息传递中，信息的供给者与需求者是可以互换的，因此形成了供需双方的规模经济和范围经济。互联网的共享经济性则在于其将社会闲置资源整合起来，实现供需双方的资源匹配，解决用户的信息不对称问题，最大限度优化资源配置，使用户共享社会福利。

7.1.4 “互联网+”时代背景下城市交通面临的机遇与挑战

随着城市交通问题的日益严峻，在交通领域应用互联网技术成为其变革与发展的趋势。一方面，互联网具有即时、便捷、灵敏等特点，通过对大数据的及时把握和分析，缩短了时间和空间距离，提升了交通出行效率，缓解了城市交通压力；另一方面，互联网的虚拟性和不确定性，也增加了使用者的风险，对规范市场运行提出了要求。信息公开化助力政府交通管控智能终端的广泛应用，使居民的出行路线、时间、目的地以及车辆的行驶状况等信息能够被广泛采集和分析。移动出行服务商及平台能够将实时采集到的道路、车辆、司机和乘客信息传递给政府和交通管理部门，并根据大数据所得结果实行交通管控，优化城市交通状况。移动出行平台可以提供准确实时的路况信息、未来时点用车需求信息和路况预测，从而助力政府进行多角度全方位的交通实况监控。此外，通过车辆行驶轨迹绘制道路地图，能够更加直观地了解拥堵时段和拥堵路段，根据行驶路线密度优化交通管理和规划，从而提高交通管理部门的信息化和智能化水平。

信息透明化重构行业诚信体系。打车软件运用移动互联网的优势和特点，为供需双方提供了信息交换平台，实现精准直接透明的信息交流与交易。一方面，互联网技术的应用实现了出行者和车辆的实时定位，移动出行平台的智慧订单分配系统在乘客发出订单的数秒内，能够迅速通过大数据和云计算进行最优化的资源和需求匹配对接，为司机和乘客提供更精准的信息交流平台。另一方面，平台对于司机和车辆的信息进行充分审核，如司机有无犯罪记录、车款和车况信息等，并将司机的相关信息提供给消费者进行参考，据此建立诚信评价机制、透明化的信息管理流程、完善的评价投诉渠道以及相应的奖惩机制，从服务的整体流程上约束了乘客和司机的行为，保障了消费者权益的同时也完善了行业诚信体系的建立。信息技术的本质就是解决信息不对称问题，降低交易成本，提高资源配置效率。当前，城市交通由于信息不对称而导致的弊端主要体现在：一是居民耗费在等车和换乘上的时间大大降低了出行效率；二是私家车出行满载率低，造成资源浪费的同时也加剧了交通拥堵。互联网能够将各种交通信息整合起来，实现供求之间点对点的疏通，使资源在时间和空间上得到最合理的配置。此外，专车、顺风车等新兴业态的出现，不仅弥补了出租车市场供给不足，也为私家车主提供了额外收入，充分发挥了互联网共享经济的优势。

移动互联网的植入，打破了传统出租车行业的均衡。当前，传统出租车行业已不能满足市场化需求，专车、顺风车等作为一种新兴业态走入居民日常生活。专车不仅能够为消费者提供更加便捷、高品质的服务，满足居民高端化、多元化的用车需求，还能够充分利用闲置私家车的剩余价值，增加社会整体效用。然而，新兴租车行业在为消费者提供便利的同时也存在着许多安全隐患。一方面，由于专车行业缺少准入机制和统一管理，其运营的规范性难以保证，加上相应的法律法规缺失，消费者的权益难以得到保障；另一方面，专车与传统出租车形成市场竞争，却比出租车少了份子钱的压力，因此在价格上更具有优势，二者之间的不公平竞争容易引发社会冲突，增加不稳定因素。新兴业态存在安全隐患，行业规范亟待建立。

移动互联技术与城市交通的结合为居民的出行便利和社会效率提升创造条件的同时也出现了一些问题。如将软件安装到黑车上，为黑车非法经营提供了更方便的条件；驾驶员在行驶途中关注抢单，容易分散司机注意力，造成交通事故；以打车软件叫车为由，破坏机场、码头、车站既有排队秩序等。

由于行业规范和规章制度的不完善而引发的安全隐患和社会不文明现象为新兴租车行业敲响了警钟，促使移动出行平台软件对开发和后续管理工作进行完善。

互联网与城市交通的结合为城市交通领域的变革提供了新的思路，打破了既有的政府、行业、居民之间的平衡关系。一方面提升了社会资源配置效率，实现了共享经济带来的效益增加；另一方面，传统出租车行业与专车之间的矛盾凸显也说明新的行业均衡亟须建立，对政府规制市场监管和平台建设提出了新的要求。

7.1.5 “互联网+交通”下城市智能交通

“互联网+城市智能交通”借助互联网、云计算、大数据、物联网等先进技术和理念，将互联网产业与传统智能交通行业有效渗透与融合，形成了“线上资源合理分配，线下高效优质运行”的新业态和新模式。今后，应着力推进如下几个方面的技术进步和产品创新。

7.1.5.1 交通大数据分析融合方面

目前我国的互联网数据每两年就翻一番，对于交通行业来说，数据增长同样迅速。随着公安交警建设的数百个交通指挥中心投入使用，形成了海量的数据汇集，此外还有公交、出租、客运等数据生成。据测算，一个地市级交通管控中心，外接子系统每天产生的数据约 3 000 万条。

7.1.5.2 交通大数据所面临的挑战

交通大数据所面临的挑战有以下两个方面。

第一，多元数据融合分析。因交通流信息采集的方式和类型不同，相应的交通信息参数也各有特点，如微波、地磁、线圈、视频、浮动车等数据的差异就比较大。在数据格式上，既有视频和图片数据，也有记录数据；既有结构化的数据，也有非结构化的数据。首先，保证数据完整准确，如卡口车辆的特征数据，早期设备仅能采集号牌、颜色等，对于品牌、车标、车系、年款等无法获取，在进行套牌车分析时，其准确性就大打折扣。其次，要统一标准才能进行数据融合分析研判，正如国家统计局局长马建堂所说：“大数据时代海量数据，如果没有一个统一的数据标准，将会带来很多麻烦。”再次，做到数据可复制，不仅要满足自有需求，还能对接其他业务系统并提供数据，可以给其他区域经验借鉴。

第二，交通智能化。交通智能化主要体现在两个方面：其一是前端智能化，通过开发智能化的感知设备自动进行相关数据的采集，如交通流信息采集、交通违法监测、事件预警、交通信号优化控制。设备智能化，不仅使数据准确可靠，还可以大大减少中心平台的数据分析压力。其二是数据综合利用、智能算法的开发明显不足，目前全国各地建设的云存储、云计算项目，多半仅实现基础硬件环境的搭建，采用的数据也是单一数据，如高德地图每个季度都会发布的《中国主要城市交通分析报告》采用的大数据就是浮动车数据，对交管数据利用较少。

7.1.5.3 城市智能交通的发展趋势

在互联网技术飞速发展的背景下，交通信息服务的发展也呈现出一些新的态势和特征。信息服务越来越强调行业信息资源整合，不断偏向一体化和综合性，同时也重视个性化体验，如对不同客户群（普通市民、交通管理和设计规划部门）针对性地提供定制和交互需求。这符合“客户为中心、用户至上”的互联网核心思维理念。对于普通出行者而言，他们需要的交通信息是多种多样的，既有道路交通情况信息，也有实时公交信息；既有铁路时刻信息，也有民航等航班信息。但就实际情况来看，这些信息分属不同的部门，即使在部门内部，有些数据也存在着信息孤岛。如公安部和建设部主导的“畅通工程”，十多年来建设的数百个城市交通指挥控制中心，多以子系统方式存在于交警部门内部，很多子系统数据都不能共享。“互联网+交通”下城市智能交通的发展将有力推动这种跨界资源信息整合，并不断向深度和广度发展，只有顺势而为，才大有可为。目前一线城市已开始做初步的尝试。

【资料链接】

创新驱动，构建“皖警智能”道路交通安全管理新模式

随着大数据、云计算、人工智能等先进技术的快速发展，安徽交警总队全力推动道路交通安全管理科技信息化建设，构建了“皖警智能”道路交通安全管理新模式，实现全省较大交通事故起数、死亡人数大幅下降。那么，安徽的做法有哪些可以借鉴的经验呢？请看“总队长谈交管”专栏为大家推荐的安徽省公安厅交警总队总队长范厚本的见解。

安徽位于华东腹地，南北长约 570 千米，东西宽约 450 千米，总面积 14.01 万平方千米，辖 16 个地级市、61 个县，户籍人口 7 082.9 万人，目前全省机动车保有量达 1 435 万辆，机动车驾驶人保有量达 1 560 万人，机动车和驾驶人保有量均列全国第 10 位。

2018 年以来，全省公安交管部门深入开展“聚焦防事故，攻坚闯难关，传统加科技，忠诚保平安”主题创建活动，实现了“两下降一遏制一杜绝两提升”的目标，即，道路交通事故起数和亡人数下降，遏制较大道路交通事故，杜绝重特大道路交通事故，交警执法管理服务水平和群众交通安全感明显提升。那么，安徽总队具体如何实现上述目标的？未来，又将如何推动公

安交管信息化建设工作？

近年来，安徽省公安厅交警总队紧紧围绕公安部《公安装备建设“十三五”规划》以及省厅党委“智慧皖警”工程决策部署，大力推动全省道路交通安全管理科技信息化建设应用，强力推进公安交管信息资源整合汇聚，着力推动道路交通安全基础信息化、信息基础化。

（1）构建路面管理与业务办理双网双平台运行体系

2018年，安徽总队印发了《安徽省市级公安交通管理专网综合管控平台建设管理指导意见》，按照“统一接入标准、统一平台建设、统一网络架构、统一建设标准、统一管理模式”原则，指导各地积极开展专网管控平台建设或原有平台升级改造，全量汇聚城市道路各类动、静态交通信息资源，实现辖区内信号控制、交通诱导、信息采集、事件检测、信息发布等设施的联网联控，并与公安交通集成指挥平台互联互通，构建市级道路交通安全管理双网双平台运行体系，目前13个市完成了视频专网综合管控平台建设或升级改造。

2019年，安徽总队大力推动公安专网综合服务平台建设，10个支队启用了公安专网综合服务平台，与公安交通管理综合应用平台实现了互联互通，构建了公安交管业务办理双网双平台运行体系，为规范4S店、二手车交易市场、保险公司、医院等社会化服务机构代办交通管理业务奠定了网络和平台基础。

（2）构建全省主干公路交通安全防控体系

为夯实全省主干公路交通安全防控基础设施，安徽总队紧盯省际、市际、县际、高速公路出入口、事故和交通违法多发点段、城市和公路重要交叉路口，以公路车辆智能监测记录系统为主，筑牢省际、市际、县际、高速公路“四个防控圈”；以卡口电子警察、卡口抓拍系统、视频监控为主织密市、县主城区交通安全“防控网”；以执法取证设备的合理布设，严厉打击道路交通违法行为，规划指引、考核量化，全面推进道路交通科技装备基础设施建设。

截至2019年6月底，全省接入集成指挥平台视频12 968路、非电警式“卡口”2 298个、电子警察4 582个、交通违法取证设备16 504个，视频监控连通率达到92.5%，接入电子设备和运行情况位居全国前三位。

（3）创新公安交警非现场处罚“人证核验”系统建设模式

根据公安部交管局有关利用人脸识别技术开展公安交管非现场处罚“人证核验”工作要求，本着全省集约建设、避免重复投资的原则，安徽总队对标对表，强化与省厅大数据中心合作，依托省厅大数据中心业已建成的人脸识别系统并进行技术改造对接，创新公安交警非现场处罚“人证核验”系统建设模式，于2019年初成功完成了省级人脸识别系统技术对接测试并赋能全省。“人证核验”功能启用以来，累计比对57万余次，通过率达96.6%，预警冒用他人身份处罚2 300余次，有效遏制了买分卖分行为。

(4) 打造“四位一体”网络便民服务体系

按照公安部交管局统一部署，安徽总队于2019年6月1日实现了12123语音服务短号与省原有96598语音服务短号的并网运行，群众可以拨打12123进行公安交管业务咨询、查询、投诉。目前已完成交管12123语音服务平台的建设，下一步将在全省推广使用，积极打造交管业务互联网、手机App、短信、语音“四位一体”的便民服务体系。

2018年上半年，安徽省还完成了互联网综合服务平台与省政府“皖事通”、省厅“皖警便民服务E网通”的无缝对接，实现了公安交管业务的“一点登录、全网通办”。

(5) 落实公安交管业务缴费支付电子化

安徽省公安厅联合安徽省财政厅印发《关于开展公安交管车驾管规费非现金“移动支付”推广应用工作的通知》(皖公交管〔2018〕350号)，积极推行公安车驾管规费、交通违法罚没款的线上线下“电子支付”工作，截至2019年6月底，全省公安交管部门非税收入全部实现线上线下微信、支付宝、银联支付，真正将“放管服”改革各项措施落到了实处，切实提升了人民群众的获得感。

为积极顺应大数据时代道路交通安全管理发展趋势，推进公安交管工作由信息化向智能化、智慧化转型升级，安徽总队充分利用科研院所及智能交通企业社会资源，联合成立公安交警大数据应用创新中心，以“数据服务实战、皖警智能高效”为统领，力争利用两年时间，全力打造符合安徽省公安交管工作实际、富有安徽特色的“皖警智能交通安全管理系统”大数据实战应用新体系，加快推动大数据、人工智能等先进技术在公安交管领域的应用创新，使之成为提升全省公安交管工作整体效能和战斗力的一项基础性、支撑性、引领性工程。

(资料来源：交通言究社，交通网，2019年10月21日。)

7.1.6 “互联网+交通”前景

近年来，打车难、服务差、出租车群体事件多发已成为城市通病，推动行业变革、打破垄断的呼声高涨。而在“互联网+”的背景下，交通分享成为传统出行需求与大数据、移动互联网等新技术交叉组合、叠加应用下催生出的全新出行模式，以其影响范围较广、活跃程度较高、便捷经济的优势颇受人们特别是年轻人的青睐，发展“神速”。

据《分享经济发展报告 2016》数据显示，目前主流交通分享平台接入平台汽车数量逾千万，占全国汽车总量的 6.5%以上；覆盖用户 2.5 亿，占全国人口的 18.3%；覆盖全国约 60%的城市。保守估计 2015 年各平台成交额约为 1 000 亿元。其中，滴滴出行平台截至 2015 年底，接入的司机数已经超过 1 400 万人，注册用户达到 2.5 亿人。2015 年全平台订单总额达到 14.3 亿元。据悉，目前滴滴以 165 亿美元估值、2.5 亿用户成为业内的“超级平台”。

虽然在短时间内“出租汽车+互联网”取得了如此傲人的成绩，但也并非一帆风顺。内部问题主要是服务管理水平有待提升。交通分享吸引大量司机进入，服务能力参差不齐，个别司机“刷单”套取补助现象时有发生。外部的挑战主要是行政壁垒。P2P 服务与现行交通管理政策法规存在抵触。但无论怎样，网约车发展的步伐不会停止，而出租车行业面临的尴尬不变革不会消除。为推进行业的健康发展，提升行业的服务能力和水平，更好地满足人民群众的生活诉求，杨传堂在十二届全国人大四次会议上表示，2015 年，交通运输部联合有关部门研究深化出租汽车行业改革和规范发展网约车的政策，并起草了《关于深化改革进一步推进出租汽车行业健康发展的指导意见》和《网络预约出租汽车经营服务管理暂行办法》，以“互联网+”行动计划为契机，以增量带动存量改革、细分市场提升运输服务的思路，全面深化出租汽车改革。

通过“出租汽车+互联网”来推动传统出租汽车的改进以提升服务，实现转型升级；通过“互联网+出租汽车”构建多样化的、差异性的出租汽车服务体系，推动新老业态的分类管理、错位服务，逐步融合发展。相信随着交通分享行业参与主体与服务内容的进一步丰富，创新科技水平和管理服务水平的进一步提升，其规模和影响范围将进一步扩大。未来，希望通过改革，出租车和网约车可以共存发展，更好地满足人民群众高品质、多层次的出行需求，进而改善城市交通环境。

【资料链接】

精细与实时：物联网中的地理信息

精细化管理正在成为各地交通部门的一致要求。公安部交通管理科学研究所党委书记孙正良介绍，目前全国正推进公安交通集成智慧平台建设，推进公用卡口和视频监控设备全国联网。现已联网技术设备 80 万套，未来将达到百万级。对地理信息进行时空数据综合分析，得出的结果不仅仅是“何时何地”。

通过对4 700亿条通行轨迹及跨时空轨迹的分析及图像识别，公安部已经逐步搭建出交通违法行为的数据模型。信息即时采集，在线即时对比，辅助以人脸识别等科技手段，交警部门可以对无证驾驶、套牌等行为提前做出预警。孙正良将其概括为交通执法智能化三要素：“数据+模型+应用”。

结合车辆GPS实施监控数据，天津交警对“两客一危”重点车辆驾驶员及驾驶行为习惯开展分析，并将研判成果通报相关运输企业，针对危险驾驶人员进行整改。

从每一个路口的交通灯，到车辆的定位，再到行人的移动设备，地理信息准确度成为“精细度”的天花板。华为在8月11日展示其Cyberverse全场景空间计算能力，可以使手机解算出厘米级定位，一度以内的位置信息。一旦成熟，人、车与各类设施在特定地理区域的协同将更进一步。

高精度、实时的地理信息获取能力，使华为的公共安全业务拓展至企业。华为中国企业安平系统部副总裁郑协乐透露，其提供的解决方案可以实现社区全域感知，实时掌握人、地、事、物信息。配合终端的地理信息数据采集能力，这类方案将更为成熟。静态单一的测绘方式已经难以满足“精细化”和“实时化”的要求，基于地理信息的物联网设备成为智慧交通的基础设施。

交通部不久前发布的《数字交通发展规划纲要》提出，要对重要节点的全方位交通感知网络进行布局，使传统设备具备多维监测、智能网联、精准管控、协同服务的能力。高德在去年研发了一款智慧锥桶，加装北斗高精定位和物联网模块，将施工或封路情况向用户进行同步传达。人与车的地理信息，在物联网的体系中将演化出运动轨迹，成为兼具时空属性的大数据。除了来自物联网的数据，政务端和互联网的数据也正在丰富地理信息的属性。从机动车号牌、交通视频，到外卖、快递，通过线上线下的数据交汇，人们的生活轨迹正被清晰地描画出来。

知卓资本董事长陶闯曾如此解释空间信息在互联网下半场的重要性：“人是用脑子思考，但是用脚在投票。”同济大学智能交通运输系统研究中心主任杨晓光教授认为，城市交通管理是一个极其复杂的系统工程，交通全息感知、交互处理和智能计算技术，将推进交通管理决策的发展。

（资料来源：沈鹿，中国青年网，2019年8月18日。）

7.2 “互联网+旅游”与智慧旅游

7.2.1 “互联网+旅游”的内涵

在线旅游（online travel agency，OTA）是旅游电子商务行业的专业词汇，是指旅游消费者通过网络向旅游服务提供商预订旅游产品或服务，并通过网上支付或者线下付费。各旅游主体可以通过网络进行产品营销或产品销售。

在旅游服务行业，旅游服务在线化、去中介化会越来越明显，自助游会成为主流，基于旅游的互联网体验社会化分享还有很大空间，类似爱彼迎（Airbnb）和途家等共享模式可以让住房资源共享起来，旅游服务、旅游产品的互联网化也将有较大的发展空间。

7.2.1.1 传统旅游业

由于旅游业发展必须满足六大基本要素吃、住、行、游、购、娱的发展。目前我国旅游业主要由旅游代理商、旅游供应商、旅客三个因素组成。旅游方式主要分为散客旅游和旅行社组团旅游两种，采用传统的旅游接待方式，旅游中的许多工作是由人的密集劳动来完成的。但随着信息技术的普及，旅行社受到冲击最大，如果它不重新构筑生存的基石，那么它将可能消失。旅行社遇到的问题主要表现在以下几方面。

第一，旅行社的咨询服务功能将被网络的自动查询所替代。

第二，旅行社旅游产品的推销模式和手段将被网上营销所替代。

第三，代理票务的收入将会随着旅游预订系统（CRS）和银行付款系统（BSP）的完善和推广而下降。

7.2.1.2 “互联网+”旅游业

随着互联网在全球范围内的飞速发展和普及，信息技术的成果正逐步渗透到人们社会生活和生产的各个方面。电子商务作为一种新的交易手段和商务模式，也正以空前的速度进入包括旅游业在内的传统商务的各个领域。因此，旅游电子商务具有无限的潜力，它将成为未来旅游业营销的新模式。

传统的旅游管理手段及方式，严重制约着我国未来旅游业的发展。当前，经济全球化与网络化已成为一种不可逆转的潮流，信息技术革命与信息化建设正在使资本经济变为信息经济、知识经济，并将迅速改变传统的经贸交易方式，旅游经济在受到冲击的同时也赢得了发展的机遇。旅游经济以其自身的特点和发展要求，完全可以适应并有必要走上信息化的道路，这是我国旅游业发展的必然趋势。

7.2.1.3 传统旅游业转变的主要原因

第一，除了经济因素之外，旅游信息的逐步通畅，是旅游个性化的另一个推动力量，它进一步降低了旅游的成本。这是互联网改造旅游行业的一个里程碑。从这时开始，旅行者可以自己掌握的环节越来越多。

第二，数字化与 PGC（专业生产内容，professional generated content）社区崛起。10 年间旅游行业大变革的主要体现是旅游内容（主要是游记与攻略）的数字化。10年前，旅游内容以书籍和网络垂直社区两种方式存在。其中，书籍的受众数量要远远超过垂直社区的受众数量，这一局面延续到了2010年。垂直的旅游社区在中国的出现不可谓不早。早在世纪之交的时候，门户网站就上线了旅游频道，携程网在初期也有名为“目的地”的旅游社区板块。特别是北京的绿野网和深圳的磨房网，成了中国背包客们的精神家园。

但这些以UGC（用户生成内容）形态存在的旅游社区，却有着明显的缺陷：一方面，关于海外的旅行内容较少，不能满足海外游客的需求；另一方面，优质旅行内容的作者不能保证作品的更新效率，UGC内容参差不齐，甚至线下活动组织多于线上内容更新——后者至今仍是这些尚存于世的老牌垂直社区的短板。

然而，随着2010年开始的智能终端的普及和移动互联网的爆发，旅游内容的免费大餐和碎片化阅读开始异军突起——大量优质的旅游内容开始数字化到免费的App之中，纸质书籍和PGC社区对旅行者的影响力发生了逆转。未来的旅游信息一定是电子化加个性化。这是纸质媒体所难以实现的。

第三，移动互联重塑旅游内容。2011年开始的移动互联网的持续爆发，改变了诸多传统行业，对于旅游行业来说也不例外。值得注意的是，移动互联网对旅游行业的改变，不仅仅是上文提到的“旅游内容数字化”。比这更重要的是它将与旅行相关的衣、食、住、行、社交等各个领域，都打包裹挟在了“旅游”这一概念之下。而这种裹挟的结果，就是“旅游中”这一之前与互联网无甚关系的旅游环节，变成了与互联网联系最紧密的旅游环节。

在智能手机出现之前，与互联网发生关系的，只是旅游前的信息查询、OTA预订和旅游后的内容分享。但当智能手机出现之后，旅途中分享、翻译工具、导游工具、食宿点评以及地图工具等，全部借助移动互联网出现在人们的手中。特别是当基于LBS的服务出现之后，信息的屏障最大限度消弭，似乎旅途中的一切皆有可能。

总之，自2010年以来开始普及的智能手机和随后爆发的移动互联网大潮，极大地改变了旅游的内涵。很明显，原属于传统行业范畴的旅游行业，已经成为和互联网联系最为紧密的行业之一。

7.2.1.4 “互联网+旅游”的发展过程

旅游行业——这项典型传统行业身上的巨大变革的每一步，都与互联网密不可分。有学者把旅游与互联网结合的过程分为3个阶段。

第一阶段是携程与艺龙（即Expedia模式）的“鼠标+水泥”。在这个阶段中，旅游概念本身并没有发生很大的变化，并且可供旅行者选择的个性化产品非常少。

第二阶段是去哪儿和 PGC 社区的出现，使得旅游信息朝透明化大大迈出了几步。可供选择的旅游产品个性化组合开始增加。

第三阶段是移动互联网对旅游的重塑，以及与之相伴的 PGC 内容爆发。在这一阶段中，不但信息的总量与流速发生了质的变化，“旅游”这一概念还出现了新的内涵与外延，与之相伴的是前所未有的旅游产品与工具的涌现。

在前两个阶段的结合过程中，价格始终是影响旅行者决策的最大变量。但到了第三阶段，价格在旅行者决策中的参考权重大大下降，从移动化和碎片化阅读中获取的其他信息，在决策中占据了越来越重要的地位。

已经裹挟进众多需求的旅游行业，经过多年的运行与实践，已经由一个传统行业变成了与互联网结合最紧密的行业之一。这种转变过程，是互联网改造传统行业的绝佳案例，也是互联网影响人类社会的一个缩影。

【资料链接】

腾讯为智慧文旅产业划分出五类“核心”用户

随着流量红利的消失，产业互联网时代要想抓住市场先机，就要对用户进行精准的定位和分析，掌握他们真正的核心诉求。以腾讯为例，政务和文旅产业是当前腾讯向产业互联网转型，作为“连接器”的两块试金石。

2018 年，腾讯推动政务小程序“粤省事”上线，以微信为入口整合超过 600 项公共服务，实名注册用户超过 1 500 万。2019 年，腾讯发力全域旅游智慧平台“一部手机游云南”，打造了腾讯智慧文旅最经典的一个“样板间”。作为腾讯的重要设计和用户研究支持部门——腾讯用户研究与体验设计部（CDC），其总经理陈妍表示，今年 CDC 的设计力量将更多投入到文旅和文化保育中。

为什么要关注文旅产业？除了旅游产业本身的经济规模庞大和政策利好因素以外，旅游业也极其适合互联网技术以及其他新技术的施展；从发展角度看，旅游行业消费升级趋势明显，随着“80 后”、“90 后”甚至“00 后”逐渐成为旅游市场主力军，他们的现代消费观念会给文旅市场提出新的命题。

“在其中，我们做了一项很重要的工作就是用户研究，我们每年就不同的产业产出不同的报告。随着互联网产业的进一步发展和细分，消费者决策呈现多阶段、多渠道特点。”陈妍说。

于文旅产业来说，不同人群旅行特点不一，所需要的服务品质和智能能力也不尽相同。为了提升文旅服务价值，陈妍团队对用户做了更加细致的划分，主要有五类：年轻穷游人群、情感出游人群、家庭同游人群、尝鲜乐游人群与品质出游人群。这些人群身上具备的不同特质，倒推产品和服务升级。

比如对情感出游人群来说，旅游本身不吸引他们，因此旅行简单，同时保障体验不出错是重要的；而对于品质出游人群来说，他们追求高品质、好体验和满足个性需求，因此需要在线旅行社（OTA）能提供专业服务，让决策简单放心。

（资料来源：杨珊珊，亿欧网，2019 年 12 月 8 日。）

7.2.2 智慧旅游

“智慧旅游”是一个全新的命题，它是一种以物联网、云计算、下一代通信网络、高性能信息处理、智能数据挖掘等技术在旅游体验、产业发展、行政管理等方面的应用，使旅游物理资源和信息资源得到高度系统化整合和深度开发激活，并服务于公众、企业、政府等的面向未来的全新的旅游形态。它以融合的通信与信息技术为基础，以游客互动体验为中心，以一体化的行业信息管理为保障，以激励产业创新、促进产业结构升级为特色。智慧旅游，就是利用移动云计算、互联网等新技术，借助便携的终端上网设备，主动感知旅游相关信息，并及时安排和调整旅游计划。简单地说，就是游客与网络实时互动，让游程安排进入触摸时代。

智慧旅游是以云计算为基础，以移动终端应用为核心的，以感知互动等高效信息服务为特征的旅游信息化发展新模式，核心是以游客为本的高效旅游信息化服务。智慧旅游的建设与发展最终将体现在旅游管理、旅游服务和旅游营销三个层面。

智慧旅游利用信息化的技术，把一些旅游资源进行整合，然后为广大游客量身定做，提供适需对路的旅游产品。例如，澳门 2012 年接待内地游客 1 000 多万人，它的信息平台能够体现各省的具体人数及排名。但在国内许多旅游城市每年接待的游客数量远高于澳门旅客人数，可他们分别都来自哪里，各有多少人，并不清楚；连客源地构成情况、游客指向及发展趋势也不明朗。由此很难开发出具有针对性的适销对路的旅游产品。

7.2.2.1 智慧旅游的历史发展

江苏省镇江市于 2010 年在全国率先创造性地提出“智慧旅游”概念，开展“智慧旅游”项目建设，开辟“感知镇江、智慧旅游”新时空。智慧旅游的核心技术之一“感动芯”技术在镇江市研发成功，并在北京奥运会、上海世博会上得到应用。中国标准化委员会批准“无线传感自组网技术规范标准”由镇江市拟定，使得镇江市此类技术的研发、生产、应用和标准制定在全国处于领先地位，为智慧旅游项目建设提供了专业技术支撑。

在 2010 年第六届海峡旅游博览会上，福建省旅游局率先提出建设“智能旅游”概念，并在网上建立“海峡智能旅游参建单位管理系统”。福建启动了“智能旅游”的先导工程——“三个一”工程建设，即一网（海峡旅游网上超市），一卡（海峡旅游卡，包括银行联名卡、休闲储值卡、手机二维码的“飞信卡”，以及衍生的目的地专项卡等），一线（海峡旅游呼叫中心，包括公益服务热线和商务资讯增值预订服务热线）。海峡旅游银行卡于2010年已面向福建省内外游客发行；海峡旅游呼叫中心新平台于2011年1月1日也已经正式开通试运行。

2011年4月13日下午，在南京“智慧旅游”建设启动仪式上，南京市旅游园林局介绍：面对越来越大的体量和越来越多的旅游产品，越来越高的需求水准和越来越激烈的市场竞争，要想把旅游产业做强，使旅游产业快速健康发展，就必须要依靠现代科技的力量，采用一种低成本、高效率的联合服务模式，用网络把涉及旅游的各个要素联系起来，从而为游客提供智慧化的旅游服务；为管理部门提供智能化的管理手段；为旅游企业提供更高效的营销平台和广阔的客源市场。南京此次启动“智慧旅游”建设，将重点突出为来宁游客提供更便捷、更智能化的旅游体验；为政府管理提供更高效、更智能化的信息平台；促进旅游资源活化为旅游产品、放大资源效益。采用“政府主导、多方参与、市场化运作”的运作模式，联合社会各方优势资源共同推进“智慧旅游”建设，这正是顺应了现代旅游业发展的要求和趋势。

2011年9月27日，苏州“智慧旅游”新闻发布会正式召开，苏州市旅游局正式面向游客打造以智能导游为核心功能的“智慧旅游”服务，通过与国内智能导游领域领先的苏州海客科技公司进行充分合作，将其“玩伴手机智能导游”引入到“智慧旅游”中，大幅提升来苏游客的服务品质，让更多游客感受到“贴身服务”的旅游新体验，为提升苏州整体旅游服务水平打下良好的基础。

2011年黄山旅游局开始建立“智慧旅游”综合调度中心，主要由“旅游综合服务平台”和“旅游电子商务平台”（途马网）构成，具有“管理、服务、展示、经营”四大功能，预计建设工期为9个月。

2011年11月，洛阳旅游体验网、洛阳旅游资讯版、洛阳旅游政务版以及英、日、法、俄、韩、德等6个语种的外文版旅游网站已经建成。2011年牡丹文化节期间，市旅游局还与洛阳移动公司联合推出电子门票，开通新浪洛阳市旅游局官方微博等，形成立体交叉的互联网、物联网旅游服务体系，在吸引游客方面作用明显，初步打造出“智慧旅游”的基础设施，今后将在现有的基础上进一步提升“智慧旅游”服务内容。

2012年初，南京旅游局全力推进“智慧旅游”项目建设，项目分为六个部分，项目建成后，凡是使用智能手机的游客，来南京后都会收到一条欢迎短信。游客根据短信上的网址，可下载“游客助手”平台，该平台分为资讯、线路、景区、导航、休闲、餐饮、购物、交通、酒店等九大板块，集合了最新的旅游信息、景区介绍和活动信息、自驾游线路、商家促销活动、实时路况、火车票信息等。安装后，可以根据个人需要实现在线查询、预订等服务。南京玄武区旅游局与海客科技公司合作，全力建设本区内著名旅游景点手机端的智慧旅游。

2015 年 4 月 4 日，黄山市强化“智慧旅游”营销方案。景点经纬度实地勘测，真正做到移步换景，人到声起，可以深入了解景点的人文历史、传说故事。更实现了谷歌离线地图，可以用 WiFi 先下载好景点数据，然后只需要打开 GPS，不需要任何数据流量就可以自助语音导游了，零流量更省电。还有经典餐饮、娱乐、购物场所推荐。

7.2.2.2 智慧旅游的主要功能

从使用者的角度出发，智慧旅游主要包括导航、导游、导览和导购（简称“四导”）四个基本功能。

（1）导航

将位置服务（LBS）加入旅游信息中，让旅游者随时知道自己的位置。确定位置有许多种方法，如 GPS 导航、基站定位、WiFi 定位、RFID 定位、地标定位等，未来还有图像识别定位。其中，GPS 导航和 RFID 定位能获得精确的位置。但 RFID 定位需要布设很多识别器，也需要在移动终端上（如手机）安装 RFID 芯片，离实际应用还有很大的距离。GPS 导航应用则要简单得多。一般智能手机上都有 GPS 导航模块，如果用外接的蓝牙、USB 接口的 GPS 导航模块，就可以让笔记本电脑、上网本和平板电脑具备导航功能，个别电脑甚至内置有 GPS 导航模块。GPS 导航模块接入电脑，可以将互联网和 GPS 导航完美地结合起来，进行移动互联网导航。

传统的导航仪无法做到及时更新，更无法查找大量的最新信息；而互联网则信息量大，但无法导航。高端的智能手机有导航，也可以上互联网，但二者没有结合起来，需要在导航和互联网之间不断地切换，不甚方便。

“智慧旅游”将导航和互联网整合在一个界面上，地图来源于互联网，而不是存储在终端上，无须经常对地图进行更新。当 GPS 确定位置后，最新信息将通过互联网主动弹出，如交通拥堵状况、交通管制、交通事故、限行、停车场及车位状况等，并可查找其他相关信息。与互联网相结合是导航产业未来的发展趋势。通过内置或外接的 GPS 设备/模块，用已经连上互联网的平板电脑，在运动中的汽车上进行导航，位置信息、地图信息和网络信息都能很好地显示在一个界面上。随着位置的变化，各种信息也及时更新，并主动显示在网页上和地图上，体现了其直接、主动、及时和方便的特征。

（2）导游

在确定了位置的同时，在网页和地图上会主动显示周边的旅游信息，包括景点、酒店、餐馆、娱乐、车站、活动（地点）、朋友/旅游团友等的位置和大概信息，如景点的级别、主要描述等，酒店的星级、价格范围、剩余房间数等，活动（演唱会、体育运动、电影）的地点、时间、价格范围等，餐馆的口味、人均消费水平、优惠等。

智慧旅游还支持在非导航状态下查找任意位置的周边信息，拖动地图即可在地图上看到这些信息。周边的范围大小可以随地图窗口的大小自动调节，也可以根据自己的兴趣点（如景点、某个朋友的位置）规划行走路线。

（3）导览

点击（触摸）感兴趣的对象（景点、酒店、餐馆、娱乐、车站、活动等），可以获得关于兴趣点的位置、文字、图片、视频、使用者的评价等信息，深入了解兴趣点的详细情况，供旅游者决定是否需要它。

导览相当于一个导游员。我国许多旅游景点规定不许导游员高声讲解，而采用数字导览设备，如故宫，需要游客租用这种设备。“智慧旅游”则像是一个自助导游员，有比导游员更多的信息来源，如文字、图片、视频和3D虚拟现实，戴上耳机就能让手机/平板电脑替代数字导览设备，无须再租用这类设备了。

导览功能还将建设一个虚拟旅行模块，只要提交起点和终点的位置，即可获得最佳路线建议（也可以自己选择路线），推荐景点和酒店，提供沿途主要的景点、酒店、餐馆、娱乐、车站、活动等资料。如果认可某条线路，则可以将资料打印出来，或储存在系统里随时调用。

（4）导购

经过全面而深入的在线了解和分析，已经知道自己需要什么了，那么可以直接在线预订（客房/票务）。只需在网页上自己感兴趣的对象旁点击“预订”按钮，即可进入预订模块，预订不同档次和数量的该对象。

利用移动互联网，游客可以随时随地进行预订。加上安全的网上支付平台，就可以随时随地改变和制定下一步的旅游行程，而不浪费时间和精力，也不会错过一些精彩的景点与活动，甚至能够在某地邂逅特别的人，如久未谋面的老朋友。

7.2.2.3 智慧旅游的“智慧”表现

智慧旅游的“智慧”体现在“旅游服务的智慧”、“旅游管理的智慧”和

“旅游营销的智慧”三大方面。

（1）服务智慧

智慧旅游从游客出发，通过信息技术提升旅游体验和旅游品质。游客在旅游信息获取、旅游计划决策、旅游产品预订支付、享受旅游和回顾评价旅游的整个过程中都能感受到智慧旅游带来的全新服务体验。

智慧旅游通过科学的信息组织和呈现形式让游客方便快捷地获取旅游信息，帮助游客更好地安排旅游计划并形成旅游决策。

智慧旅游通过基于物联网、无线技术、定位和监控技术，实现信息的传递和实时交换，让游客的旅游过程更顺畅，提升旅游的舒适度和满意度，为游客带来更好的旅游安全保障和旅游品质保障。

智慧旅游还将推动传统的旅游消费方式向现代的旅游消费方式转变，并引导游客产生新的旅游习惯，创造新的旅游文化。

（2）管理智慧

智慧旅游将实现传统旅游管理方式向现代管理方式转变。通过信息技术，可以及时准确地掌握游客的旅游活动信息和旅游企业的经营信息，实现旅游行业监管从传统的被动处理、事后管理向过程管理和实时管理转变。

智慧旅游将通过与公安、交通、工商、卫生、质检等部门形成信息共享和协作联动，结合旅游信息数据形成旅游预测预警机制，提高应急管理能力，保障旅游安全，实现对旅游投诉以及旅游质量问题的有效处理，维护旅游市场秩序。

智慧旅游依托信息技术，主动获取游客信息，形成游客数据积累和分析体系，全面了解游客的需求变化、意见建议以及旅游企业的相关信息，实现科学决策和科学管理。

智慧旅游还鼓励和支持旅游企业广泛运用信息技术，改善经营流程，提高管理水平，提升产品和服务竞争力，增强游客、旅游资源、旅游企业和旅游主管部门之间的互动，高效整合旅游资源，推动旅游产业整体发展。

（3）营销智慧

智慧旅游通过旅游舆情监控和数据分析，挖掘旅游热点和游客兴趣点，引导旅游企业策划对应的旅游产品，制定对应的营销主题，从而推动旅游行业的产品创新和营销创新。

智慧旅游通过量化分析判断营销渠道，筛选效果明显、可以长期合作的营销渠道。

智慧旅游还充分利用新媒体传播特性，吸引游客主动参与旅游的传播和营销，并通过积累游客数据和旅游产品消费数据，逐步形成自媒体营销平台。

未来的“智慧旅游”，将以信息化为主要途径来有效应对旅游业爆发式增长给旅游景区资源环境带来的巨大压力。积极开展旅游在线服务、网络营销、网络预订和网上支付，构建旅游数据中心、呼叫中心，全面提升旅游企业、景区和重点旅游城市的旅游信息化服务水平，利用大数据技术显著提高信息技术在旅游业应用的广度和深度，形成一大批引领作用强、示范意义突出的智慧旅游企业、智慧旅游城市，在全国范围内初步实现“智慧旅游”。

7.3 “互联网+交通和旅游业”商业模式创新

7.3.1 “互联网+交通”

网络约车、定制公交、顺风车、拼车，如今，这些“互联网+交通”催生出的新生事物正逐步丰富着人们的出行方式。

在传统打车行业中，司机与乘客的选择是随机的，双方并没有过多的选择权力，不存在信息沟通等行为，即使后期呼叫平台的出现也并没有驱使司机与乘客进行信息对等交流，这极大地阻碍了需求和服务的顺畅满足。而移动定位服务（LBS）技术在交通工具应用软件上的应用，是经营性交通行业从传统行业向“互联网+”时代新兴行业转型的重要技术创新点。基于移动互联网的交通工具应用软件的产生使得乘客可以利用 App 快捷而方便地实时打车或预约用车，司机也可以利用 App 安全而便捷地接单，并通过减少空跑来增加收入。该类软件改变了传统打车方式，建立并培养了移动互联网下用户的现代化出行方式。相比传统电话召车、路边手招，滴滴、快的等交通工具应用软件，不仅操作简单、省时省力，而且具有语音对讲发单、电招模式、高峰期加小费、智能算法推送、乘车之后双方互评等诸多创新功能，既提高了乘客搭乘交通工具的效率和成功率，又降低了司机的运营成本并提高了实际收入。

【资料链接】

国外最早实现 LBS 应用的交通工具应用软件为优步（Uber），通过将 LBS 与信用卡绑定，用户可以提前查阅路线并根据路线信息自动计算叫车费用，从而极大地减少了司机绕路等导致费用增加情形的发生。国内滴滴打车的诞生改变了传统打车市场的格局，颠覆了路边拦车的思维，利用移动互联网实现线上与线下的融合，从线上约车、线下等候、线上支付全流程各个环节最大限度地优化了乘客的打车体验，也改变了传统出租司机的等客方式，使其可根据乘客目的地按意愿“接单”，节约了司机与乘客的沟通成本，降低了空驶率，最大化节省了司乘双方的资源和时间。随着用户需求引发的LBS技术应用于移动互联网，传统交通工具行业的商业模式也逐渐向移动互联网时代的O2O商业模式转变，这验证了移动互联网时代技术创新与商业模式创新之间存在耦合互动关系。

交通工具应用是市场需求驱动引发的技术应用，也是商业模式的一种创新。市场中消费群体的需求各异，如中高端客户对运营车辆品质、服务及隐私方面的要求极高，部分拥有车辆的民众想利用闲置车辆服务于有车辆使用需求的客户并获取一定报酬，上班族在上下班高峰时间希望节约时间而选择拼车等。交通工具应用软件企业在发展壮大并拥有一定用户后，直视市场细分需求、定位细分市场的目标客户，这使得拼车、专车业务等应运而生。就运营模式而言，拼车、专车业务是交通工具应用软件基于市场需求逐渐细分而延伸出的创新结果。

互联网技术的快速发展已经对交通运输产生了很大的影响，未来随着更广泛、更深入的融合，“互联网+交通”商业模式必将对人们的生活产生更大的影响和改变。

第一，移动互联网实现了供需双方信息实时对接，可按预约需求提供更为个性化、人性化的运输服务。移动互联网背景下，旅客和货主作为需求方，随时发出客货运输需求信息，通过网络平台与供给方实现直接、实时对接；运输企业在运输组织方面及时按需求状况提供相应服务，改变了原来按固定需求、计划排班，甚至毫无计划的组织模式。例如，定制公交受到广泛欢迎并得到迅速发展；又如，打车软件、“专车”等方式，使预约逐步替代出租车巡游扬招方式而成为主流运营模式。

第二，互联网平台整合了供需双方海量资源，使集约化的运输组织、共享理念得到更好的实现。互联网平台上，同时集中了海量的出行或货运需求，也汇集了海量的车辆等供给要素资源，必然会实现更集约的运输组织方式，也更容易实现资源的共享。例如，以滴滴、快的为代表的出租车打车软件平台降低了出租车的空驶率；路歌管车宝等货运平台方便供需双方对接而提高了货车利用率；汽车共享平台提高了私家车使用率；互联网拼车平台推动了拼车、顺风车发展等。

第三，交通出行作为人们必不可少的日常生活内容，涉及人群广，是互联网企业争夺客户资源的重要领域。互联网企业经营的关键是规模经济，因此，对于互联网平台企业而言，客户数量至关重要，在互联网企业发展初期，无不以扩大客户数量为首要目标。例如，互联网打车平台——企业滴滴、快的两家公司，去年的“烧钱大战”主要是为自己和背后支撑的移动支付企业争夺客户，培养出租车乘客约租和移动支付的习惯。互联网交通易于培养庞大的客户群体，一些在从事交通运输服务人士看来毫无盈利的领域，互联网企业也积极地进入和开拓，如百度、高德等电子导航平台，就是通过提供免费、便利的出行信息，赢得客户的信用和使用，从交通以外的业务获取利润。

第四，资源集约共享产生巨大市场潜力。要素资源的充分利用和集约化发展带来的价值是推动互联网交通持续发展的主要因素。在交通运输领域，大量资源没有得到充分利用：货运车辆和出租车都存在较高的空驶率、私家车的时间利用率不到5%、许多停车泊位出现空闲等。如果使这些资源得到集约利用将会带来直接的巨大经济效益，如互联网打车、汽车共享、拼车等。另外，电子导航使得交通流量分布更均衡，道路资源利用更充分，既方便了出行者，节省了时间，还减少了油耗和环境污染，经济效益和社会效益十分显著。

（资料来源：程世东，中国交通新闻网，2015 年 10 月 12 日。）

7.3.2 “互联网+旅游业”商业模式创新

近年来，中国旅游市场发展迅速，一个重要原因就是“互联网+旅游”的商业模式带来了强劲动力。游客既节约时间与金钱成本，又能获得更好的旅行体验，因而“互联网+旅游”已经逐渐成为全球游客热衷的出游新方式。相对于传统的旅游模式，“互联网+旅游”的商业模式避免了买不到票、订不到酒店等一系列问题，游客可以在出行之前就实现车票、门票以及酒店的在线预订购买，畅快出行，而且网上购买还经常会有折扣，既减少了排队买票的时间，又能节约部分成本，所以在中国旅游的游客都会青睐于“互联网+旅游”的商业模式，这极大地推动了中国旅游市场的快速发展。

7.3.2.1 B2C 模式

B2C 模式如图 7.2 所示。

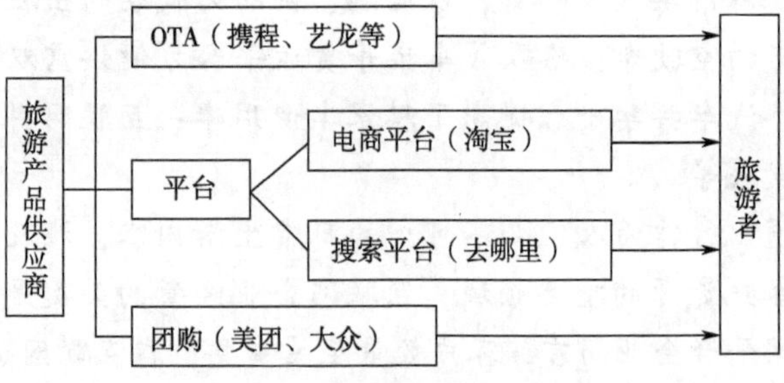

图 7.2 B2C 模式

7.3.2.2 C2B 预订模式

C2B 预订模式如图 7.3 所示。

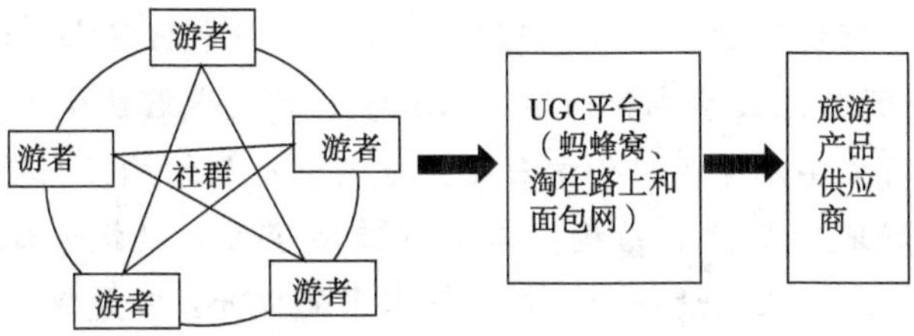

图 7.3 C2B 预订模式

7.3.2.3 C2C 模式

C2C 模式，即资源经济共享模式，游客通过互联网把各自拥有的闲置资源利用起来。在"互联网+旅游"领域，发展最好且较为成熟的业务就是旅游六要素当中的行和住两个方面。

出行中有滴滴打车和 Uber 打车，游客通过打车软件方便快捷地享受到私家车的服务，目前国家已经出台了相应的政策来规范这方面的用车行为。

住的方面，最早有"沙发客"，后面的途家、小猪短租、蚂蚁短租等也是通过互联网把游客闲置的住宿资源销售给有需要的游客，实现了 C2C 的商业模式，其中我国最大的住宿分享平台途家目前已经有 43 万套房源。

7.3.2.4 O2O 模式（驴妈妈、阿里去啊、淘宝旅行、途牛、携程）

O2O 模式主要有：①线上旅游电商平台+线下实体旅游产品连锁超市；②线上营销+线下营销；③线上查询预订支付+线下旅行行程中和目的地服务。

【资料链接】

在 2018 年的春节假期，国内旅游消费增长强劲

国家旅游局数据中心数据显示，2018 年春节期间全国各景区共接待游客 3.86 亿人次，同比增长 12.1%，实现旅游收入 4 750 亿元，同比增长 12.6%。旅游业在城市发展中有何作用？在"互联网+"时代，如何更好地运用"互联网思维"，提高旅游业发展创新能力？

当前，居民消费水平不断升级，作为新型现代社会消费形式，旅游已成为百姓日常生活的重要组成部分。旅游业在满足人民日益增长的美好生活需要的同时，也为城市发展带来了巨大商机和市场前景。

南开大学旅游与服务学院教授马晓龙认为，一方面，发展旅游业为城市的基础设施建设、城市形象提升、城市经济发展带来更多机遇；另一方面，

发展旅游业也为城市居民带来更多的休憩机会，提高了生活质量，从而实现它作为幸福产业的一个基本职能。

“不同城市对于旅游业的定位不同。对于传统旅游城市而言，旅游业是支柱产业；对于具有发展潜力的新兴城市来说，根据市场需求，旅游业可成为新兴产业。”陕西师范大学地理科学与旅游学院教授李君轶认为，旅游业在城市发展中的作用主要体现在四个方面：一是调节产业结构，在后工业化时代，旅游业能够很好地调节产业结构；二是打造城市名片，提升城市的知名度；三是有利于促进城市基础设施和城市服务水平的提升；四是保护与传承文化。

山东大学管理学院教授徐凤增表示，旅游业的发展加快了城市功能的完善，进一步提升了城市的软实力。要肯定旅游业在城市基础设施建设、城市品牌塑造及传播、道路标识系统完善、绿道系统规划与建设、游客文化与居民文化相互影响等方面的重要作用。同时，也要注意处理好开发与传承的关系，避免一味追求经济利益而对城市的文化、建筑、品牌产生负面影响。

旅游业已成为我国国民经济中发展速度最快的产业之一，成为推动我国服务业总体规模的扩大和整体质量的提升，以及中国经济社会发展的新生动能。

针对中国旅游发展趋势，李君轶认为：“首先，我国进入大众旅游时代，旅游人次不断增长，旅游人群范围也不断扩大；其次，我国进入体验旅游时代，在观光游的基础上人们更加注重体验；再次，我国进入自驾旅游时代和高铁旅游时代，‘自驾游’‘高铁游’成为旅游新亮点；最后，游客对旅游产品提出了更高要求，要求有精细的服务、精致的设施、精品的酒店，标志着我国也进入了品质旅游时代。”

对此，马晓龙认为，从总体上来看，国内旅游业发展呈现如下特点：第一，旅游需求总量不断扩大，每年都保持两位数的增长；第二，旅游需求的内容更加多元，总体呈现观光、度假、休闲齐头并进的势头；第三，旅游需求更加注重品质，对旅游产品的提供提出了更高的要求；第四，散客化的旅游需求特征不容忽视，以家庭亲子自助为特征的散客旅游已成为未来中国旅游市场的重要趋势；第五，旅游发展的环境更加宽松，政府对旅游业的重视程度前所未有，并实施了一系列的配套政策鼓励旅游业发展。

徐凤增认为，旅游经济的综合功能有进一步被强化的趋势。传统旅游中的吃、住、行、游、购、娱进一步融合，旅游与工业、农业以及其他第三产业的边界变得日益模糊，“旅游+”“+旅游”正深刻影响着旅游产业。

在“互联网+”时代，需要合理运用“互联网思维”，发挥国内互联网的规模和应用优势，提高旅游创新能力。

徐凤增认为，互联网改变了传统旅行社的商业模式，并将进一步影响扩展至住宿业、旅游交通、旅游景区等领域，智慧酒店、智慧交通、智慧景区层出不穷，互联网为旅游产业发展创造了新动能。基于互联网思维，跨界融合、开放式创新将会进一步提高旅游业创新创业能力，不断释放发展新动能。

"互联网+旅游"可以从游客和企业两个角度加强创新。李君轶提出，从游客角度来看，要满足游客即时获取旅游信息的要求，就要实现"互联网+数据挖掘+人工智能"，为游客提供智能的信息服务；要满足游客的体验需求，就要利用虚拟现实等新技术不断开发旅游项目。从企业角度来看，一要有互联网的平台思维能力，通过互联网将产品营销出去，通过互联网挖掘信息，发现新的"市场"；二要利用互联网进行商业模式创新；三要依托互联网信息技术进行发展创新。

此外，马晓龙表示，应将互联网技术下沉到广大乡村，通过"互联网+旅游"模式，把普通的农产品推销出去，推动乡村旅游发展，进而带动乡村整体不断向前发展。

（资料来源：赵璐，《中国社会科学报》，2018 年 03 月 2 日。）

案例精选

银川基于大数据分析的"互联网+"智慧交通

银川"互联网+"智慧交通是通过在全市发放交通环保卡（电子车牌），借助路旁 FRID 接收器，精确采集全城车流量数据，感知全城交通状态，进行流量预判、交通仿真、综合分析，为交通管理部门合理配置运力、科学规划路网提供决策支持。基于大数据分析，交管部门通过红绿灯实时调控、潮汐车道、绿波带和动态交通诱导等技术，实现动态出行诱导、红绿灯即时调控、限时限段放行以及停车智能引导等功能，解决拥堵问题，实现交通资源整体优化。

（1）案例解决了行业痛点

根据交通经济学领域的著名定律——当斯定律："在政府对城市交通不进行有效管制和控制的情况下，新建的道路设施会诱发新的交通量，而交通需求总是倾向于超过交通供给。"因此城市总是存在"交通规划不合理、交通组织不合理、出行结构不均衡、交通信息不对称"等行业痛点。针对这些痛点，该案例提供了很好的解决方案。

①交通管理信息不对称。银川市在全市发放交通环保卡（电子车牌），通过路口的 FRID 设备读取经过路口的车辆信息，并将数据传输至银川智慧交通

综合管控系统，经过综合集成展示页面，可以很直观地展示出各个路口车流量实时数量，交通管理部门可以根据数据对城市交通进行管理，对拥堵进行预判和提前疏导。

②城市交通政策和措施缺乏决策依据。银川市智慧交通建设将采集的全城交通数据进行分析挖掘，主要通过交通综合管控系统、仿真分析决策系统等，对数据进行分析，形成科学的分析结果，反馈至交通管理部门及规划部门，对城市交通相关政策的出台和交通措施的制定提供决策支撑。

③公共交通规划和资源配置不合理。银川市汇集城市交通大数据，通过交通综合管控系统、公共交通分析系统等，对公交车的路线、频次、停靠站点等作出最优建议，并将其提供给交通管理部门和环保部门作为决策依据。

④治理拥堵采用一刀切，办法较单一。银川市通过发放汽车电子车牌，可以精准掌握汽车通过某个路口的时间，为下一阶段在最拥堵的中心城区划出限时限地段收取拥堵费提供可能，并可以通过电子车牌关联个人信用账户直接扣费，为治理拥堵提供更多选择和方法。

⑤对非法营运车辆、套牌车等违规车辆无法根治。银川市基于采集的交通大数据，结合全市地理信息系统（GIS），对车辆运行轨迹进行分析，当某辆车的运行轨迹不规律时，通过对该辆车多次的历史迭代分析，逐步判别该车辆的非法营运可疑度，并通知交管部门及安监部门重点关注。

⑥交通服务信息不对称。银川市基于掌握的全城交通大数据，开发慧行银川 App，人们通过 App 可以实时查询当前城市交通状况，可以掌握各个路口车流量信息，还能查询公交车到站时间，并将其作为出行规划的依据。银川市还在全市人流密集的 100 个重要公交站布放电子公交站牌，市民可以查询公交到站时间和车上拥挤程度。

目前在银川市市属的兴庆、金凤、西夏三区各主要路口安装 RFID 检测点 481 个，在全市发行交通环保卡 53 万余张，其中，公共车 1 600 余张、出租车 5 000 余张，私家车辆 53 万张，安装电子公交站牌 100 个，安装公交车人数计数器 1 481 套，每天采集过车数据 220 万条，采集公交客流量 50 万人次。

银川“互联网+交通”案例由中兴（银川）智慧产业有限公司提供技术支持，主要应用于银川市交通管理局和交通警察局的交通规划和管理。

（2）案例应用场景描述

应用场景一：智慧交通综合集成控制系统。

该系统是银川智慧交通最基础的分析系统，通过交通环保卡采集到各个路口的过车情况，将数据结合银川市地理信息系统进行实时展示，可在地图中各个路口直观的换成圆圈展示，圆圈中的数字就代表经过这个路口的实时车流量，圆圈越大、数字越大，说明通过这个路口的车辆越多，交通压力也就越大。系统还实时显示各道路的拥堵情况，通行情况比较好的道路为绿色展示，出现黄色和橙色部分，就说明出现了轻微拥堵和中度拥堵的情况，交管部门通过该系统可以直观地了解和判断：哪些路段经常拥堵、哪些路口正在形成拥堵、哪些路段将要出现拥堵，每个路口每天过车量是多少。城市交通这些最简单、最直接的数据展示，为交通管理部门提供了最基础的数据支撑，为警力部署、资源配置提供依据。

应用场景二：交通仿真决策支持系统。

该系统是将交通大数据进行仿真分析的系统，是以真实的交通大数据为基础，仿真模拟出城市道路中真实的车流量情况，用电脑软件分析：如何设置红绿灯配时最科学，包括横向灯时和纵向灯时的最佳配时方案、直行灯时和拐弯灯时的最佳配时方案、上一个路口配时方案如何不造成下一个路口的拥堵、从全城交通角度上看某个路口如何配时是最科学的等，基于大数据分析的基础得出最科学化的决策依据。在该系统中，还包括配时分析、潮汐分析、拥堵分析、流量分析等，这都为城市交通科学化治理提供了最有效的科学依据。在银川市的每一个路口的红绿灯，都是经过大数据分析得出的理论上的最佳配时方案，每个路口的优化措施，让整个城市的交通状况得到改善。

应用场景三：交通运输决策系统。

城市的公共交通发达也是治愈交通拥堵的有效手段，银川市在全市 1 600 余辆公交车和 5 000 余辆出租车上安装了交通环保卡，在 1 481 辆公交车上安装了客流计数器，通过这些设施采集的数据，经过交通运输决策系统的分析，可以了解到哪条公交线路的客流量较大，运输压力需要缓解。同时这些数据和分析的结果可以通过手机 App 或者电子公交站台推送给市民，使等车的市民清楚地知道正在等的车还有多久到站、是不是拥挤等。公共交通的乘坐体验改善了，全市的交通压力也会得到了缓解。

应用场景四：非法营运车辆监管系统。

因处于监管的盲区，非法营运的隐患层出不穷。银川市开发非法营运车辆分析识别与监管系统，打造了一个综合型的非法营运车辆信息监管和治理平台。该平台基于海量的交通大数据，借助智慧交通大数据分析平台，结合全市 GIS 系统，对车辆运行轨迹进行分析。当某辆车的运行轨迹不规律时，通过对该辆车多次的历史迭代分析，逐步判别该车辆的非法营运可疑度。系统设置了全市非法营运车辆名单库，当疑似非法营运车辆进入电子化监控区域后，通过智能卡口、交通环保卡系统，实现自动报警，提醒交通管理部门进行处理。

（3）案例核心优势

银川“互联网+”智慧交通案例最核心优势在于用交通大数据采集、仿真、分析、反馈、应用等全流程来支撑交通规划和管理。

①交通大数据的采集。通过发放的交通环保卡，政府部门可以在后台识别过往车辆动态，查看各路口车辆的数量、拥堵状况，实时掌握道路交通状况，这是“互联网+”智慧交通的先决条件和核心基础。

②交通大数据的仿真分析。通过交通仿真决策系统，对采集到的交通大数据进行仿真分析，可以在系统中对城市交通进行实况模拟，分析出最优的信号灯配时、道路分配、单行道设置等交通规划，提高规划的科学性。

③交通大数据的反馈应用。通过对交通大数据的分析挖掘，得出相应的结论和建议，交管部门将分析结果应用到具体的交通规划或改造中，如银川“互联网+”智慧交通通过分析得出某路段应该建设潮汐车道的建议，提高了道路通过率，效果良好，受到市民欢迎。

（4）案例实施成果

通过采集车辆信息数据，将结果进行仿真分析，使交通管理部门对城市交通能够实现精准治理、科学管理；改变了传统的依靠经验预判的粗放式管理，提升了城市管理水平和管理效率。

①交通大数据逐渐积累。通过53万余张的交通环保卡发放，交通管理部门采集了海量的交通大数据。目前银川市积累了13.82亿条交通数据，数据体量达到3.5TB。海量交通数据的积累为下一步城市交通规划和管理打下了良好的基础。

②交通管理的改进使城市交通更畅通。通过大数据分析和结果反馈，银川市交通管理部门依据结果对城市交通进行了局部整改和整体完善。

③公共交通出行体验感更好。银川市依托交通大数据的分析，掌握公共交通的短板，如哪些公交线路一直很拥挤，根据这些数据对公交线路、频次、沿途站点等进行调整，使公交满足市民需求，还在1 674辆公交车上安装免费的惠民WiFi，提高市民乘坐公交的体验感。开发了慧行银川App，市民可以通过App规划交通路线，查看实时拥堵情况，查询公交车到站情况。同时全市共部署了100个电子公交站牌，市民可以通过电子公交站牌清楚地了解公交到站时间、车上拥挤程度等相关信息，提高了市民体验感，提升了公共交通的运行效率。

④加强了对违规运营车辆的管理。

（5）案例社会价值及影响力

银川市“互联网+”智慧交通案例的实施，给城市交通规划、组织、管理，以及市民出行体验都带来了积极的改变。

首先，城市交通规划更加科学合理；其次，城市交通管理更加便捷高效；再次，公共交通出行方式得以改善，为市民出行提供更安全、更舒适、更快捷和更经济的公共交通方式和环境；最后，城市安全度得到提升。

（资料来源：中兴（银川）智慧产业有限公司，人民网，2018 年 3 月 28 日。）

案例思考题

1. 结合案例谈谈“互联网+”智慧交通给生活带来的影响。
2. 银川“互联网+”智慧交通给我们带来什么启示？

案例精选

滴滴的“互联网+”智慧交通商业模式分析

（1）价值主张

滴滴的初衷是“让出行更美好”，即为消费者提供更便捷的用车出行服务。因此，滴滴的目标客户就是需要出行的消费者。滴滴为了满足消费者在不同场景下的多样化出行需求，在拥有打车业务之后，又推出了顺风车、快车、出租车、专车、巴士、代驾等产品，逐渐从提供个人出行服务发展到公共出行服务。滴滴出行的出现改变了传统的路边拦车的打车方式。滴滴利用移动互联网特点，将线上与线下相融合，使用线上支付车费，建立培育大移动互联网时代下引领的用户现代化出行方式，在滴滴的价值链上，司机和乘客是两个核心端。两者连接后能增加两端的数量，满足双方的需求，提升乘客的体验。“滴滴打车”更名为“滴滴出行”并启用新 Logo——一个扭转的桔色大写字母 D。新品牌代表着滴滴服务于人们，用移动互联网的创新思维来解决人们出行的痛点，从而让每一个人获得满意的体验。总而言之，滴滴的价值主张可以用它的口号来概述：“滴滴一下，美好出行”。

（2）目标客户

目前，滴滴从出租车打车软件成长为涵盖出租车、专车、快车、顺风车、代驾及大巴等多项业务在内的一站式出行平台，因此，滴滴出行的目标客户就是这些业务的使用者。出租车业务又可以分为乘客端和司机端，所以滴滴打车客户分为在乘客端和司机端对这几类业务有使用需求的用户，广义上的目标客户就是借助手机打车的使用者。

(3) 渠道通路

滴滴打车的目标是手机端的用户，所以滴滴打车与客户间的渠道通路是手机软件下载的下载中心，而手机软件的出租车又分为乘客端和司机端，手机端的渠路通道主要是 ios 市场、安卓软件市场以及其他相应的手机第三方软件发布平台。

(4) 客户关系

乘客端用户分为潜在客户与现有客户，潜在客户利用微信支付增加微信公众号订阅量，发放大量小额的红包优惠券，诱使潜在客户使用滴滴出行，现有客户利用 App 以及微信上的客服系统，打造个人助理，及时处理用户疑问，提高客户满意度。面对司机端，实行给司机打赏、分成的方法来维持客户关系。

潜在客户利用微信支付，增加微信公众号订阅量。日常生活中，消费者有时会选择微信扫码支付出租车费，在支付结束后，消费者的微信则会自动关注滴滴出行微信公众号，从而帮助滴滴出行获取顾客资源。与饿了么合作，发送大量小额的红包、优惠券，诱使潜在客户使用滴滴出行。

现有客户利用 App 以及微信上的客服系统，打造个人助理，及时处理用户疑问，提高客户满意度。积分商城，鼓励顾客多次使用滴滴。积累积分和滴币，可以用其兑换打车券或者在商城中购买商品，增加用户的重复使用量。“发现”模块，强强联合，打造滴滴生活方式，培育客户忠诚度。与同程旅游、艺龙、58 同城等诸多行业佼佼者合作，涵盖衣食住行看听用等日常生活的方方面面，打造客户忠诚计划。

(5) 关键业务

滴滴运营的打车服务、顺风车服务、专车服务，做到随叫随到，在运行过程中始终做到滴滴一下马上出发。关键业务主要侧重于“滴滴快车与滴滴代驾”两个方面，它跟出租车一样，因为使用人数较多，所以滴滴公司将业务的侧重点主要放在了快车服务上。滴滴快车服务整体上和出租车差不多，使用人员最多。

滴滴顺风车业务，是一种共享服务，在开车回家的路上，搭载乘客，既使有车人员自己回家减少成本，也使搭乘人员在低成本的同时，享受舒适的路途。

滴滴代驾业务，提供酒后代驾服务，采用起步价加公里数的计价方式。

滴滴优享业务，介于快车与专车服务之间的一种服务。

滴滴专车业务，面对高端商务出行人群。

(6) 核心资源

打造线上线下相结合的服务模式，开发全新车辆服务系统，与微信合作，带来更加方便、快捷的支付系统。

通过与腾讯、阿里巴巴（快的）、百度等投资人的战略投资合作，滴滴出行得到投资方资金的大力支持，解决了其技术开发和推广的资金需求。

滴滴出行不断提升技术，优化技术配置，吸引大量的司机与客户使用滴滴的软件。技术平台的前端与后台配合默契，极大地提升了服务质量。

滴滴出行通过长期不断的客户拓展和积累，形成了海量的滴滴用户群。而长期的促销补贴培养了消费者的消费习惯，使其产生较强的客户黏性。而后期已经形成的产品普及和使用习惯更造成了较高的转换成本。

(7) 重要合作

①与中国电信合作。中国电信携手滴滴签署战略合作协议。中国电信与滴滴打车将在手机流量、个性化套餐、手机终端等多个层面展开深入合作。滴滴还将与中国电信共同探索新的用户体验形式和产业经济模式，除了出租车、滴滴专车，滴滴还要拓展公交、地铁、商务专线等出行工具的服务，以实现滴滴“移动互联网让出行更美好”的夙愿。

②与北汽集团合作。2018 年 3 月 7 日下午，滴滴出行和北汽集团签署战略合作协议，双方将在新能源汽车运营、大数据应用、出行服务、定制车及充换电等领域开展业务合作。开发全新车辆联动系统并提供北汽集团旗下车辆供消费者租用。

③与微信合作。2014 年 1 月，滴滴打车与腾讯旗下微信支付正式达成战略合作。1 月 4 日，滴滴打车客户端实现微信支付功能，1 月 6 日微信内叫车正式启用。微信不仅在“我的银行卡”下增加滴滴打车入口，还在微信入口以及滴滴打车客户端内都接入了微信支付功能，用户在叫车成功页面，可以直接用微信支付进行付款。此次合作，给乘客和司机带来更多便利和更良好的体验。

④与蒙牛合作。蒙牛成为国内第一家与滴滴跨行业合作的快消品企业，为消费者、生态圈合作伙伴、员工提供便捷服务。由此开启传统企业与互联网企业跨界合作新模式。

⑤与 Taxify 合作。滴滴出行今日宣布与欧非地区移动出行企业 Taxify 达成战略合作。滴滴将通过投资以及智能交通技术研发等，支持 Taxify 在多元市场进行更深度地市场拓展和技术创新。

(8) 成本结构

这部分主要包括软件研发费用、技术人员的薪酬、软件开发维护费用、平台服务费用、税费、支付手续费、司机奖励、业务经营成本、广告宣传费用（在其他平台发布广告）等。

(9) 收入来源

滴滴目前的盈利点之一是利用微信资源的优势帮品牌企业达成发红包和首页的品牌推广，另一方面就是滴滴出行手机App内含开屏广告，从这两种广告形式中可以获取一定的广告费用。

基于LBS技术下的广告的精准投放，是未来的趋势，只是现在还不太成熟。滴滴出行可以在新技术的推动下，精确判断用户的规矩，然后吸引附近的商家进驻咨询台，向用户投放广告，那么滴滴出行可以从中赚取一定的广告费用或者佣金。

大数据的价值用户使用滴滴出行打车十来天可以更进一步储存用户的打车路线，然后积累每一个人的信息，分析数据总结出频率较高的起点和终点，找出其中的规律，获取用户的消费行为以及常用的出行路线，为下一步的工作提供参考数据，这对于商业中心建设和政府城建规划有很大的作用。

手机支付滴滴专车部分的结算方式是一周结算。沉淀金额可以在账期内做其他投资或者存进银行，但是最重要的是培养用户利用手机支付的习惯，这也是滴滴背后，腾讯和阿里“疯狂烧钱”的最终目的。至于养成手机支付习惯会带来的收益，随着城市商业化的发展，移动支付业务所能带来的产值是无法想象的。

（资料来源：关钰桥、孟韬，《经济背景下企业商业模式比较分析》，2018年11月16日。）

案例思考题

结合案例与商业模式画布来分析滴滴互联网商业模式的优势。

案例精选

携程的“互联网+”智慧交通商业模式分析

携程旅行网为中国领先的在线旅行服务公司，创立于1999年，总部设在中国上海。携程旅行网向超过五千万注册会员提供包括酒店预订、机票预订、度假预订、商旅管理、高铁代购以及旅游资讯在内的全方位旅行服务。携程旅行网已在北京、广州、深圳、成都、杭州、厦门、青岛、南京、武汉、沈阳、南通、三亚12个城市设立分公司，员工超过10 000人。

携程旅游网现在每天的访问量约为10万人，网站页面点击约为100万。携程网目前占据中国在线旅游50%左右的市场份额。凭借稳定的业务发展和优异的盈利能力，携程旅行网于2003年12月在美国纳斯达克成功上市。

（1）价值主张

携程被人们称为“网上旅行社”，但实际上，携程的价值主张却和传统的旅行社有着一定的差异。携程旅行网只是利用互联网这个平台，将旅游者所需要的旅行信息发布在网上，为旅游者提供咨询和预订服务，并不直接为旅游者代办出入境手续，也不招徕和接待旅游者，这些实质性的旅游活动服务都转交给相关的合作旅行社去做了。因此，携程是将自己的业务目标更加专业化和细致化了，即价值主张更具有针对性。

此外，携程在成立之初就及时抓住了国内传统的旅游企业对互联网技术陌生的契机，决定要以互联网技术为手段来为旅游者提供新型的旅游服务，其实质是利用网络优势介入到传统行业的运营中。

（2）目标客户

携程旅行网的目标客户分为两类：

最为主要的一类是需要搭乘飞机、预订酒店或度假休闲的零散客户，他们可以通过检索网站上提供的信息，选择所需的服务，方便快捷地完成飞机、酒店的预订和选择各种各样的度假产品。

另外一部分主要是有长期需要商旅服务的大型企业与集团公司。携程旅行网可以为企业提供定制性的服务产品。

（3）渠道通路

携程的分销渠道分为会员网络、客户端、电商接口、新媒体和自媒体。

（4）客户关系

携程的客户关系有三种：销售和服务业务关系、与客户沟通的关系和旅游管理、旅游服务、旅游营销。

（5）关键业务

①酒店预订。携程拥有中国领先的酒店预订服务中心，为会员提供即时预订服务。我们的合作酒店超过32 000家，遍布全球138个国家和地区的5 900余个城市。不仅为会员提供优惠房价预订，更在主要酒店拥有大量保留房，为会员出行提供更多保障。

②机票预订。携程旅行网拥有全国联网的机票预订、配送和各大机场的

现场服务系统，为会员提供国际和国内机票的查询预订服务。目前，携程旅行网的机票预订已覆盖各大航空公司的绝大多数航线，实现国内60多个城市市内免费送票，实现异地机票，本地预订、异地取送。机票直客预订量和电子机票预订量均在同行中名列前茅，业务量连续两年保持3位数的增长率，成为中国领先的机票预订服务中心。

③度假预订。携程倡导自由享受与深度体验的度假休闲方式，为会员提供自由行、团队游、半自助、巴士游、自驾游、邮轮、自由行PASS、签证、用车等全系列度假产品服务。其中，自由行产品依托充足的行业资源，提供丰富多样的酒店、航班、轮船、火车、专线巴士等搭配完善的配套服务，现已成为业内自由行的领军者；海外团队游产品摒弃传统团队走马观花的形式，以合理的行程安排和深入的旅行体验为特色，正在逐步引领团队游行业新标准。

④商旅管理。商旅管理业务面向国内外各大企业与集团公司，以提升企业整体商旅管理水平与资源整合能力为服务宗旨。依托遍及全国范围的行业资源网络，以及与酒店、航空公司、旅行社等各大供应商建立的长期良好稳定的合作关系，携程充分利用电话呼叫中心、互联网等先进技术，通过与酒店、民航互补式合作，为公司客户全力提供商旅资源的选择、整合与优化服务。目前已与爱立信、可口可乐、宝钢及海尔等多家国内外知名企业达成合作。

⑤特约商户。特约商户是为贵宾（VIP）会员打造的增值服务，旨在为VIP会员的商务旅行或周游各地提供更为完善的服务。携程在全国15个知名旅游城市拥有3 000多家特约商户，覆盖各地特色餐饮、酒吧、娱乐、健身、购物等生活各方面，VIP会员可享受低至5折消费优惠。

⑥旅游资讯。旅游资讯是为会员提供的附加服务。由线上交互式网站信息与线下旅行丛书、杂志形成立体式资讯组合。“目的地指南”涵盖全球近700个景区、15 000多个景点的住、行、吃、乐、购等全方位旅行信息，更有出行情报、火车查询、热点推荐、域外采风、自驾线路等资讯信息。

(6) 核心资源

服务规模化和资源规模化是携程旅行网的核心优势之一。携程拥有世界上最大的旅游业服务联络中心，拥有1.2万个座席，呼叫中心员工超过7 000名。规模化的运营不仅可以为会员提供更多优质的旅行选择，还保障了服务的标准化，确保服务质量，并降低了运营成本。

携程一直将技术创新视为企业的活力源泉，在提升研发能力方面不遗余力。携程建立了一整套现代化服务系统，包括先海外酒店预订新平台、国际机票预订平台、客户管理系统、房量管理系统、呼叫排队系统、订单处理系统、E-Booking机票预订系统、服务质量监控系统等。先进的管理和控制体系是携程的又一核心优势。携程将服务过程分割成多个环节，以细化的指标控制不同环节，并建立起一套精益服务体系。同时，携程还将制造业的质量管理方法——六西格玛体系成功运用于旅行业。目前，携程各项服务指标均已接近国际领先水平，服务质量和客户满意度也随之大幅提升。

(7) 重要合作

第一，携程网与各大搜索引擎进行合作，保持携程在搜索引擎排行中位于前列。这对提高、保持网站知名度、使用度具有重大意义。

第二，加强和返利网、团购网，或其他一些旅行网站的合作。通过与返利网的合作可以使一部分返利网的用户认识并使用携程网，吸纳新的客户群。而在一些点击量大的团购网、旅游网站上做广告宣传则能在客户有旅行需求时率先引起客户的注意，选择携程网订购所需的旅游产品。

第三，与旅游节目合作。在2008年，携程与旅游卫视联袂打造了一套大型互动自助旅行类的电视节目——“携程环球DIY”，借助其他媒体来为携程网做宣传，向大众推广携程的活动与代表现代生活方式的品牌观念。

第四，与酒店合作。并购现代运通之后，携程的业务模式马上转型，因为现代运通已经有一批固定的合作酒店，在开拓市场方面也拥有大量的人才。携程又根据业务调整开发了相配套的互联网平台——“实时控房系统”和“房态管理系统”。通过“房态管理系统”，携程网能够跟所有会员酒店实现信息同步；而通过“实时控房系统”，携程还可以预先在酒店控制一些房间，客户通过携程预订房间，携程当时就可以确认。换句话说，合作酒店实际上成了携程货架上自己出售的产品，携程更像是全国所有合作酒店的集团中心，而不是单纯扮演一个中介的角色。

第五，与航空公司合作。目前，携程已经与国内绝大多数航空公司及其票务代理机构实现了合作，如中国国际航空公司、中国南方航空公司、中国东方航空公司、深圳航空公司、海南航空公司、上海航空公司、山东航空公司、四川航空公司、厦门航空公司、澳门航空公司等，并与其中一部分航空公司共同推出联名卡。

第六，与旅行社合作。2000年初，携程开始深入旅游度假产品，由于缺乏传统旅游资源，携程最初的策略是与中国旅行社总社、上海东湖国际旅行社及招商国旅几家国内著名的传统旅行社合作，由旅行社向携程提供旅游线路和导游人员，携程则为旅行社提供客户和技术支持，这样携程公司与传统旅行社优势的差异得到了良好的互补。携程的交易额、毛利、会员数以及宾馆业务连年呈直线上升趋势。

第七，与中国移动的合作。2003 年 8 月，中国移动通信集团公司与携程旅行网签约，双方将面向全国 31 个省市自治区的全球通用户，联手推出 12580 商旅预订服务。

(8) 成本结构

成本包括相关服务成本、客服费用、设备费用、电话通信费。

(9) 收入来源

①酒店预订代理费是携程最主要的盈利来源。

虽然携程也明确了网上支付与前台支付的区别，但是大多只提供到目的地酒店前台支付房费的办法。所以，携程的酒店预订代理费用基本上是从目的地酒店的盈利折扣返还中获取的。

②机票预订代理费。这是从顾客的订票费中获取的，等于顾客订票费与航空公司出票价格的差价，还包括自助游与商务游中的酒店、机票预订代理费。

③在线广告费。在酒店的盈利折扣中用户完全可以和酒店通过携程网取得联系，然后双方再直接交易，重新分配携程所应得的中介差价而避开携程网。

④线路预订代理费。

（资料来源：王笑一，《携程网商业模式分析》，2017 年。）

案例思考题

结合案例与商业模式画布来分析携程互联网商业模式的优势。

8 “互联网+文化创意与媒体广告业”商业模式

引 例

“站在风口上，猪都能飞起来”，布局共享经济、进军物联网、打造人工智能、迈向工业4.0……互联网与越来越多传统产业融合、碰撞，为创新创业高质量发展提供了前所未有的时代机遇。“互联网+文化创意”会发生怎样的化学反应呢？

借助互联网，文化创意产业迅速崛起，深耕禾城十年的北科建嘉兴创新园无疑就是代表之一。

位于秀湖畔的北科建嘉兴创新园占地面积约25万平方米，总建筑面积16.87万平方米，园区容积率0.69，绿化率35%，是一个低密度、生态环保的创新产业集聚区。结合国家和当地十三五文化产业发展规划的要求，北科建嘉兴创新园以“互联网+”为产业定位快速发展。在创新园，“互联网+文化创意”产业集聚，已有文化创意企业近50家，形成了产业集聚、协同发展的良好态势，为秀洲区的文化产业发展做出了卓有成效的贡献。

而正因为文化创意特色产业集聚，北科建嘉兴创新园获得了嘉兴市授牌的“市级文化产业园——智富文创园”称号，更涌现出一大批借势“互联网+”东风，迅速起飞的创意经济企业。

当文化创意遇见“互联网+”，意鸣文化助力儿童摄影门店成为“网络超级门店”。

“酒香也怕巷子深”，在“互联网+”时代，对于各家企业来说，不仅要产品做得好，还要推广创意好。

在北科建嘉兴创新园内，有这样一家企业，它扎根在嘉兴，却为全国超过2 500家客户提供策划、视觉设计、营销系统等服务。这家企业就是嘉兴市意鸣文化创意有限公司。

如何通过“互联网+”让创意服务走得更远、更有生命力，是大多数文创公司的难题。意鸣文化创始人刘海总结了儿童摄影领域多年的从业经验，

2014 年构思开发了一个共享平台——“意鸣系统”。

意鸣文化创始人刘海指出，“通过我们的系统，初创的儿童摄影机构，不用担心找专人设计网页需要花费高额的费用。通过已有基础的模板，不懂代码的客户也可以像玩 QQ 空间一样设计网站，还能直接生成手机版和小程序。另外，该系统还能实现订单管理、客户个人情况统计与分析、嵌入支付等功能。共享平台符合当下微信营销的大环境，能增强与客户的互动性，带动销售转化，得到了越来越多客户的认可。”

2018 年年中，意鸣文化选择到北科建嘉兴创新园谋求再发展。意鸣文化创始人刘海说：“经常有人问我公司的定位到底是文化创意公司，还是互联网技术公司？文化创意和互联网的结合看似一个矛盾的存在，但是在我来到园区办公之后，发现这里就是一个完美的结合，理性的逻辑结构，需要感性的内在，才会显得丰满。”

2019 年 3 月 1 日，意鸣文化全新上线“YOKA!”气球艺术创意服务，主要为各个企业开展活动做现场布置，也为儿童摄影做品牌升级。同时，全新的“意鸣系统”5.0 版也正式上线。这套系统将不再局限于服务儿童摄影机构，而是拓宽儿童产业链，基于已有的庞大儿童摄影顾客人群，构建涉及派对、服装、玩具、家居、箱包等各类生活产品供需市场的“超级门店”。在意鸣文化，越来越多的普通门店被孵化升级成“互联网超级门店”。

（资料来源：吴觉、胡薇，《南湖晚报》，2019 年 7 月 9 日。）

8.1 “互联网+文化创意产业”与创客文化

2015 年 11 月 3 日，《中共中央关于制定国民经济和社会发展第十三个五年规划的建议》发布，明确要求“文化产业要成为国民经济支柱性产业”。

8.1.1 文化创意产业

文化创意产业（cultural and creative industries）是一种在经济全球化背景下产生的以创造力为核心的新兴产业，强调一种主体文化或文化因素依靠个人（团队）通过技术、创意和产业化的方式开发、营销知识产权。

文化创意产业主要包括广播影视、动漫、音像、传媒、视觉艺术、表演艺术、工艺与设计、雕塑、环境艺术、广告装潢、服装设计、软件和计算机服务等方面的创意群体。《国家“十一五”时期文化发展规划纲要》明确提出了国家发展文化创意产业的主要任务，全国各大城市也都推出相关政策支持和推动文化创意产业的发展。文化创意产业在各国定义不同，又称为文化产业、创意知识产业、内容产业等。

世界大力推动创意产业的国家有英国、韩国、美国、日本、芬兰、法国、德国、中国、意大利、澳洲、新西兰、丹麦、瑞典、荷兰、比利时和瑞士等。针对在文化与创意方面制定产业发展政策，最早可追溯到1997年由英国前首相布莱尔工党内阁所推动的创意产业，同一时期，遭遇亚洲金融风暴的韩国，在总统金大中主导下也开始从电影与数位等产业开始发展“文化内容产业”，成立文化内容振兴院并通过文化内容振兴法。类似做法者，也包括澳洲、新西兰、欧洲诸国等。而中国近几年文化艺术市场蓬勃、公共展演场地加大建设（如国家大剧院、798艺术区）等，除在既有制造业的优势下寻找出路外，也开始重视文化创意产业的发展。

文化创意产业定义为：针对文化、知识形成完整的产业，也就是系统性、普及性、利于传播，比如西方发达国家的价值观念，具有普世性，以及平等性，这也是能够形成影响力的先决条件。

【资料链接】

国内文化创意产业发展

在国外，创意产业的主体就是个体，文化和艺术的行业都是个体的行业。画家、作家、艺术家都是自由职业者。同时，鼓励创新、包容个性的宽松的社会舆论环境也对创意产业的发展起到了推动作用。韩国动画产业发达，在韩国民间有无数个动画工作室，研发动画卖给大公司，后者负责营销、包装、推广。很多艺术家生活穷困，但是只要拿出一个好的作品就能一夜暴富，这就是“文化创意产业”的特点。个人的创造力与素养是整个文化创意产业的最关键环节，是产业链条的基础。

在中国也有很好的例子。比如网络上广为流行的“后舍男孩”只是毕业于广州美术学院的两个男孩子，他们借鉴国外网络流传的搞笑视频模式，仅仅利用一台电脑、一个摄像头、几件简单的道具就创作出了一些网络MV作品，这些作品风靡网络后，他们将版权卖给了太合麦田音乐公司，从而成为名利双收的明星。太合麦田音乐公司围绕他们的这些作品做了进一步的开发推广，也获得了相当的利润。因此，英国人说“文化创意产业”是穷人的行业。某种道理来讲，创意产业前期不需要资金，几乎完全是靠人的脑力资源。后期的推广与做大完全要依靠前期的创意产品，这都依赖于人的创造力。

新经济时代的创意产业对物质资源依赖度不高。文化产业属于创意产业，它高度依赖文化的创新意识，对文化创造力和创造型人才有更迫切的需求。因此如果想改变我们国家的文化创意产业现状，一定要解放人的创造力。中国应努力营造鼓励创新的宽松的社会环境，鼓励文化生活的多元化，国家要出台一系列相关的配套政策奖励优秀的文化创意产品。文化创意产业的特殊性就在于依靠人的创造力，过度僵化落后的制度体制、过于束缚的社会环境不利于充分发挥人的创造力，反而会抑制人的活力。

（资料来源：胡正荣，《北京国际城市发展研究院中国领导决策信息系统数据库》，2009 年 4 月 26 日。）

8.1.2 文化创意产业发展层次

根据产值、经济总量、发展步伐，总体上可以将文化创意产业发展分成三个层次。

第一个层次，以旅游为龙头的文化产业发展方式，这是较为初级或低级的发展方式。这种方式简单、门槛低、入门方便，依托于本地资源，容易掌控，所需的初始资金不多。在整体的管理和操作形式上也处于较低层面，所以中国各地，尤其是西部、中部城市，总是先采取旅游，或者叫人文旅游的方式来发展文化产业。

第二个层次，这是目前国内占据主导地位的文化产业发展模式，包括国有的广电集团、电影集团、广播电视集团、新闻出版集团、演出集团等，在国家层面上有中影集团、中国电影公司、中国广电集团等，还有其他的电视台、广播电台等都运用此种发展模式。除了东部一些省份，其他省份在文化产业总量上占据着非常重要的地位。因为这些产业是通过体制改革转型获得的，有几个特点：第一，它们是国有化的；第二，发展过程中不需要第一桶金，因为它们的资产是划拨式的；第三，它们有一些国有的、垄断的资源，比如其他人要办电视台、广播电台、出版社，要办一些对外演出公司等，还是有相当多的限制的。从这个意义上来讲，这是我们目前国内的第二个层次里，总量上占据主导地位，发展模式上还是文化体制改革的成功产物。但是，因为过去作为国有的文化单位、事业单位，整体上还有很大包袱。这些年它们一方面要完成国家在整体意识形态方面的任务，另一方面也要承担公共文化服务的任务。

第三个层次，在东部一些地区，包括西部和中部的省份，已经开始意识到文化产业发展的高端形态是创意产业。创意产业的最大特点是以高科技为支撑，以全球化为背景。它们要上市就是去纳斯达克、纽交所、伦敦交易所上市，是有全球背景的。在整个发展过程中，采取现代金融制度下允许的一些方式。它的投融资方式、上市方式是国际化的。另一方面，在发展的过程中，它要以全球的需求为目标。第三层次的文化产业体现了文化产业中的高端形态，它是我们产业转型中真正的目标形态。这种形态的特点是：在经济总量上达到相当大的程度。比如腾讯、阿里巴巴、新浪、百度、网易、搜狐，以及优酷、当当这样一大批企业，它们发展速度快，上市之后规模扩张也快。这些企业通过现代投融资方式、上市方式获得国际化背景，运用天使基金、风险投资的方式迅速壮大，这些都跟过去有所不同。这是一种新的、越来越占据文化产业总量的新的产业形态。

8.1.3 “互联网+文化创意”产业发展中存在的问题与解决方法

2015年两会期间，政府工作报告中提出“互联网+”的新概念。信息时代网络技术与多种行业结合产生了新的变化，也为文化产业的发展带来全新契机。2014年，基于互联网的文化产业新业态蓬勃发展，深刻改变着文化产业的内在结构和人们的文化消费习惯。“互联网+”将给文化产业生态带来哪些新变化？如何克服存在的问题？

8.1.3.1 “互联网+文化创意”产业发展中存在的问题

（1）原创匮乏与知识产权保护堪忧

未来中国文化产业尤其是文化创意产业增长空间和发展潜力虽然巨大，但也面临着原创作品匮乏、知识产权保护现状仍处不利的局面。模仿式创新在中国文化产业发展中被发挥得淋漓尽致，但原始创新力不足。所以在中国文化产业中需提升原始创新潜力，创作出更多、更好的原创作品。

（2）缺乏全新商业模式和产业价值链

调查发现，互联网文化创意产业原创匮乏和相关知识产权保护脆弱的背后，是缺乏成熟稳定的商业模式和产业生态价值链。这其中的首要原因是缺乏互联网思维和生态融合思路。不少文化创意产业在进入互联网之后，仍然沿袭将产业简单与互联网相加的传统思维。一些传统企业只是将互联网作为一种新的传播渠道和营销方式，并未真正从核心生产、传播和互动、反馈等全产业链条上贯穿互联网思维。对于互联网的“平台”作用和生态模式认识也不够深刻。

有业内人士指出，一些文化创意产业过分强调自身的“文人气息”，贬低互联网过浓的商业氛围，在融合发展中反而束缚了手脚，造成企业无法做大，更难形成大规模产业。不少传统文化创意产业小规模生产方式和操作理念很难与互联网平台下海量用户需求融合形成全新商业价值观和发展理念。

南京大学商学院博士陈智明等学者认为，互联网产业主要以大企业形态出现，而文化创意产业多是小企业结合体；互联网产业轻视文化创意产业的小规模，而文化创意产业看不惯互联网产业的“夸浮”行径。如何让两者相兼相容，这是当前双方应努力攻克的难题。

8.1.3.2　解决方法

文化创意产业如何与互联网模式深度融合建立全新发展模式？事实上，当前不少创意产业主体和企业并未深入理解互联网生态和模式，尚未形成符合自身产业定位的商业模式和价值链条。

北京大学文化产业研究院副院长陈少峰认为，传统文化产业企事业单位转型需要建立“互联网思维”，需要改变对原有业态的认识，在新业态中寻找新的商业模式，这都是传统文化产业或传统媒体所面临的挑战。

复星文化产业集团董事、总经理钱中华认为，“互联网不仅颠覆了经济，也颠覆了文化产业，形成了新的文化产业生态链。文化产业要根据自身的情况不断提升，并在这个新的生态链中找准自己的位置”。

原创内容生产仍然是互联网创意产业的核心动力，未来应从文化创意产业与互联网融合角度去推动原创内容的生产，同时注重结合互联网平台的传播优势和规律，实现优势互补。

产业融合发展是基础，是先决条件。2014 年 1 月 22 日，国务院常务会议部署推进文化创意和设计服务与相关产业融合发展。会议指出，依靠创新，推进文化创意和设计服务等新型高端服务业发展，促进其与相关产业深度融合，是新常态下调整经济结构的重要内容，也可催生新业态、带动就业、推动产业转型升级。

文化与科技融合引发的创新模式——众创空间出现并被广泛推广。2015 年 3 月 11 日，《国务院办公厅关于发展众创空间推进大众创新创业的指导意见》发布，中国进入“大众创业、万众创新”为引领的发展新阶段。互联网平台则为以文化创意为重心的“双创”发展提供了更为广阔的发展空间。

陈少峰认为，传统文化产业必须找到一种全新的商业模式，能满足互联网提出的要求；只有围绕互联网海量内容需求或高超的专业水平这两个角度做，才有可能成功。

当然，这并不意味着文化创意产业应从属于互联网“平台”。因为文化创意本身属于内容生产者和供应者，同时也是知识产权创造者，更应为互联网产业发展注入原创动力。未来，文化创意产业应在有效融合互联网全新平台基础上，重新回归“内容为王”。

中国社会科学院文化研究中心副主任张晓明认为，“众创”模式的出现使得“内容为王”走向“平台为王”，出现了平台弱化内容生产的趋势，现在需要重新强调“内容为王”，至少应该实现内容为王和平台为王的统一。

上海市创意产业协会会长厉无畏称，原创才是互联网创意产业实现可持续发展的核心支撑，没有优质内容，终究无法吸引优质客户。在他看来，未来应更注重原创内容生产，建立从内容创意创作源头到播放终端的全产业链，加快促进文化内容原创企业与新型互联网企业等不同产业跨界融合与合作发展，走“内容为王+渠道制胜”的双赢之路。

【资料链接】

产权保护：规范互联网文化生态

2015 年 3 月 15 日，今日头条、搜狐新闻客户端、网易新闻客户端、微博等 8 家互联网平台共同发布了《保护原创版权声明》，旨在抵制抄袭盗版，保护内容生产者权益。此前，百度文库、微信公众号涉嫌侵权的争议不断，众多原创者及原创平台积极响应，网络平台在带来阅读便利的同时，抄袭之风也不断蔓延，原创者的知识产权保障亟待跟进落实。

在快餐式阅读习惯的潮流下，提升内容品质是互联网文化产业可持续发展的关键。业界人士指出，内容产品的质量始终是决定产业和市场发展水准的关键，而互联网内容产品的核心是产权保护。在刚刚结束的两会中，与知识产权相关的事项成为代表委员们热切关注的焦点。

腾讯公司 CEO 马化腾认为，保护网络版权、培育正版消费理念有利于激发内容创作者的活力，是促进文化产业振兴的基础，也有利于提升我国文化软实力。互联网企业既要不断创新商业模式，实现基于正版内容运营的盈利，也要发挥企业责任，积极打击盗版。

在 2015 年 3 月 4 日的记者会上，马化腾提到，“内容产业其实最核心的就是版权，所以我们在很多领域呼吁知识产权的建立。下一步包括音乐、文学、动漫等都会越来越正规化，越来越跟全球靠齐”。他认为，互联网与传统文化产业的深度融合，正在成为一个市场价值越来越大的有机生态系统。

新常态下的新技术带来了新的问题，互联网构建了内容产业新生态，包括阅读、动漫、音乐、影视等多领域的产业，在互联网的作用下，需要更加规范网络知识产权制度。在全国政协委员、中国法治诗书画院院长汪国新看来，版权是文化创意产业的灵魂，而版权保护是否得力关乎国家的形象。

全国政协委员、台盟中央常委骆沙鸣表示，要共建共享信息基础设施，加强网络安全与信息化人才队伍建设，更前瞻地致力于信息安全、保护网络知识产权、打击假冒伪劣等方面的合作，形成具有自主创新能力的信息经济全面发展态势，更好地惠及民生。

据中央财经大学文化经济研究院院长魏鹏举教授测算：未来五年，中国文化产业要成为国家战略性支柱产业，其增长比例至少每年要达到 15%以上。

而业内普遍共识是文化创意产业是文化产业的核心竞争力。当前在网络化和产业深度融合发展的趋势下，互联网已成为文化创意产业生产和消费的重要平台。未来，文化产业尤其是文化创意产业亟待与互联网深度“融合”，实现两者有机相“+”之后的全新转型和“双赢”。

（资料来源：鲁元珍，《光明日报》，2015 年 3 月 15 日。）

【资料链接】

让传统文化火出圈，百度大脑的 AI 破壁时刻

在最近百度大脑与老舍茶馆联合打造的“AI 茶馆”中，茶艺与智能技术所融合出的体验趣味，就沏出了一抹与众不同的文化味道。茶艺、作诗、吆喝，这些带有 20 世纪气息的关键词与 AI 联系在一起，可能是大多数人都想象不到的组合。但在老舍茶馆里，百度就将其变成了一个传统文化的科幻秀。走进展厅，大部分人的目光就会被机器人“店小二”吸引。

“AI 迎宾”穿上瓜皮帽、蓝褂子，用一口京片子跟你打招呼，古色古香的北平气质与现代科技交融所带来的“反差萌”，令人捧腹大笑。落座之后，必不可少的就是来一杯老舍先生在《想北平》里提到的“温和的香片茶”了。喝惯了“快乐肥宅水”的年轻人恐怕就有点慌了，还有点想发帖“怎样装作很懂茶的样子，在线等，挺急的”……有 AI 在手的同学此时就游刃有余了。经由大量中国茶图片样本训练出的“AI 茶艺师”，在线一秒辨别茶叶品种，台词都帮大家想好了——“谢邀，人在老舍茶馆，刚刚喝的是 1986 年的茉莉香片……”除了茶艺文化，老舍茶馆中还不乏许多快要失传的民间艺术，像是灯大鼓、双簧等传统曲艺。而为了让大家更直观地感受最地道的“吆喝文化”，百度将人工智能对话技术打造成了“无中声有”空间，与 AI 的流畅对话让人穿越到民国的北京街头，让人一时傻傻分不清楚时间、空间的界限。

体验过“AI 茶馆”，我想大多数人都会深深认可一句话——“中国文化的未来是对传统文化的复兴及其现代化的演进”。而真实可感的体验背后，是强大技术能力所支撑起的交互盛景。

传统文化的“出圈”理由：百度大脑改变了什么？

“AI 茶馆”的走红，让我们看到了传统企业在追求年轻化、现代化上的觉醒意识。但如何重新演绎出文化魅力，却是一道需要一步步推理解惑、最终得到正确答案的综合题。

传统文化在现代商业社会的“水土不服”，归根结底是没人看、没人懂、没人爱。“没人看”如今早已不是问题，《诗词大会》《国家宝藏》等一系列文化节目的走红和互联网传播的助推，让关注传统文化从小众爱好变成了大

型群体现象。但让人看懂并发自内心地倾慕传统文化之美却并非易事。

近年来，我们也没少看到在消费品上贴上传统图案素材就出来“圈钱”的做法，也没少被“人比枯叶瘦花黄”之类笔墨不通的“国风”艺术洗脑，小声说百度AI写得诗都比这强……

如何在时代语境中去讲述关于传统文化的故事，尤其不能是简单的元素拼接，而是让文化内涵打动人心，这是一个待解的关键步骤。

在百度“AI茶馆”出现之前，几乎没有人能想到传统茶艺还能这么做。就落地的感受来看，AI的加持至少带来了两重惊喜。

一是文化内涵的立体化呈现。借由智能语音、视觉、VR等多维技术，赋予北京风貌更为立体、更具沉浸感的感受路径，当具象化的声色影嗅味等一起冲击你的感官，“穿越”并不只是一句营销词汇，而是真实发生的文化盛景。

二是文化项目的交互式体验。在大多数文化跨界中，年轻人只需要贡献自己的时间、流量和钱包。在这一过程中，消费者扮演的始终是被动输入的角色，最高频次的互动可能就是被某某官博转发评论吧……而在“AI茶馆”的案例中，民众可以看到人们与机器人对话、为难“茶小二”、让AI茶艺师量身选择好茶，甚至还能即兴赋诗一首。通过完整的交互感受茶馆文化的全过程，才是让原汁原味的传统文化真正渗透进年轻人的内心世界，进而打动他们。

目前看来，AI作为最有交互感和体验价值的技术，正在帮助传统文化重新释放自身的现代魅力。一旦尝试过智能交互所带来的甘美体验，大多数人恐怕再也无法相信“买就是王道”式的营销了。

做传统文化与科技文明的“破壁人”：百度AI打开了跨界之路。

老字号“触网”并不是什么新鲜事，但“AI茶馆”能够实现立体化、交互式的体验革新，背后不难看到百度AI能力的全方位强势“输出”。

这杯AI在老舍茶馆中沏出的香茗背后，正是百度大脑集底层技术、算力、工具、服务平台等于一身的体现，并且正以平台化的形式不断交付给千行万业。

在底层技术上，身为“AI头雁”的百度不断将深度学习的产业化效率推向极致。通过自研通用AI处理器“昆仑”、百度飞桨训练推理框架，以及百度大脑的软硬件协同与技术创新，百度正在将百万TOPS的强大算力、智能技术的极致效率推向产业端。

以语音技术为例，百度大脑的流式多级截断注意力模型（SMLTA），就在“AI茶馆”中低调地刷着存在感。比如SMLTA使语音识别准确率提升15%～20%，让AI在嘈杂的环境中也能听懂顾客需求；支持中英文混合识别，本土店小二遇到外国人也能自如交流。至于老北京式吆喝，只需要找北京人录制

20 句话，就能通过风格迁移语音合成专属音效……

听起来是不是很简单？实际上，这与百度大脑在技术的商业应用中，始终坚持以致用性为导向是相呼应的。

作为百度技术积累和业务实践的集大成者，已经升级到 5.0 的百度大脑，正在 AI 算法、计算架构与应用场景的完美融合下，成为一个支撑产业智能化升级的软硬一体的 AI 大生产平台。

比如在飞桨的基础上，开发出高精度定制化训练和服务平台 EasyDL，开发者即使不懂深度学习，也能训练出个性化 AI 模型。

如果是被“AI 茶馆”的语音效果惊艳了，那么去智能对话定制平台 UNIT 看看也许会有惊喜，上面搭载的需求理解与对话管理技术，也能快速让其他门店拥有同款对话交互能力。

在此基础上，通过 AI 快车道、AI 加速器等培训和生态扶持计划，百度大脑正在将越来越多创意者吸引进智能技术的赛道，通过无数奇思妙想把 AI 的价值在现实中盘活。

截至目前，百度大脑已经开放了 218 项核心 AI 能力，日调用量突破 1 万亿次，开发者超过 150 万个，企业用户发布模型超过 16.9 万个。

也正是坚实的技术之力，让百度大脑得以作为百度 AI 技术最直接的输出窗口，成为传统文化激发想象力的创新源头。

当 AI 让故宫的庙堂之高，转变为极具沉浸感的网络江湖；当小度机器人讲起紫禁城的故事；抑或是利用 AR 复原出秦始皇兵马俑与圆明园的华美壮丽……百度智能技术的种种创新，无不向我们陈述着，传统文化与科技文明的无限可能性。

百度品牌 AI 市场部总经理徐菁在谈到这次合作时提到，“好的传承不是把文化放进博物馆的柜子里，百度希望能用 AI 的方式唤醒历史，让它们能被再创造，再体验”。用 AI 的方式为传统文化的未来充值，简单的一句愿景，却是百度为“传统文化现代化”所写下的一个“解”。

百度用 AI 沏出的这杯文化之茶，是芳香的源头，是传统向现代化进化的内生力量，是 AI 让诸多体验的不可能化为可能的魔术手，是文艺气质与科技气质最终完美契合的智能黄金时代。

（资料来源：季丽亚，和讯网，2019 年 11 月 1 日。）

8.1.4 创客文化

创客文化是一种亚文化，是在大众文化当中产生的变种文化。亚文化通常植根于有独特兴趣且抱有执着信念的人群，创客正是这样的一群人——他们酷爱科技、热衷亲自实践，并且坚信自己动手，丰衣足食。创客文化是DIY文化的延伸，它在DIY文化中糅合了技术元素。DIY文化则是朋克理念与反消费主义的结合，朋克理念通常代表反叛、反权威、个人主义和自由思维等。由此诞生的创客文化兼有两者的部分特点，它不认同随意消费，乐于在现有的资源下创造性的再利用。

克里斯·安德森（Chris Anderson）在《创客：新工业革命》中非常推崇互联网引发的社会变革，可是互联网最早是阿帕网（APARnet），而APARnet则诞生于麻省理工学院的铁路模型俱乐部（TMRC）——正是黑客的发源地。因此互联网从一开始就充满了黑客文化，或者说现在的互联网文化的本质正是黑客文化的现代体现。互联网的开放共享为黑客精神的大幅发展注入了新的活力，并产生了一种新的开发模式，一种不同于传统"大教堂"式集中开发的分散互联开发模式——市集模式（参见Eric Raymond的《大教堂与市集》），这种开发模式直接导致了Linux的大跨步发展和广泛应用。而开源硬件和创客群体也借着互联网和"市集模式"，仅用五年时间就快步发展成熟。由上面的分析可以看出，创客群体的产生得益于开源硬件，而开源硬件继承自开源软件，开源软件脱胎于自由软件，而自由软件则凝聚了"黑客文化"，所以简单说——"创客文化"的本源与实质就是"黑客文化"，黑客文化的核心价值也依然适用于创客文化，"开放，共享，分权和对技术的崇拜"也应该顺理成章地引入到创客群体中来。

【资料链接】

黑客伦理及其文化背景

首先谈黑客伦理，黑客伦理是伴随"黑客"（Hacker）一词诞生来的，最早的Hacker一词指的是五十多年前，在麻省理工（MIT）的一些学生，他们业余喜欢鼓捣一些计算机编程，且技术很强。要想称得上"hacker"，他必须有创新、有风格、有技术含量（摘自Steven Levy的《黑客：计算机革命的英雄》）。后来这些学生成立了著名的"铁路模型技术俱乐部"（Tech Model Railroad Club，缩写为TMRC），世界上最早的"黑客"群体就此诞生，从这里走出了世界上最著名的计算机科学家/程序员，包括"人工智能之父"约翰·麦卡锡（John McCarthy）和"自由软件之父"理查德·斯托曼（Richard Stallman）。互联网的原型APARnet也诞生于此。APARnet连接了主要的高校，因而这样的文化氛围也逐渐被大家接受，并最终形成了"黑客伦理"。黑客伦理和黑客文化紧密关联，其核心精神是"开放、共享、分权和对技术的崇拜"。而正是由于有这样的精神内涵存在，黑客文化开始广泛传播，并最终渗透到了全球互联网的每个角落。而自由软件也正是这种精神的延续和“实例化”。当1984年理查德·斯托曼深刻地感受到自由开放正在远离这个世界，黑客伦理正在被商业化的拜金主义所取代，他深感自己身上的担子很重，并最终发起了革奴计划（GNU计划）和自由软件运动。可以说自由软件运动是现在一切开放、开源以及CC（creative commons，创作共用）的理论基础。自由软件的传播发展，促生了带有商业化倾向的开放源代码软件，开源软件的诞生进一步拓展了自由软件的发展道路，迎来了开源大发展的21世纪。既然开源软件已经开发出来了，那么开源硬件也就呼之欲出了。开源硬件特别是以安卓（Android）为首的硬件产品催生了一个新的群体——创客。

“开放”是黑客精神的灵魂，没有开放就没有共享，没有开放也就没有分权，没有开放就更别提对技术的崇拜！因此无论是自由软件、开源软件、开源硬件还是CC（creative commons，创作共用）都把“开放”当作协议的第一条，并且很多都强制要求开放。因为有开放，开源软件才能发展到现在的程度，正是有了开放，开源硬件才能催生出创客群体，而得益于创客群体的开放共享才让这种创客文化如此快地进入到流行文化领域。国内创客运动的创始人李大维提出一种叫“新山寨”的概念，其实仔细想想山寨不就是对开放的渴求么？正是因为缺乏开放才催生了山寨。开源的Android系统出来以后山寨厂立马纷纷倒闭或者干脆生产Android手机。因为开放，山寨没有了活路，但是创新却找到了生机。

（资料来源：田鑫鑫、赵红岩，《解析网络黑客伦理》，《消费导刊》，2009年第1期。）

8.1.4.1　国内创客文化

由于历史原因，中国没有产生黑客文化的土壤，也没有接受这种意识形态的思想基础，但是人们却发现创客是可以带来经济收益的一种“金饭碗”，于是国内就掀起了轰轰烈烈的“拿来主义”。一年多的时间，创客空间在全国主要的一线、二线城市遍地开花，“创客群体”和“创客文化”很快就占领了流行文化领域，甚至在央视新闻里也出现了“创客”身影，可谓实现了“跨越式发展”。这种畸形的“跨越式发展”，跨过了黑客文化传播带来的文化普及，跨越了开放和共享的实质内涵，跨过了创新的黑客价值观——“黑客文化”开放的灵魂被剥离，“创新”的精神被弃置，只留下可以产生经济利益的皮囊。于是“自由开放”不得不弃之，改而使用“分享”“免费”这样讨巧和具有实用主义的词汇，于是充满黑客精神实质和厚重计算机历史文化的创客文化，在中国就只剩下一副“免费分享”的皮囊。

创客＝Maker+Hacker。那么最佳的创客是什么样的呢？简单地说，就是黑客+创客的结合，也就是“创客”这个词的中文翻译要同时对应两个英文词——Hacker 和 Maker。同时在精神上，创客群体要具备黑客文化的开放、共享和分权，可以没有技术崇拜，但是要尊重技术人才，可以走入流行文化，却不能丢掉自我，只有这样，创客文化才能在现在社会生存下来。总之，创客及其创客文化只是自由开放的技术世界这棵“大树”中的一个“小枝杈”，是从属于黑客文化这个“分枝”的，如果脱离了黑客文化，创客文化只能是无源之水、无本之木，要么难成大器，要么畸形发展。

8.1.4.2 国外创客文化

美国创客文化是自由意志加商业主义的。无论美国政府还是创客，都对美国科技的全球领先地位十分看重。政府在近半比例的孵化项目中占主导地位，而创客也会带着“美国梦”精神和超强自信全情投入到项目中。另外，无论是主动还是被动，创客运作创意项目的方式都饱含商业思维，整体市场氛围强调项目不光要出成果，更要结出商业果实。

德国创客文化是行会主义和泛欧洲主义的。无论是否叛逆，大多数创客都会遵循德国传统，借用行会组织的力量来孵化创意，广受尊敬的行会组织在孵化过程中起着引导作用。同时，德国的“大欧洲”情怀如此强烈，以至于德国的海外孵化战略也是发展最快的，整个欧洲都是德国培育创客的舞台。

以色列创客文化则是内敛主义的。以色列虽然是少数靠创新创业国策实现从发展中国家向发达国家跨越的成功案例，但政府却没有刻意主导创客活动，创客文化趋向于在政府与市场之间谋求一种平衡。

对中国而言，生搬照抄任何一种“先进经验”都是削足适履，只会事倍功半。按照国际共通的成功经验，中国需要培养适合自身传统、民俗习惯和当前国情的创客文化。

当前，中国崛起正经历一段艰难时期，三期叠加给经济可持续增长带来压力，经济结构转型是走出困境的关键。在此背景下，创客所从事的事业不仅涉及个人抱负，更关系到国家未来发展，我们所处的时代需要一种更具责任感和使命感的创业氛围。

中国创新创业孵化模式的短板在于机制活力还未释放，政府主导模式缺乏效率，资本主导模式缺乏规划。因此，迫切需要平衡全局力量，建立政府和市场共同作用的创新创业孵化机制，引导创客积极调动多元化的创意孵化力量，营造一种不唯上、不唯钱、只唯实的创业氛围。

另外，如今的中国正在变成一个全球化大国，“一带一路”和人民币国际化等进一步拓展了中国对外开放的广度和深度，这也要求中国创客打开眼界，提升创新创业格局，积极打造面向全球、融入世界、引导潮流的创客文化。

创新创业涉及的资源投入种类越来越多、规模越来越大，单枪匹马完成创意孵化的成功率越来越低。只有发扬中华文化包容并蓄、共生共荣的优秀传统，培育以合作共赢、互助互利为主题的创客文化，中国的创新创业才能快速开创出“大场面”。

8.2 “互联网+媒体广告业”与精准投放

在中国互联网发展的20多年中，互联网与广告、零售、金融、通信等传统行业结合，造就了百度、阿里、京东、腾讯等一大批互联网优秀企业，也为中国经济的转型升级提供了新路径和宝贵经验。而随着“互联网+”时代的来临，越来越多的传统行业开始围绕互联网进行融合创新。

8.2.1 “互联网+媒体广告业”

“互联网+媒体广告业”就是指媒体广告使用网络渠道进行推广传播，也可以理解为网络广告业。网络广告就是在网络上做的广告，是指利用网站上的广告横幅、文本链接、多媒体等技术手段，在互联网上刊登或发布广告，通过网络将其传递到互联网用户的一种高科技广告运作方式。

【资料链接】

腾讯广告张敏毅：关注长期用户价值提升才能实现长线可持续增长

对于刚结束的2019年，很多人叫苦不迭。裁员、公司倒闭，这样的情况每天都在各个行业中发生。

在腾讯广告内部，张敏毅除了负责教育板块，也负责网服、游戏、金融、电商、旅游等行业。接触下来，张敏毅发现，相比其他领域，教育行业有个非常大的特征，即它的购买者和使用者基本上不会是同一个人，尤其是在K12领域。

腾讯广告方面希望能够用更健康的方式，把用户群体的需求与不同服务提供者的诉求联系起来，在不过度贩卖焦虑的情况下，抓住用户群体对线上教育信息的需求。

亿欧教育此前曾分析，纵观教育企业做营销的平台，包括腾讯在内的数家头部平台都深受在线教育企业青睐，那与其他平台相比，腾讯广告的优势何在？

首先不得不承认，相比其他营销平台，腾讯广告在对用户群体的整体覆盖方面非常具有优势。腾讯广告基于整个腾讯生态之下，不管是从用户活跃度、用户使用深度及社交关系链的搭建，还是从覆盖宽度以及深度上，都极具竞争力。

张敏毅也强调，腾讯广告具有丰富的场景组合，基于腾讯广告更加有宽度和深度的用户群体洞察，可以帮助客户选对场景。他还强调，区别于传统的互联网广告生意，腾讯广告是解决方案的部门，是真正为客户创造价值的部门，除了有“货”之外，更重要的是把“货”和能力结合在一起，给客户提供更好的方案。同时腾讯广告还在不断地探索，进行所有能力的统一和协同。从‘货’、客户端到腾讯广告的业务能力都在不断进步，这个过程还在不断演进和推进中。

还有一个值得关注的是腾讯广告的智能投放系统，以“机器的力量”更大化流量价值，在定向、出价、创意、预算、实验、诊断及衡量等阶段通过一系列智能产品提升广告投放效率与效果。具体来说，腾讯广告拥有几乎全自动化的算法和AI的广告体系，可以帮助客户实现低成本、有效且高效率的拓客。系统可以从创意开始帮助客户自动化完成营销方案。

据张敏毅介绍，目前在网服、游戏、电商行业，这个自动化程度已经有了很高的占比。在教育行业，也有越来越多的客户开始使用这样的全自动系统。机器学习本身是一个不断优化的过程，过去一年机器学习进步的速度比前几年更加快速，这本身也是能力几何基数上升的过程。未来腾讯广告的终极目标是用这套智能投放系统为客户带来越来越高阶和深度的服务。

来自教师家庭的张敏毅，他认为教育是“十年树木、百年树人”的行业，是一个慢行业，是需要大家投入、奉献的行业。

经过对营销增长长期的探索，张敏毅总结出3个重要增长因素：丰富多元的增长点、最大化的增长值、持续长效的增长力，而这背后就是以“持续价值增长”为核心的长线思维。

因此相比给客户带来多少流量，张敏毅更关注帮其抓住用户群体的“心智”，在建立交易的同时，在品牌和用户群体之间形成一种连接，对用户群体进行“心智转化”，真正帮助企业实现长线增长。

在张敏毅看来，关注长期用户价值，即LTV的建设，将从对流量的关注转变为对用户心智的关注，真正抓住用户心智才是有用的流量。希望企业能从心智开始，把如何建立品牌和用户的连接作为整个营销的首要目的，找到和用户交流的场景。

从交易延伸至“体验、心智占领、口碑”。在这个过程中，关键是要为用户提供“高内容相关性、有共鸣的场景体验感、高效转化的增值服务”，由营销驱动服务进化，让每个服务点都有机会成为增值点。

张敏毅表示，腾讯广告平台的能力建设和服务平台的流程建设，目标都是LTV的更大化，他希望大家可以耐心创造真正的长期价值。

今年教育行业的假期战来势汹汹，近十家在线教育企业在暑假期间投入了40亿~50亿元资金用于市场营销，这样的大手笔震惊了教育圈。

在张敏毅看来，这证明互联网化是一个不可取代的趋势。这些领先的互联网教育平台，其实是下了极大的决心，有意识突破自身原来的模式，因此才会有这般巨额投入。

当然他也强调，教育不是靠“烧钱”能够“烧”出级别来的，持续的营销投入应该是常态化的，如果可以确保基本的用户群体是在健康可持续的增长轨道上，是可以通过“冲击”的方式，找到一条更可持续的高速发展路径。

（资料来源：孟晓慧，亿欧网，2019年12月3日。）

8.2.1.1 “互联网+广告”

“互联网+广告”就是在互联网网络上做的广告。与传统的四大传播媒体（报纸、杂志、电视、广播）广告及近来备受青睐的户外广告相比，网络广告具有得天独厚的优势，是实施现代营销媒体战略的重要一部分。网络广告是主要的网络营销方法之一，在网络营销方法体系中具有举足轻重的地位，事实上多种网络营销方法也都可以理解为网络广告的具体表现形式，并不仅仅限于放置在网页上的各种规格的横幅广告，如电子邮件广告、搜索引擎关键词广告、搜索固定排名等都可以理解为网络广告的表现形式。无论以什么形式出现，网络广告所具有的本质特征是相同的。网络广告的本质是向互联网用户传递营销信息的一种手段，是对用户注意力资源的合理利用。互联网是一个区别于传统媒体的全新广告媒体，具有速度快、效果理想等优势，是中小企业扩展壮大的很好途径，对于广泛开展国际业务的公司更是如此。

8.2.1.2 “互联网+媒体广告业”的优越性

“互联网+媒体广告业”的优越性体现为：①覆盖面广，观众基数大，传播范围广阔。②不受时间限制，广告效果持久。③方式灵活，互动性强。④可以分类检索，广告针对性强。⑤制作简捷，广告费用低。⑥可以准确地统计受众数量。

追本溯源，网络广告发源于美国。1994年10月14日是网络广告史上的里程碑，美国著名的热线（Hotwired）杂志推出了网络版的Hotwired，并首次在网站上推出了网络广告，这立即吸引了AT&T等14个客户在其主页上发布广告，10月27日当一个468像素×60像素的横幅广告出现在页面上时，标志着网络广告的正式诞生。更值得一提的是，当时的网络广告点击率高达40%。

8.2.1.3 “互联网+媒体广告业”的价值

（1）品牌推广

网络广告最主要的效果之一就表现为对企业品牌价值的提升，这也说明了为什么用户浏览而没有点击网络广告同样会在一定时期内产生效果，在所有的网络营销方法中，网络广告的品牌推广价值最为显著。同时，网络广告丰富的表现手段也为更好地展示产品信息和企业形象提供了必要条件。

（2）网站推广

网站推广是网络营销的主要职能，获得尽可能多的有效访问量也是网络营销取得成效的基础，网络广告对于网站推广的作用非常明显，通常出现在网络广告中的"点击这里"按钮就是对网站推广最好的支持。网络广告（如网页上的各种横幅广告、文字广告等）通常会链接到相关的产品页面或网站首页，用户对于网络广告的每次点击，都意味着为网站带来了访问量。因此，常见的网络广告形式对于网站推广都具有明显的效果，尤其是关键词广告、横幅广告、电子邮件广告等。推广的方式有很多，一般有付费的推广（如：百度付费等）和免付费的推广，也有一些功能特别强大的组合营销软件，可以实现多方位的网络营销。

（3）销售促进

用户由于受到各种形式的网络广告吸引而获取产品信息，已成为影响用户购买行为的因素之一，尤其当网络广告与企业网站、网上商店等网络营销手段相结合时，这种产品促销活动的效果更为显著。网络广告对于销售的促进作用不仅表现在直接的在线销售上，也表现在通过互联网获取产品信息后对网下销售的促进。

（4）在线调研

网络广告对于在线调研的价值可以表现在多个方面，如对消费者行为的研究、对于在线调查问卷的推广、对于各种网络广告形式和广告效果的测试、用户对于新产品的看法等。通过专业服务商的邮件列表开展在线调查，可以迅速获得特定用户群体的反馈信息，大大提高了市场调查的效率。

（5）顾客关系维护

网络广告所具有的对用户行为的跟踪分析功能为深入了解用户的需求和购买特点提供了必要的信息，这种信息不仅成为网上调研内容的组成部分，也为建立和改善顾客关系提供了必要条件。网络广告对顾客关系的改善也促进了品牌忠诚度的提高。

（6）信息发布

网络广告是向用户传递信息的一种手段，因此可以理解为信息发布的一种方式。通过网络广告投放，不仅可以将信息发布在自己的网站上，也可以发布在用户数量更多、用户定位程度更高的网站上，或者直接通过电子邮件发送给目标用户，从而获得更多用户的注意，大大增强了网络营销的信息发布功能。

8.2.2 “互联网+媒体广告”的精准投放

8.2.2.1 网络广告投放的流程

面对多样的广告模式和专业名词，我们是选择视频还是图片的形式去投放呢？那么到底需要做哪些工作才能达到更好的网络广告投放效果呢？为了实现网络广告的精准投放，需完成以下流程。

（1）受众人群分析

做网络广告投放首先要针对产品做受众人群的分析工作。从年龄、性别、收入、职业等方面进行数据统计，分析出他们经常会访问的网站，然后去分析他们的访问动机是否和广告投放目的相符。例如，我们分析出我们的受众人群是20~25岁的女性，月收入为2 000~3 000元的普通公司文员。她们年轻富有活力，购物欲很强，但是收入却不高，她们更喜欢去购物网或者团购网站、交友类网站、女性、时尚网站、sns类网站。

（2）受众行为分析

经过受众人群分析，我们基本可以得出我们的受众喜欢浏览哪些网站。但是种类很多，对于普通的广告主是不可能全部都去投放的，而且这样投放也不是特别的精准。这时候我们需要逐个分析我们的受众访问这些网站的目的是什么，根据她们的行为来判断是否和我们投放广告的目的相关。如果她们是来看美容资讯你就不要指望她们能去购买杯子或者一些漂亮的餐具，虽然它们的受众可能都是这群人。如果是卖香水或者是面膜的商家倒可以试试。

（3）目标网站筛选

通过前两项的分析，我们已经可以大致锁定某些类型的网站作为广告投放目标。这时候我们要选出几个具体要投放广告的网站，选择的标准是网站的访问量，需要注意的是如果你投放的是二级页面，就不能单看整个网站的访问量。选择广告投放目标原则上是越多越好，因为这样就可以通过大量的比较工作选择出性价比最高的。但是考虑到工作量，一般遵循是1∶5的比率选择原则，就是投放一个网站就要找到5家网站作为候选。要选择这么多的原因是广告模式没有确定。如果我们的广告模式不能被投放目标接受，那我们可以选择其他网站。

（4）广告投放细节确定

当广告投放目标网站确定后，我们要回过头来确定广告投放的细节问题。这时候我们手里的数据已经很多了，首先我们要明确投放广告的目的，目的有很多，有单纯的提高访问量及品牌认知，有想提高会员注册量，有想获得潜在客户信息，有想直接产生销售。确定了广告投放的目的基本就可以确定我们用哪种广告投放模式。接着我们确定哪种投放主体，这些是由受众和网站性质决定的。投放时间是根据投放模式和广告预算来定的，如果是传统的投放方式一般是以一个月为一个周期，如果是以提成的模式投放也是每月结算的。

（5）广告投放洽谈

当诸多的细节被确定后，我们需要和我们选择的广告投放目标网站进行洽谈，最重要的就是广告的价格。因为可能有公司主办的网站，也可能有个人主办的网站，所以价格上差别很大。个人网站相对可谈的弹性就更大一些。当广告价格、投放时间、预期效果都确定后，最好以合同的方式进行约定，合同撰写要尽量详细，除了前面说的条件以外，要把网站的访问量、域名的相关信息进行备案。需要注意的是，一定要把预期效果和停止广告的条件写清楚，以免后期有争议。如果是个人站长不能以合同的方式进行约束，那么要以电子邮件的方式保存。

（6）广告物料制作

最炫的不一定是最好的，一切创意都要以效果为主。只有抓住消费者的眼球，才能达到甚至超过预期的宣传效果。

（7）广告正式投放和后续跟踪

投放广告之后的后续跟踪工作也是十分重要的，如果能在过程中发现问题就可以避免更多的损失。至少要以周为单位做数据分析，来考评网络广告投放的效果。可以在广告投放过程中做出一些软性的调整，比如更换物料，调整投放位置等。

【资料链接】

两个互联网广告大数据精准投放案例

（1）家居商城的互联网广告投放案例

营销目标：因官网UV增长放缓，欲通过平衡新老客户引入、优化用户黏性，提升高质量UV与销售量。

营销策略：利用谷歌Doubleclick、Ad Exchange，百度BES，腾讯ADX，Allyes，淘宝Tanx等进行媒体投放。新客：从定向组合和素材层面入手，以低价或轻微溢价为丽芙家居覆盖与引入新客，并通过后续转化，对各种策略进行调整。老客户：对网站的访客根据不同行为加以精细的分层管理。在不同传播层面上，以自动生成的针对性动态素材，以及准确的分级溢价，找回网站访客。

营销效果：官网访客数量与质量大幅上升，新客投资回报率（ROI）突破1：2，再营销回报率更是高达1：12。

点评：丽芙家居凭借平台良好的体验和产品差异性，开创了垂直电商比较独特的成功模式，通过与在重定向领域有着非常突出成绩的数新网络（WiseMedia）合作，加强对老用户的价值挖掘，并同步注重新用户的比例，从而破局垂直电商面临的市场规模难题。

（2）某互联网金融平台的互联网广告投放案例

营销目标：作为新兴行业，P2P网贷获取用户的成本较高；从网络营销环境来看，真实点击成本持续走高。广告的目的是让用户认识、了解、信任易通贷，提升注册量和成交量。在提升品牌认知的同时，大大提升效果的转化。

营销策略：量身定制吸引新客、影响老客的营销策略。通过各类标签了解目标人群，通过差异化素材匹配细分用户，通过100万+网站广泛覆盖用户，精准地向有理财需求的人群投放广告。首先，在内容层面“影响理财心理、突出品牌、强化产品优势、形成自主传播”；其次，在渠道层面“海量媒体曝光，媒体发声，精准投放”，从而获取大量新用户；再次，通过“降低首次购买门槛、强调收益、强化安全”来提升用户购买频次和购买量；最后，提升回头率、减少会员流失率，长期累积用户，使老客户忠诚化。

营销效果：点击率提升三倍、注册成本下降50%。

点评：互联网金融作为互联网+下一种新型的商业模式，由于客单价较高及征信体系的缺失，用户的跳转相对较差。通过与专注效果营销的易博DSP合作，实现了用户规模质的突破，这也是互联网金融领域借助大数据精准营销非常成功的案例。

（资料来源：秦志强，《秦志强笔记》，2020年10月7日。）

8.2.2.2　媒介的评估与选择

人们都知道企业做广告得找媒介，然而该找什么样的媒介，却有很大的学问。一般来讲，企业选择媒介做广告，要结合当前与长远的发展战略目标做出决定。比如新产品上市时，为了吸引社会关注和打动经销商，就要考虑选择主流的财经媒介。如果要拉动终端销售，则应考虑选择目标市场的大众媒介，比如当地强势的电视、报纸。在确定了选哪种媒介这个大方向后，要对同一类型的所有媒体进行评估，具体参考指标有发行量、受众总量、有效受众、受众特征、媒介本身的地域特征、广告的单位成本、广告的时段等。这里着重对有效受众、广告的单位成本和广告时段进行分析。

（1）有效受众

有效受众，指在媒介的所有受众中，那些对自己广告诉求内容比较关注和敏感的人群。在媒介的总受众人群里，特定的广告针对特定的人群进行诉求，而这些人群只占总体受众的一部分，这才是有效受众。一些企业的广告之所以收效甚微，主因是自己的目标受众仅占媒介总受众的小部分。例如：凤凰卫视每周三晚的“军情观察室”有很多年轻人爱看，如果插播越野摩托车、游戏软件之类的广告，肯定效果奇佳。但如果插播“蚁力神”“钙中钙”之类的保健品广告，相信广告效果会大打折扣。对同一则广告而言，如果媒介受众大部分是自己的目标人群，那么，它所获得的效益就好，反之，则低。

（2）广告的单位成本

广告费用一般包括广告制作成本和广告媒介成本。与其他媒介相比，电视广告由于制作过程复杂，保存相对困难，所以制作成本会比报纸、电台、杂志高。另外，同一类媒介之中，由于有效受众数量的不同，价格也会有天壤之别。通常情况下，我们可以根据他们的千人成本来衡量他们的价值。

所谓千人成本，指某一媒介发布的广告接触 1 000 个受众所需要的费用，一般的计算公式是：广告费用除以媒介的受众总量再乘以 1 000。这个尺度可以明确的显示出在某一媒介发布广告的直接效益，因此常常作为评估媒介效益的重要量化标准。从理论上说，媒介的每千人成本低，企业宣传费用自然就降低。例如：在甲报纸上投放一次广告需要 10 000 元，其有效受众数是 200 000，则甲报的千人成本为 50 元；在乙报纸上投放需要 6 000 元，其有效受众数是 100 000 人，则乙报的千人成本为 60 元。很明显，企业选择甲报纸投放广告比选乙报纸获得的效益高。

（3）广告时段/版位

有人认为，只要所投放的媒介足够强势，投放的频次足够多，广告一定能收到最好的效果，其实不尽然。因为对于同一媒介，选择在什么时候投放广告，什么时段和版面投放广告，效果迥然不同。比如电视广告，每晚七点左右为黄金时期，报纸广告则是每周四、每周五的效果最佳。对于报纸，选择投在什么版面，投在版面的什么位置，效果差距也很大。下面着重谈谈报纸。就广告效果来讲，报纸的头版和最末版，无疑是最好的，其他如新闻版、财经版、特稿版，也不失为理想的版面。确定了版面以后，要争取发布的位置具有吸引力，而且周围不出现品牌地位比自己低、内容恶俗的其他广告，以免受众混为一谈，损害自己的品牌形象。如果自己的品牌地位不高，就要争取与地位高的品牌并列发布，这样既能吸引更多的关注，又有助于提升品牌的地位。

8.2.2.3 “互联网+广告”投放的原则

一些企业投广告喜欢狂轰滥炸，或“多管齐下”，即通过电视、报纸、互联网等多种媒介对同一则广告密集投放，企图达到“1+1+1 > 3”的效果，但结果恐怕不能尽如人意。要使广告组合投放的收益最佳，必须掌握以下原则。

（1）有效受众扩大原则

任何一种媒介的受众都不可能与企业产品的目标消费群完全重合，因此，企业组织投放广告应该最大限度地互补挑选媒介，即选定一个媒介后，要针对它没有包含在内的那一部分消费群，借助其他媒介来完成。这样做的目的是，满足广告发布覆盖最大的有效人群，即企业产品的目标消费群。

（2）巩固提高原则

消费者对广告信息产生兴趣、记忆、购买欲望，需要广告反复提醒和巩固。因为受众对一则广告在一个媒介上重复刊播的注意力会随时间而减少，因此需要多种媒介配合，延长受众对广告的注意时间。

（3）信息互补原则

不同的媒介有着不同的传播特性，比如电视广告对于吸引消费者的注意力有所帮助，但不能传递太多的信息量，报纸、杂志就可以传递较多的信息量。一般促销活动的信息可以由电视或报纸发布，但促销活动的详细规则可以由店头海报传递。

（4）时空交叉原则

不同的媒介有不同的时间特征，比如电视、报纸发布非常及时，可以连续进行宣传，间隔较短。而杂志一般以月为单位，不宜发布即时的新闻。在媒介组合中，应该考虑时间上的配合。比如在电视、报纸上做简明的新闻报道式的广告，在杂志上做深度的互联网软文广告。总之，无论采取哪种形式投放广告，都应遵循效益最大化原则，即对在各种媒介上发布的广告规格和频次进行合理的组合，以保证在达到广告效果的情况下，节省广告费用。

8.2.2.4 “互联网+媒体广告”精准投放策略

（1）集中式投放策略

在特定区域、特定时刻及特定媒体总量的限制下，广告投放能产生一种挤出效应。即在广告版面总量为 100 的情况下，A 企业投放总量 80 的广告，其他企业只能投放剩余的 20。如果 A 企业投放总量再提高，其他企业所能投放的广告版面便相应减少。房地产是竞争非常激烈的行业，每日媒体上所刊登的楼盘广告信息数不胜数。A 企业在短时间内进行集中式投放，一方面既提高了自身的曝光率，另一方面也让其他楼盘没有机会打广告，让消费者只能看到 A 企业，所以其也是非常有效的。

这种集中式的广告投放并非适合所有的企业及产品的市场推广。只有产品信息相对透明，企业无须花长时间培养市场对产品的认识，同时市场上同类产品竞争激烈，小打小闹广告投放很难见效果的情况下，才可以考虑使用此策略。

（2）连续式投放策略

广告的投放策略应根据产品或品牌所要达到的传播效果而定。从市场推广的角度看，产品可以分为市场启动期、市场成长期、市场成熟期及市场衰退期。而从产品宣传的目的看，可以分为提升产品知名度、打造品牌美誉度、树立产品形象等不同目标。不同的产品入市时期不同及产品宣传目标也不同，其应采用的广告投放策略就会大相径庭。

对于那些机能复杂、售价高昂、消费者对产品信息了解不够充分的新产品，在前期市场推广时就适宜采取连续式的广告投放策略，有目的、有步骤地把产品信息传达给相关客户群。而且，广告投放应该选择与产品特性相近或者具有较高公信力、品牌知名度的媒体，利用这些媒体影响，提升产品的形象与知名度，为下一步市场推广铺平道路。

连续式的投放策略的优势就在于细水长流般地将产品或者品牌渗透进消费者脑海中，使他们对产品的印象与好感持续增加。当然，这种投放策略需要企业有较长远的广告预算，同时也要预防后进的竞争对手以高强度的广告投放进行包围及拦截。这些都是制定连续式投放策略所要考虑的。

（3）间歇式投放策略

对于一些在市场已经非常畅销，或者品牌知名度相当高的产品，许多人认为已经无投放广告的必要了。在他们看来广告的最大目的就在于传达产品信息及树立品牌形象，既然产品已经众所周知且品牌形象良好，就不必再浪费额外的广告费了。但是，广告投放除了以上两大功能外，同样承载着一个非常重要的功能，那就是消费者情感唤醒的功能——这就是我们所要讨论的间歇式投放策略。

像可口可乐、百事可乐、微软、万国商业机器公司（IBM）等行业巨头，无论是公司还是其主打产品，绝大部分的消费者都耳熟能详，而且，其品牌号召力也是非常巨大的。但是，除了在新产品面世时的正常广告投放外，我们还能在有关媒体上见到这些公司已有旧产品的广告信息。这种间歇式的广告投放策略的目的显然不再只是产品本身信息的传达，更是担负着唤醒消费者与产品之间的情感沟通的职能。从消费者的大脑记忆与情感遗忘程度曲线上看，在没有任何提醒的情况下，每隔三个星期的时间，消费者对产品与品牌的记忆度与情感度就会下降 2~5 个百分点。如果企业在此时没有进行相关的广告投放，其他品牌的产品就可能乘虚而入。

从市场推广的角度看，间歇式的投放策略适合于产品的高度成熟期，消费者对产品的记忆与好感只需间隔性的提醒，而无需密集地接触。而广告投放的间歇期的长短，则要视市场竞争的激烈程度而定。

8.2.3 新媒体时代广告业的转型升级

在全球传媒产业转型升级的时代，广告行业也面临着转型的需求。研究新媒体时代广告业的转型升级，必须将其放在全球媒体融合、文化产业振兴以及大数据的背景下来认识。

8.2.3.1 建构全媒体传播平台

全媒体概念来自传播实践，对于广告业来说，新的媒体环境和受众碎片化的现实，导致传统广告形式有效性的衰落，全媒体广告发布应运而生。从业界的视角来看，全媒体是一种媒体整合形式，也是一种媒体策略和运作方式。

在媒体融合的趋势下，广告业势必要对广告的传播体系进行整合。传播渠道的多元化搭建了多元化的受众沟通渠道，全媒体传播必然成为未来广告传播的趋势。在这种全媒体传播中，特别值得重视的是平台化。使用者通过同一个平台实现对各类信息的所有需求。这种需求对广告业来说，就要建构一个统一平台，对受众进行全方位、多样化的广告传播。对于广告业而言，媒体融合将带来传播方式的平台化。在全媒体平台上，广告信息能够依附越多的媒介载体，广告表现的空间越大，因此能体现的广告价值越高。在全媒体平台上，广告信息从传播的深度和广度来说，都要高于传统广告媒体。

从国内的具体情况看，目前正在推进中的三网融合更是给全媒体传播平台的建构提供了有利契机。三网融合带来的平台化传播渠道，将颠覆传统的广告分类标准。习以为常的广告分类标准是以媒体形态为区隔的，如电视广告、报刊广告等。而融合后的传播平台将涵盖所有的媒体特征，媒体区隔将会消失。新的广告分类标准将建立在受众区隔的基础上，根据目标受众的不同，个人信息平台、家庭信息平台和社区信息平台将各司其职，分别承担不同的广告信息流。

8.2.3.2 定位创意文化产业

广告以创意为核心、文化为导向、产业为发展方向，广告产业是创意文化产业的重要组成部分。自进入21世纪以来，我国政府高度重视发展创意文化产业，为广告业提供了有利的发展契机。但是对于新媒体广告来说，如何在技术进步中提升其创意水平，仍然任重而道远。

广告产业是运用艺术和科技为产品寻找价值和市场的艺术，在新媒体背景下，广告从业人员、广告代理机构需要转换思维，利用新的传播平台实现广告业和创意产业的融合，使人才技术创新、知识生产成为本身发展的战略资源。随着新媒体的发展，“体验经济”“互动营销”等观念已深入人心。在新媒体时代，广告需要通过独特的创意，利用新技术进一步激发受众参与，提升他们体验的积极性以及互动体验的好评度。为此，广告人和受众需要进行更多以及更深层次的对话，在广告形式、内容、理念等方面进行革命性创新。

此外，创意文化产业需要在创造经济效益的同时，弘扬中华优秀传统文化，增强中国软实力。但在西方文化的冲击之下，如何确立中华文化的价值核心以及如何发掘中华文化的典型形象，是当下面临的一个艰难的时代课题。在这种转型背景下，新媒体广告如何在现代与传统之间找到一个平衡点，也需要努力探索。

8.2.3.3 大数据时代的营销体系和用户分析

大数据时代的到来，意味着决策将会越来越以数据和分析为基础，而非靠经验和直觉。大数据时代的诸多趋势将对新媒体营销产生深远的影响。伴随大数据的是泛联网化，即各类终端都会和互联网联通，享用网络服务。泛联网化有三个显著的特征：第一，跨平台，即不管是PC、平板还是手机，给客户的体验都是相近或相互关联的；第二，门户化，即用户无需启用其他软件即可完成绝大多数的工作和信息需求；第三，碎片化，即把原来大型臃肿的软件，拆分成多个独立的功能组件，用户可以按需下载使用。

对于广告代理业而言，构建新媒体时代广告营销体系的核心就在于对大数据的建设、管理和应用。新媒体广告的一大特色就在于精准性，而要实现这一目标，大数据技术则提供了可靠保障。广告公司应积极尝试大数据营销的新模式，针对营销需求，建立自己的消费者数据库，精确系统把握消费者，并以此作为广告营销活动的基础。

新媒体广告转型要在此基础上搭建信息平台，充分发挥广告文化创意产业功能，聚合碎片化的受众需求，实现最大程度的精准化，加速新媒体时代广告产业转型的步伐。

8.2.4 媒介融合视域下互联网新兴媒体的融合创新策略

互联网新兴媒体是指互联网技术催生下的新兴媒体形态。在全新的媒介融合视域下，互联网新兴媒体的媒介融合既有对新技术、新趋势的快速响应与迭代更新，亦有对传统媒体内容优势的借鉴融通。本书以互联网新兴媒体为论述主体，探讨在全新的媒介融合语境下，互联网新兴媒体如何基于创新策略实现融合，形成适用于自身的融合转型之道。

新旧媒体互相借势，从而推动融合媒体的内容生产，带动新闻业的变革，这是媒介融合的动力模式。随着新技术的发展和媒介生态、代际用户生态的演变，新旧媒体的相互融合逐步成为媒介融合的常态。传统意义上的媒介融合，大多是对传统媒体“数字化转型”的探讨，较少探讨互联网新兴媒体的媒介融合。

所谓互联网新兴媒体，是指互联网技术催生下的新兴媒体形态。互联网新兴媒体具有先天的技术优势，并较少地受制于产业管理政策和媒介规制的影响，加之其更符合市场趋势的管理机制，其融合创新的空间更加广阔。在全新的媒介融合视域下，互联网新兴媒体的媒介融合既有对新技术、新趋势的快速响应与迭代更新，亦有对传统媒体内容优势的借鉴融通。其主要媒介融合路径大致有以下两个方面。

8.2.4.1 文本融合层面：从碎片化的“信息流”到结构化的内容整合

从媒介融合的微观层面上看，互联网新兴媒体在内容生产上优势与劣势并存。相比于传统媒体，互联网新兴媒体凭借其先天的技术优势，利用多媒体、HTML5 等技术进行“数字化集成报道”，在融合新闻生产的文本呈现上更具多元性和感染力。然而，在信息冗余、注意力稀缺的时代，以今日头条等聚合类新闻 App 为代表的“新闻流”（New Stream）呈现方式很难满足用户的深度需求。其“无版面阅读”的信息流呈现方式，极易陷入表达意义的“浅薄化”“碎片化”。

因此，在全新的内容生产模式中，互联网新兴媒体需要结合大数据等技术对海量信息进行过滤、分析、整合，采用适宜的文本框架进行结构化加工，并利用互动化的传播方式进行可视化呈现，拓展文本表达的意义空间。这种融合新闻生产方式，正是一种基于数据挖掘的定制化信息深度整合服务，同时，要求互联网新兴媒体对传统媒体中诸如“版面”“栏目”等文本框架进行借鉴融合，并结合互联网的传播特性和技术工具予以整合加工，生成与用户深度互动的结构化内容文本，达到最好的传播效果。

8.2.4.2 产业融合层面：互联网+背景下的新模式与新路径

互联网就是对于一切社会要素、市场要素及其他要素进行关联整合。随着互联网+、平台型媒体等概念兴起，互联网新兴媒体的媒介融合路径更加集中于中观和宏观层面的融合。

首先，是版权资源的整合。如今，互联网新兴媒体愈发重视版权内容资源的积累，并不断强化内容自制能力，深度挖掘内容分发渠道，依托数字技术和智能终端，形成多层次、多类型内容融合产品。通过内容资源的整合和增值，实现产品的多元、定制化分销，开拓长尾市场，提供个性化的“利基”

服务。

其次，是市场和产业层面的融合。互联网新兴媒体凭借其独有的开放性，整合的资本、技术等外部力量完成转型升级。从大传媒业角度出发，互联网媒体的媒介融合包含了对内容产业、通信产业、IT 产业等诸多产业领域的整合，业务形态由单一走向多元。

8.3 “互联网+文化创意与媒体广告业”商业模式创新

互联网新兴媒体是指互联网技术催生下的新兴媒体形态。在全新的媒介融合视域下，互联网新兴媒体的媒介融合既有对新技术、新趋势的快速响应与迭代更新，亦有对传统媒体内容优势的借鉴融通。本节以互联网新兴媒体为论述主体，探讨在全新的媒介融合语境下，互联网新兴媒体如何基于创新策略实现融合，形成适用于自身的融合转型之道。

8.3.1 “互联网+”与文化创意产业

8.3.1.1 文化创意产业是推动整个经济发展的推进剂

现在已进入了创客时代。创客时代的来临有多方面的原因，其中一个非常重要的原因是高科技、数字化，特别是互联网和移动网给人们创造了新的机会，让文化创意产业进行了升级换代。

过去，文化创意产业发展面临着地域、部门、所有制、行业四大壁垒，条块分割所带来的种种问题让我们困扰不已。现在，“互联网+”的提出改变了我们的传统思维：“互联网+”对文化创意产业的重大意义在于，人们不再拘泥于文化创意产业是什么、文化创意产业是谁管的、文化创意产业在哪个条块分割的区域里面，文化创意产业就是一个推动整个经济发展的推进剂。

8.3.1.2 文化创意产业是文化与科技高度融合产生的新业态

文化创意产业要为整个中国经济的结构调整发挥作用，从总体上进行与其他传统行业的跨界融合。李彦宏、马化腾等人都提出，任何一个领域只要互联网进入就能全面改造它，这是一个非常重要的思路和想法，中央看到了这个问题就提出了“互联网+”这样一种整体的战略，这种整体战略就是全面地把互联网为代表的高新科技和设计理念贯穿到各个传统产业中。

一是文化创意产业要与信息业发生交融。信息业最终售卖的是内容，这个内容就是文化。

二是文化创意设计应该为建筑业服务。现在中国在建筑业中表现出来的意识较为落后，还是把建筑业当成建房子，而没有像西方那样当成是一个艺术的行业，是文化理念的一个组成部分。

三是文化创意产业要推动旅游业的发展。旅游业可以通过现代的传输手段，尤其是通过更高的网络和物联网解决注意力经济的问题。

四是文化创意产业要全面提升农业的价值、提升农业的关注度，比如采摘农业、农业展会、农业嘉年华、农家乐等，使得农业同时具有了会展业、旅游业以及教育等其他方面的功能。

五是文化创意产业要支持体育行业。现在我们预计体育产业在 2025 年以后大致要达到五万亿元的产值，这是非常可观的。

8.3.1.3 “互联网+”促进文化创意产业内部的升级换代

通过“互联网+”，文化创意产业内部的升级换代也能够有所突破。文化创意产业的发展经历了三个不同的阶段，第一个阶段就是在十六大之后中央发出号召，各地闻风响应，主要从事的是旅游业为主的初级产业。第二个阶段是十年的文化体制改革，提出了国有文化事业单位转企改制的问题，各省的电视台、报纸、期刊、广播、出版等国有机构都改组为传媒集团，虽然获得了一定的改革红利但也面临着网络新媒体的巨大冲击。现在是第三个阶段，文化创意产业依靠高科技进行发展，也就是文化与科技的高度融合。由互联网带来的新媒体、自媒体、大数据、网络广告、移动电商等数字化网络技术所创造出来的新业态都是文化内涵和互联网高度融合产生的新的业态。互联网的进入使得文化产业进入了一个全新的高端化发展历程。纵观当今世界，以科技和文化产业相互融合为代表的创意经济已成为欧美等发达国家经济发展的重要推动力量。

8.3.2 “互联网+”与文化创意产业发展背景

8.3.2.1 视频行业营销逐渐成熟

视频行业营销逐渐成熟，其多元模式及现象级影响力已经成为越来越多本土广告主的选择，他们将预算大幅从电视转向视频。例如，本土快消代表企业宏宝莱从 2013 年到 2015 年，紧扣消费者动态，广告投放华丽转型：不断削减电视及户外广告预算，大幅度向网络视频转移。2015 年，宏宝莱携手优酷土豆，优化媒体选择，集中区域投放，让广告投放的实效性显著增强，真正助力品牌赢取市场。

8.3.2.2 区域市场精准定投

以宏宝莱为例，吉林和辽宁是宏宝莱最主要的目标市场。为了巩固、扩展目标受众，与优酷土豆合作时，宏宝莱选择了“区域定投”模式，锁定两大主要市场精准投放。投放效果调研显示，宏宝莱在优酷土豆的投放成功覆盖吉宁、辽宁两省58.4%的人口，超过四千万人次，实现近1.6亿次曝光。精准覆盖目标人群，让视频营销的价值实现最大化。

品牌核心指标大提升。以2014年4—7月的投放调研为例，宏宝莱生榨的品牌第一提及率上升131%，品牌认知度上升40%，品牌喜好度上升71%，各项品牌核心指标都实现了显著提升，并直接得到积极的市场反应，预购率提升了61%，推荐率提升了62%。有近八成被访者中曾在视频网站上看过宏宝莱的广告，并有五成以上的人记住了宏宝莱的广告口号。

“我们应该紧跟消费者的脚步”，宏宝莱市场总监何勇先生说，“当我们的核心购买人群已将越来越多的时间投入到网络视频媒体中，理所应当我们也该这么做。”宏宝莱的尝试或许能成为最好的例证，市场正面的积极反馈也已经说明。

8.3.2.3 移动媒体广告进入新常态

70亿人使用移动设备，每位手机用户日均解锁屏幕150次，在一个产品上的关注时间平均仅76秒。推特（Twitter）副总裁塞莱什·拉奥（Shailesh Rao）分享的数据显示，移动互联正在走入新常态。消费者的注意力逐渐从PC转向智能手机和平板。

8.3.2.4 微信广告朋友圈发展迅速

微信朋友圈广告正式上线官方网站：http：//ad. weixin. qq. com。微信官方也公布了朋友圈广告的合作流程：企业广告主只需通过官网自主申请，审核通过即可接入微信朋友圈广告，简单操作即可轻松获得亿级社交流量。

微信朋友圈广告自2015年1月21日上线以来，饱受争议，微信官方也说“朋友圈广告可以是生活的一部分”。试运营一段过后，从300万元的广告门槛，以及大品牌才会合作，到今天全面开放。

据悉微信朋友圈流体广告，已全面开放，接收中小企业投放广告，可以限定投放区域、性别等类别。按照每1 000人40元计算，20万元能投放多少人呢？500万人。微信有多少用户？6亿。20万，相当于沧海之一滴水。这对于日益推广进入瓶颈的中小品牌无疑是提供了新的推广渠道，同时也是一个“烧钱”的渠道。微信朋友圈巨大的红利市场，必将迎来巨大的合作机会，也拓展了企业品牌推广的渠道，当然，腾讯公司的社交广告将迎来快速发展。

8.3.2.5 品牌合伙人模式

在飞速发展和变化的互联网时代，拼的是企业整体融入互联网世界和对消费者需求动态满足的速度，坐拥6亿用户的微信平台作为连接消费者强有力的营销工具已经成为众商家的必争之地。面对如此巨大的市场价值，快消、日化、百货零售、连锁餐饮、连锁休闲娱乐、时尚连锁等也纷纷结合微信开展 O2O 战略布局。随着微信官方即将合并订阅号和服务号，靠内容推送触达用户不再可行。微信卡券作为全新触点，成为促销转化的利器，用大数据创造营销未来，蕴藏的潜在利益不可估量。

国内著名互联网大数据营销企业随视传媒推出了品牌合伙人模式，人人营销这一大家一直翘首以待的模式，终于从理想走进现实，从此人人都是“经销商”，人人都开“淘宝”。随视传媒希望借助移动互联网去中心化的特征和社交属性，为企业打造新型渠道模式，助力传统企业实现电商化飞跃。

品牌合伙人模式是由老板、员工、会员及品牌代言人形成品牌合伙人，并为其制作专属二维码、大礼包。品牌合伙人通过扫码添加关注企业官方微信，并领取合伙人专属卡券，分享卡券形成裂变宣传。领取专属卡券的其他用户去微商城核销，形成销售，品牌合伙人拿到佣金分成。

随视传媒将这一创新营销模式应用于 5100Skincare。5100skincare 采用海拔 5 100 米原地封装的西藏冰川矿泉水，使用经过十年时间研发的世界发明专利 AMX 生物渗透活肤技术，为肌肤注入青春健康的生命原动力。目前，5100Skincare 产品在商场及淘宝买不到，也没有做广告，而是选择和随视传媒合作，通过颠覆性的品牌合伙人模式为 5100Skincare 打造专属 51 合伙人，创建直达消费者的线上电商平台，并承接品牌宣传、产品推广、用户交互、线上交易等功能，实现粉丝互动及线上销售，成为首家依靠“品牌合伙人”进行营销的公司。

8.3.3 “互联网+文化创意产业”商业模式创新

8.3.3.1 来自大数据的机遇与挑战

最近市场上流行这么一句话：得数据者得天下。谁能坐拥大数据，谁就将获得数字营销领域的核心话语权。追溯数据营销的过去两个阶段：一是早期的不精准、投放迟钝的人工时代，分不清受众，买一个位置一投一整天；二是 2012 年往后的程序化时代，通过技术和样本数据能够识别部分受众，实现基于 cookie 的投放。程序化交易已经是近两年数据营销最热门的词汇，但人们往往忽略了最关键的事实——大数据究竟在哪？程序化交易中所倡导的千人千面，在过去的时期里，并未真正做到千“人”千面，譬如一个人拥有一台电脑、一部手机和一个平板，在大部分广告系统的认知当中他会是三个人，这种仅基于 cookie 或移动设备号采集消费者数据的“泳道效应”，显然很难实现跨屏，广告主也白白浪费了一半的预算来覆盖相同的人。

在中国互联网市场，能够称得上真正享有大数据的公司屈指可数。阿里妈妈掌握着阿里巴巴集团核心商业数据，用强大的SuperID体系将阿里人口属性、消费数据、地理位置、浏览行为、支付行为及社交数据等一切数据进行无缝串联，覆盖超过6.3亿用户，几乎是所有网民。阿里妈妈最新发布的产品——达摩剑，将是真正也是唯一能够运用阿里真人实效大数据来做全域品牌营销的唯一授权产品。这也意味着从今天开始，只要通过阿里妈妈“达摩剑”，广告主就可以在全媒体范围内运用阿里的全息大数据，而不用仅仅局限于淘内，或是阿里的体系内。

2015年8月18日，阿里妈妈“达摩睿智剑指乾坤——大数据营销平台‘达摩剑’媒体发布会”在北京举办。阿里妈妈副总裁程华奕、阿里妈妈首席营销官（CMO）珍如、阿里巴巴集团首席研究员薛贵荣（大数）、阿里巴巴资深数据专家毛波（逸客）和阿里妈妈品牌业务中心产品负责人曹凯共同出席本次发布会，一同为“达摩剑”揭幕，共同开启阿里全息大数据之门。阿里妈妈大数据营销平台“达摩剑”将在未来变幻莫测的消费市场中，帮助品牌广告主把握营销关键瞬间，助力品牌营销一剑定乾坤。

8.3.3.2 技术助力营销应对新常态

在此推动下，全球广告营销行业也在发生深刻变革。悠易互通首席执行官（CEO）周文彪表示，技术将成为未来两到三年的关键字，尤其是程序化购买和数据技术。如今，不仅越来越多的广告主开始使用程序化购买，在新阶段的发展中，程序化购买也走到了私有化交易新阶段，其表现形式主要是私有竞价、优先交易和程序化导流。同时，移动程序化购买进入新阶段。在悠易互通等数字信号处理（DSP）平台和行业需求的强势推进下，我国程序化购买已经跨入百亿时代。

8.3.3.3 移动时代，广告依然逃不过拦截工具

在线广告市场越是火爆，广告拦截就越能成为一门大生意。如果广告被广告拦截工具拦下，在没有找到其他合适的收入来源前，一些网站的生存都将受到威胁，更不要说提供免费的内容了。一些广告主已经开始采用原生广告的形式，在网站原本的内容里，加入风格与之类似的广告内容，让用户没有违和感。当然，这样做无疑又加大了广告制作成本。

随着移动互联网时代的到来，越来越多的用户通过手机上网。手机屏幕的面积本来就不大，能提供给广告的面积就更少了。然而Adblock Plus这种插件依然去和网站主做对，帮用户拦截手机上的广告。后来Google将它从自家应用商店下架，毕竟Google是靠广告来赚钱的公司。不过你依然可以在它的官网下载这个应用。另外，它还推出了专门屏蔽广告的浏览器，并计划在苹果的App Store上发布。而在这之前已经有别的开发者做出了同类的产品。但

是换个角度看，这种拦截它改变的不只是我们日常网页浏览的体验。更重要的是，它已经在原有的广告产业链末端又加入了一个环节。像 Eyeo 这样的 Adblock Plus 白名单机制，其实就是在线广告业的一部分，并影响了在线广告业原有的运作模式，毕竟它也是靠广告来赚钱。未来的广告会如何转变，这仍然是个问题。

8.3.3.4　程序化购买+挑战第四屏

从电梯间的楼宇屏、IPTV 的电脑屏，到 GPS 屏幕，所有屏幕的背后都是人，如何让人的消费价值更加凸显，如何确保每一分投入回报最大化？互通控股集团资深副总裁袁珏明提出 hdtMobile 移动程序化购买解决方案和三大关键词，即整合优化、技术创新、客制化创意。

整合优化，包括运用 Share DSK 整合社交数据、利用标签体系了解受众偏好、应用运营商第三方数据整合 & 应用创新进行移动广告用户识别等方面。而技术创新更是随着技术迭代的极速变革，每天都在发生层出不穷的变化。

悠易互通 CEO 周文彪预测，视频程序化购买的容量会每六个月增加两倍，移动程序化购买每六个月会增加三倍。而来自美国的程序化购买创业公司 TubeMogul 副总裁苏珊·萨洛普（Susan Salop）则支持了周文彪的说法，她表示以自动化交易形式，以软件的购买行为来实现互联网电视营销是十分有益的。如今电视行业也意识到他们必须要革新，必须要做出变化。而在广告主层面，也已有约 30%的项目开始或期望尝试使用程序化的电视广告投放方式。

继电脑、手机、平板之后的“智能电视”，正在成为互联网企业和传统电视厂商争相抢占的“第四屏”市场。2015 年 2 月 4 日，悠易互通与广州报业集团粤传媒合作，成立悠广通广告技术公司，利用程序化购买将数字媒体和传统媒体相融合。未来的“程序化购买+”将对接更多的媒体资源，连接 LED、电影银幕等媒介，运用领先的技术，构建更加完整的程序化购买营销生态链，使资源更全面的加以整合。

大数据在互联网广告中的营销案例

随着中国互联网广告市场的快速扩大和广告渠道的日益丰富，消费者通过不同的广告渠道所产生的数据也在急速增加。中国的互联网广告行业正走进一个前所未有的大数据时代。在这种时代背景下，互联网广告的生态圈也在不断地调整和进化。广告交易方式已经从传统的按时段付费逐渐转向按点击收费和按展示次数收费，而广告主和广告代理商的重心逐渐从大众媒体转向精准化受众。为顺应大数据的潮流，互联网广告商必须用最先进的数据挖掘技术和分析方法来武装自己。这里我们结合某高端酒店集团的互联网广告推广案例来讲解大数据在互联网广告中的应用。

国内高端酒店行业近年来快速崛起，各大酒店集团之间的竞争也越发激烈。该酒店集团作为全球独立高端奢华酒店集团的领导者，拥有悠久的历史。为了提高在国内的知名度，该酒店集团进行了一波PC端与移动端的全平台品牌推广项目。

投放策略：

广告主：××××酒店集团。

投放媒体平台：PC端+移动端。

投放目标：在目标人群活跃的媒体中进行大量曝光；将该部分优质流量导入活动落地页面。

广告形式：banner+信息流。

(1) 兴趣人群定向

首先，确定此次投放的两类目标人群：商务人士和旅游人群，并结合兴趣人群定向形成投放标签进行投放。

(2) 竞品定向

与此同时，经过DMP的分析进行竞品定向，锁定一段时间内访问过该酒店相关竞品及关联网站的用户投放广告。

(3) 搜索关键字定向

筛选一批与该酒店相关的关键词，并针对在一个月内搜索过这批关键词的用户进行定向投放。

(4) 重定向

标记活动落地页到访人群或产生过点击行为的人群，当其再次出现在有可竞价广告位的媒体时，发起追踪投放。

(5) 移动端信息流

移动端主要投放信息流广告，我们选择流量较大的媒体平台，如优酷、网易新闻等；并选择娱乐、旅游、财经等与该酒店更加吻合的媒体板块进行投放，从而精准获取目标人群。

投放效果：曝光完成率324%，点击完成率216.17%，为客户创造2w+的额外点击价值。

该案例中针对精准人群进行广告重复性展示在市场营销学称为单纯曝光效应。消费者如果多次看到某种商品或服务，便会产生兴趣，甚至产生消费欲望。

与传统媒体广告渠道的独立性不同，互联网广告渠道的高度交互性与协同性意味着广告主必须整体地评估它们。由于消费者很有可能在进行一次转化之前接触过多个广告渠道的广告，因此孤立地去衡量任何一个渠道的贡献度都会导致结果出现偏差。互联网广告渠道的特性催生出了新技术和新的分析方法，并将用于解决广告渠道的效果衡量问题，这就是大数据技术。

利用小蜜蜂大数据系统对消费者的全网行为数据进行分析，构建出消费者从浏览到最终购买的整条转化路径的数据模型，从而能够准确地衡量转化路径上每个接触点上广告渠道的贡献度。因此，大数据可以很好地衡量出不同互联网广告渠道之间的协同作用。基于大数据模型的分析结果能够指导客户有效地进行多渠道管理，并通过最优化广告预算分配实现投资回报率最大化。

（资料来源：韦夏怡，《OTA 提速酒店集团化进程》，《经济参考报》，2018 年 10 月 12 日。）

案例思考题

结合案例谈谈大数据在互联网广告投放中的应用。

案例精选

故宫文创互联网商业模式分析

据中国之声《新闻纵横》报道，近日，故宫博物院推出的以朝珠耳机为代表的文化创意产品受到了网友热捧。与此同时，具有皇家气息的“生活潮牌”也现身网络。这些“生活潮牌”也同样出自北京故宫，包括故宫顶戴花翎官帽伞、祥云钥匙包和格格手机座等。这些商品从 10 元到上千元不等，其中朝珠耳机售价 120 元。

（1）价值主张

故宫文创公司专注于服务故宫周边即全国市场，展会每年吸引众多专业买家前来采购各种化妆品、学习文具、办公休闲用品、文创礼品等，买家包括礼品公司、代理商、分销商、批发商、百货商超以及企业用户。来自各行业的参展商以其品种繁多的优质产品、新颖独特的创意设计及富有竞争力的价格为买家提供多样的选择。以北京故宫为中心的故宫文创市场潜力巨大，主办方励展故宫文创运用卓越的国际资源和多年运作国际文创展的专业经验，立足北京，为业界提供杰出的展示交易平台。

(2) 目标客户

消费群体细分是把文化消费的群体，按其不同的诉求进行分类，针对不同群体的文化诉求有针对性地进行设计，这样设计出来的文创产品有利于让消费者产生归属感。多年来，中国故宫博物院文创产品研发已卓有成效，风格多样的文创产品受到了各个年龄段观众的青睐。针对高端客户设计、研发了一系列品质优良、做工精细的文创产品，比如“铜五牛”将中国故宫博物院绘画藏品《五牛图》进行了立体化塑造，以摆件形式用全铜材质再现原画中的5头牛的风采；“海水江崖”品牌系列产品的电脑包、钱包、手包等多个款式，提取中国故宫博物院织绣龙袍藏品中的元素，外部采用金色海水江崖纹织锦缎，内部采用真皮或真丝衬里，完成了宫廷皇家气息与现代时尚产品的完美结合，有的高端产品甚至是限量版；针对普通观众，又制作了一系列便于携带和赠送且物美价廉的文创产品，如“宫廷娃娃”家族，一经推出就受到了青少年观众的追捧。

只有既满足标准化生产，又兼顾个性化需求的产品开发，才会促进博物馆文创产品的多样性。

(3) 渠道通路

故宫文创公司的渠道通路有两种。第一，网络直接分销渠道。在微博、微信、故宫App等社交媒体平台，通过借势营销、场景营销等形式吸引了大量的忠实粉丝，并通过网络平台与用户进行沟通交流与互动，保持用户的活跃度与忠诚度。在网络平台上发布内容时，能融合互联网语言的“卖萌式营销”手段，这不仅符合年轻群体的胃口，也拉近了古代与现代的距离，改变了用户以往对故宫文化以及古代人物的认知，激发了用户的好奇心，促进用户购买故宫的文创产品，还能进一步促使用户对故宫的文化以及产品进行口碑传播。第二，网络间接分销渠道。故宫博物院选择与腾讯、阿里巴巴等平台进行合作，在提升品牌知名度的同时，还可以有效地传播故宫文创产品的设计理念，促进品牌的宣传与传播，扩大文创产品的销量。

(4) 客户关系

故宫文创产品的用户定位从一开始偏向传统和社会阅历丰富的人群到现

在更加注重年轻人群。这一改变使得越来越多的消费者看到故宫文创产品，对故宫文创产品感兴趣。根据性别、年龄层次、消费层次以及平时购买的商品，运用大数据对其进行分析，使每位消费者都有自己的合理定位，为不同的消费者提供不同的服务。并且对不同定位的消费者进行问卷调查，分析消费者不同的消费需求并根据其消费需求设计出不同类型的文创产品，尽可能最大化地满足消费者的需要。故宫文创产品的市场定位更偏重喜欢传统文化且能较快接受新产品的年轻一代人群，能根据现阶段年轻一代的消费者画像设计出满足现阶段消费者需求的商品，如彩妆产品、珠宝首饰，并通过微博微信营销了解现如今消费者关注的商家平台，与各大商家合作创造联名款商品，扩大故宫文创产品的覆盖面积。与此同时，让故宫文创产品更贴合消费者的生活，使其更具有生活气息和文化价值。

(5) 关键业务

故宫文化创意产品从资源转化为产品形式，需要由策划、设计、开发、生产、销售、管理能力兼具的专业团队来完成。文化资源拥有者不可能履行全流程的职责，需要他们与政府、相关机构、当地居民、其他从业者以及消费群体等众多外部利益相关主体建构关系网络，拓展价值空间或者降低交易成本和风险，使价值传递过程有助于聚合、积累、控制关键资源能力，在保证各方获益的前提下，实现价值创造和价值传递。

①产品合作研发与营销：文化资源拥有者通过聘请顾问团队、IP 授权、与专业机构合作等方式，深入解读文化资源内涵，合理提取特色鲜明的文化元素，为文化创意产品研发确定方向，注重产品的文化价值、实用价值和质量的兼容性，制定和实施系统、科学、高效的市场策略。

②多种形式的社会活动：通过举办文化创意产品设计大赛及产品展示和交易会、参与国内外文化创意交流论坛及展览与博览会等方式，广泛征集产品设计方案，寻找优秀的合作伙伴，洞悉市场消费需求，定向客户和目标消费群体，拓展产品推广渠道。

③充分利用新媒体平台：国家启动的“互联网+”战略，鼓励文化资源拥有者借助现代数字技术开发更多文化创意产品和服务，满足人民群众的多样化需求，而新媒体平台不仅使文化创意产品展示和推广的层次、途径、方式更加丰富，实现消费者、生产者和经营者之间无时空障碍的沟通，也使价值传递更加便捷。

④要素与业态融合：文化资源拥有者通过文化、科技、金融、媒体、旅游、会展等要素与业态融合，探索文化创意产品跨行业、区域、类型的开发与经营模式，提升产品内涵和品质，塑造品牌形象，提高市场占有率，这也

是文化创意产业的重要特征。

(6) 核心资源

现在互联网新媒体时代发展迅猛，故宫文创产品在故宫和线下实体店销售的同时，还要借助互联网这个平台，在线上开故宫文创产品的店铺，借助人们对故宫品牌的信任，在网络上进行宣传。开设微博客户端、微信官方公众号，设计制作网页客户端 App 游戏供用户下载，建立淘宝或京东等购物平台的官方店铺，还可以与其他知名品牌合作。

(7) 重要合作

目前，纽约大都市艺术博物馆、中国台北故宫博物院、华盛顿国家未来美术馆等世界顶级的博物馆机构都通过“版权共享”协议，开放高清馆藏资源的下载，并且支持用户对于数字资源的商业化运用。荷兰规模最大的博物馆——阿姆斯特丹荷兰国家博物馆不仅鼓励公众下载数字资源，创建专题进行创作，甚至还专门设立名为“荷兰国家博物馆工作坊奖”的奖项，奖励来自大众的优秀创意。2018 年 2 月，《国家宝藏》大火，国家博物馆就趁热打铁，和巴黎欧莱雅合作，以《千秋美艳图》中的五位美人为创作灵感，推出一款限量版唇膏。故宫博物院和大英博物馆的在售产品榜单上均有服饰和家居类产品。从钥匙扣、围巾、抱枕到杯子、书签、手链，承载创意的载体实在有限。最简单的方式，就是将典型文化图腾印到这些载体上：故宫的杯子上有龙欲腾飞，大英博物馆的杯子上则镶嵌了楔形文字，清明上河图环绕在故宫开发的围巾上，古代亚述王朝的碑拓则毫无悬念地出现在大英博物馆的丝巾上。

(8) 成本结构

寻找更多、更好、具有研发能力的合作单位，故宫博物院每年定期召开文化产品研发工作座谈会，特别重视与社会知名设计师和非物质文化遗产传承人的合作。承担铜器类文化创意产品的设计生产加工，研发了百余款故宫元素铜器文化创意产品。成本包括仓储成本，物流成本，管理成本，品牌推广费用，第三方支付平台费用，形象建立费用和渠道维护费用。

(9) 收入来源

故宫文创的收入来源包括景点门票销售费用，2019 年故宫的客流量突破 1 900 万人次，另外一部分收入来自故宫文创小店商品的售卖所得和网页广告产生的收入。

（资料来源：薛一品，《中国商论》，2019 年 9 月 16 日。）

案例思考题

结合案例与商业模式画布来分析故宫文创互联网商业模式的优势。

案例精选

新浪互联网商业模式分析

新浪（NASDAQ：SINA）是一家服务于中国及全球华人社群的网络媒体公司，成立于1998年12月，由王志东创立，现任董事长是曹国伟，服务大中华地区与海外华人。新浪拥有多家地区性网站。

新浪通过门户网站新浪网、新浪移动和社交媒体微博，帮助广大用户通过电脑和移动设备获得专业媒体和用户自生成的多媒体内容（UGC）并与友人进行兴趣分享。

2012年11月新浪注册用户已突破4亿。截至2016年12月31日的第四季度，营收入为3.13亿美元，同比增长22%；净利润为1990万美元，同比增长37%，合摊薄后每股利润为0.27美元，同比增长29%。截至2016年12月31日的2016年全年，营收入为10.309亿美元，同比增长17%；净利润为2.251亿美元，合每股摊薄净收益3.01美元。

2000年4月13日，新浪在纳斯达克成功上市。2017年8月3日，2017年“中国互联网企业100强”榜单发布，新浪排名第六位。2019年9月1日，2019中国服务业企业500强榜单在济南发布，新浪公司排名第302位。新浪提供的产品有新浪网、新浪微博、新浪无线等。

(1) 目标客户

目标客户包括：普通客户、明星、政府及相关机构、企业领导人、媒体人、学者和其他知名人士、公益机构与慈善组织、企业。

(2) 价值主张

新浪主要为用户提供：①全面及时的中文资讯；②多元快捷的网络空间；③轻松自由的互动平台。

针对个人用户：在社会层面，提供获取信息的平台。

在自我层面，提供情绪抒发、自我记录、自我展演的平台。

在社交层面，提供社交互动、拓展人脉的平台。

针对机构及组织：提供传播价值，及时展示组织最新动态以及在首页展示广告。

提供沟通价值，通过针对性地发布组织内信息和最新案例，被目标客户搜索、关注，形成网络传播渠道。

提供情感价值，让组织与用户之间的关系更加密切。

(3) 渠道通路

在分销渠道方面，新浪微博采用了直接渠道，也称零级渠道。新浪微博直接与用户互动，不依靠第三方关系。产品直接接触消费者，从而缩短了产品的流通时间，信息能及时、具体、全面地传播开来，也减少了流通费用，提高了经济利益。

(4) 客户关系

①获得客户。

一是以客户为中心，充分考虑客户需求。

二是为用户提供真实、及时的娱乐、体育、教育等新闻。

三是继续推行名人战略。

②维系客户。

一是注重用户体验，全面及时收集用户反馈的信息。

二是不断改善产品与服务信息。

三是增强用户的互动与参与性。

四是保证用户的隐私不被泄露。

(5) 关键业务

①新浪网。新浪网是网络品牌广告的优良载体。公司的广告产品包括新浪网页上的横幅、按钮、文字链接和流媒体内置广告、频道内容合作和赞助、广告活动设计和管理服务等。公司主要的广告和赞助客户包括谋求在全球拓展的品牌、进行全球营销和公关活动的财富 1 000 强公司、锁定特定地域和人群的大中型企业，以及市场主要在当地的小型企业。

②新浪微博。2009 年 8 月推出的新浪微博起初是帮助用户关注名人和在线分享用户自产生内容（UGC）的迷你博客服务。此后，新浪微博的用户群发展壮大，已包括中小企业、财富 1 000 强公司、媒体公司等商业实体和政府机构。2011 年 9 月，新浪微博进行社交网络化升级，改善公开平台架构，用于寄存内部和第三方开发的应用程序。

③新浪无线。新浪无线致力于帮助用户获取新闻和信息，下载手机铃声、

游戏和图片，参与约会和交友等社交活动。通过 Sina. com 或手机下单，用户即可获得新浪无线基于月付或按信息条数收费的服务。新浪无线的业务涵盖三个主要领域：新闻和信息、社区以及多媒体下载。

④其他业务。新浪读书是提供书籍评论、免费及收费网络书籍阅读的一站式平台。新浪企业服务为小型企业及政府机构量身定做基于互联网信息化的企业服务，帮助它们与目标受众更有效地保持联系、沟通和交流。新浪游戏频道为用户提供网络游戏下载和游戏通道、网络和 PC 游戏信息和更新，以及增值应用工具，致力于提高中国网络游戏玩家的多媒体社群体验。

⑤其他产品。新浪邮箱服务内容包括为个人用户提供的免费邮箱、VIP 收费邮箱以及为企业用户提供的新浪企业邮箱三个部分，并向用户提供不间断的反垃圾邮件和反病毒保护。新浪博客是深受网民欢迎的供个人原创写作与用户分享浏览的交互平台。新浪分类广告帮助个人和企业用户免费发布广告信息。

⑥广告服务。可以直接将广告客户提供的电视广告转成网络格式，实现在线播放。

(6) 核心资源

①IT 基础设施系统+信息获取渠道。新浪公司的日常运营都离不开完善的后台基础设施以及各类信息的及时获取和发布。关于信息获取渠道这个方面主要依靠的除了新浪本身的员工以外更重要的是其强大的合作伙伴。

②用户是最重要的资源。网易的首席执行官孙德棣曾说："互联网最大的资产就是用户。"所以门户网站在发展之初不惜通过"烧钱"的方式来吸引用户的注意力，其所拥有的稳定用户数量越多，用户忠诚度越高，竞争优势就越大。

(7) 重要合作

重要合作对象包括人民网、体坛网、中央电视台、金融时报、金时网、经济观察报、计世网、全球经济报道、21 世纪经济报道、京报网、腾讯公司。

无线互联合作伙伴包括：中国网通、康佳、LG、诺基亚、中国联通、中国移动、TCL、三星、科健、NEC、索尼爱立信、高德导航。

签约 NBA：新浪与 NBA 再度携手战略合作。2013 年 8 月 6 日，新浪与美国职业篮球联赛（NBA）在北京联合宣布，新浪正式成为 NBA 中国官方互联网合作伙伴、NBA 中国官方在线社区合作伙伴。这是继 2010 年双方签署战略合作后，时隔三年后再度联手。据悉，双方将在移动观赛、社区互动、视频直播三个方面展开深度合作，集优质 NBA 赛事资源打造门户、微博双观赛平台，全面覆盖苹果、安卓、平板电脑等移动终端与 WAP 平台，为中国 NBA

球迷提供跨平台、多终端一站式的观赛体验。

双方此次战略合作主要包含九大方面，即 NBA 网络赛事报道、手机新浪网 NBA 赛事资讯、NBA 赛事网络视频直播及点播、NBA 赛事移动端视频直播及点播、NBA 原创视频节目、NBA 中文官网及 NBA 官方微博运营、在线休闲游戏开发、市场营销、社交电商等一揽子权益。

（8）成本结构

新浪主要成本包括服务器维护成本、广告投入成本、新技术开发费用、营销成本、工作人员薪酬。

（9）收入来源

①广告收入。新浪网主要是通过各类免费咨询、热点新闻、吸引大量的浏览者，形成固定的用户群，从而保持较高的点击率和知名度，然后吸引企业纷纷在新浪网上投放广告，而新浪以此获得较大的收益，远远超过它自身提供免费咨询、热点新闻的成本。新浪网 2011 年广告营收 3.688 亿美元，年度增长 27%。

广告计费赢利模式主要有：

一是按时长计费。新浪网的网络广告大多是按时长计费的，在不同的频道和不同的页面位置，收取不同的广告费用。

二是 CPM 计费。新浪视频博客、新浪视频正文页、TV 等频道的视频广告是按 CPM 计费的。

三是综合计费。新浪有些广告既可以按时长计费，也可以按 CPM 付费。

②其他收入。其他收入主要包括邮箱增值服务收入、游戏收入、关键词竞价收入、网上商城收入、无线服务收入等。2011 年非广告营收 1.14 亿美元，较上年度增长 2%。非美国通用会计准则下非广告营收 9 530 万美元，较上年度增长 3%。净营收 4.828 亿美元，较上年度增长 20%。非美国通用会计准则下净营收 4.641 亿美元，较上年度增长 21%。

（资料来源：王凤翔，市场论坛，2020 年 10 月 15 日。）

案例思考题

结合案例与商业模式画布来分析新浪商业模式的优势。

9 “互联网+家居生活服务与零售”商业模式

引 例

一把锁，一扇门，一道安全的屏障。居家安心，离家放心，从这里开启你的智慧生活……科技浪潮不断袭来，家居智能化逐渐成为人们对生活品质的基本要求。“互联网+”推动智能家居转型升级，家居行业已经突破传统的管理与服务半径，实现更加智能化的服务。“果加智能”作为北京火河科技有限公司旗下的智能家居品牌，多年专注智能家居领域，已成功覆盖北京、上海、广州、深圳在内的15个重点城市，成为国内智能家居产品的主要提供商。

2015年8月，果加智能突破性地研发出便携插座式智能家居基站——“果盒”，作为智能家居产品的中枢神经，此次升级成功开启了互联网智能家居生活的篇章。果加智能门锁作为智能家居的物理入口，通过产品不断完善、平台不断升级，目前已实现大规模出货，开启果加智能家居系统新体验。

果加选用先进的云基础设施，对门锁和果盒进行实时的管控，可通过多端入口实现门锁、灯光及其他智能设备与基站的实时互交命令。在离家工作、旅行时，也不必再担心家中安全，有果加互联网智能门锁24小时守护，你可以通过手机主动查看家中状态，也可以设置开门消息提醒，如遭遇恶意输入密码，即刻收到门锁异常通知，第一时间报警……

果加智能将与物业管理、社区O2O等结合在一起，形成多元化服务链，构筑果加智能生态圈，打造移动互联智慧城市。App端任何报警、异常信息都会即时联动物业，实现物业管理的智能化，当然，物业管理也可以通过线上平台以文字、图片等多媒体形式，及时向用户发布社区公告、物业账单等。

果加可通过云端联动O2O服务商，足不出户即可享受订餐、洗衣、洗车、家政等多元化服务，利用物联网、互联网、移动通信等各种信息技术，构建高效、便捷的果加智能家居生态圈，打造移动互联智慧城市，真正实现智能家居生活。

（资料来源：尹山，第一物联网，2015年10月9日。）

9.1 “互联网+家居”

互联网自其诞生的那天起，注定改变人们的生活。20 世纪 90 年代开始，互联网风起云涌，门户、游戏、搜索、社交是这个时代互联网给人们生活带来的最大体验，此时，流量变现是核心，最大的赢家是新浪、网易等通过流量产生广告收入的门户网站以及腾讯这种游戏和社交巨鳄，它所带给其他产业的影响是有限的。如今，互联网在高度发展的同时，对传统行业也逐渐渗透和改变，不少人已经注意到互联网对传统产业转型升级的巨大作用。

传统家居行业受互联网快速发展影响而不得不面临转型。家居网购比例最高的是日本，占比为 20.5%，美国占比为 19.8%，英国占比为 16.2%，法国占比为 12.8%，与发达国家相比，我国家居网购的比例偏低，只有 3.9%，这也是我国家居电商市场的机遇所在。阿里方面的数据表明，家装行业将超越女装成为电商第一大类目，年规模可达 5 000 亿元。在行业趋势+政府推动双重作用下，“互联网+家居”成了传统家居企业乘风转型发展的思路。

9.1.1 传统家居产品的现状

9.1.1.1 传统家居缺乏区别度

传统家居行业重生产轻设计，生产出来的产品千篇一律，而现在购买家居的主力越来越强调美感和功能，仅依托材料品种的选择难以建立起品牌区分度。从近年的发展来看，产品品质有了很大的提高，但是设计落后的现状依然改善有限。传统家居在设计上的区分度实在不高，有品质但是没品位、有设计但是经不住推敲的产品比比皆是。

9.1.1.2 消费者结构年轻化

随着房价升高，“结婚买房”的观念越来越重，购买新房的主力军趋于年轻化，我国平均购房年龄是 27 岁，低于许多其他国家和地区，购房年龄的年轻化对家居消费者年轻化产生了重要的影响。在 2010 年中国家居消费者特征调研中，年龄分布主要集中在 25～35 岁，占比 60%，其中，25～30 岁占 35%，30～35 岁占 24%，而在 2013 年家居消费者年龄分布中，25～35 岁的消费者比例为 64%，显示出家居消费群体年龄结构年轻化的特征。

9.1.1.3 消费者需求个性化

年轻一代与以往的消费者的成长环境不同，文化素养、见识也大不相同，在考虑家居实用、质量的同时，会更多地追求家居的丰富文化内涵和精神满足，也会对功能和美感有很高的要求，而且个性化明显，传统非柔性化生产的家居已经不符合他们的品位。深圳家居业相关机构发布了一项家居满意度调查，结果显示76%的用户对传统家居模式不满意，究其原因，有56%的人认为家居与装修风格不协调，22%认为家居尺寸不合适，造成空间使用率低下。因此，未来家居市场的竞争不仅是卖产品，更是卖设计、卖概念、卖品牌，只有满足消费者个性化需求的家居产品，才能打开销售之路。

9.1.2 传统家居行业发展的弊端

9.1.2.1 渠道费用高

专业家居卖场的利润主要来自商户的高额租金以及销售利润的分成，卖场议价能力要远大于家居企业，其采取收租金的方式使得代理商或品牌企业在流通领域的成本压力较大。据统计，渠道利润分成中，卖场租金费用达到60%。

9.1.2.2 单个门店到客率低

由于大卖场体量巨大，单个门店的顾客到达率并不高，单个品牌销量一般也不大，无法产生规模效应。为覆盖成本，代理商只有提高单位售价才能保证盈利，这间接推高了家居商品的销售价格，产生了价格泡沫。

而品牌家居价格过高就是家居行业的最大痛点，过高的价格一定程度上抑制了消费，拉长了家居消费的更新周期。

9.1.2.3 卖场过剩

近几年传统家居大卖场商业模式的弊端已经凸显：卖场主营收入来自店家的租金，为发展和抢占市场，各大卖场重复开店，往往超过当地合理需求的数量。家居卖场过剩、竞争激烈的后果已经逐步显现，许多卖场倒闭。红星美凯龙曾被曝有六成的商户处于亏损状态。2012年，部分冗余的商场如红星美凯龙广州旗舰店、南京奥体店先后宣布关闭。

因此，传统家居行业既暴利又薄利。暴利是因为家居从出厂到最终消费者手里，价格提升了好几倍；薄利是因为这个行业的每个环节几乎都不赚钱，无论是工厂、经销商，还是收高昂租金的卖场都无利可图。据网易家居统计，家具行业利润只有3%，与其他行业相比处于较低水平，这一现象反映了传统家居营销模式的极大弊端。

缺乏目的性导致选择困难。在传统模式下，人们选购家居一般是到卖场，他们事先并不了解卖场中有什么款式、大小、颜色的家居，需要到卖场之后一家家门店选购，由于卖场面积巨大，商品种类和品牌较多，商品细分深度不够，店铺内同质产品较多，一方面加大了消费者的购买难度，不能满足消费者深层次的需求，另一方面生产商品牌形象也不突出，消费者容易陷入选择困境。

无针对性营销，成交效率低。卖场人流量多，目标受众广，销售人员有限，无法给顾客提供一对一的服务，导致专业性服务受限。销售人员无法得知消费者之前逛了什么商店，在哪种家居上停留的时间较久、关注度较高，因此也无法在短时间内判断顾客的偏好、背景，导致营销缺乏针对性，消费者购物体验并不理想。这对进驻卖场的商家来说，成交量少，效率极低，浪费了资源；对于消费者来说，也浪费了时间和精力。

【资料链接】

爱空间 O2O 联动

爱空间于 2014 年创立。爱空间以产品标准化、交付标准化、服务标准化，构建高度标准化的流水线家装作业模式，全面解决家庭装修中所有的不确定性。爱空间以标准化促进供应链系统搭建，推动行业产业化，使家装以所见即所得的高度标准化商品形式供消费者选择。

爱空间率先提出互联网家装概念，作为中国第一家标准化家装互联网公司，通过整合知名品牌供应商，以“标准化、产业化”的理念，致力于将传统家装不规范、不透明的现状，通过互联网思维实现标准化、产业化，把家装过程中的不可控性降为零，真正解放年轻一代的家装。

爱空间，作为中国第一家标准化家装互联网公司，秉承爱分享的理念，希望用互联网透明、开放的思维，让社会成本降到最低，改变行业浪费太多、黑幕太多的现状，实现行业标准化、产业化，为消费者提供性价比最优的家装服务。互联网家装是指将价格不透明、工期冗长、成本浪费的家装模式改变成可定价的标准化家装，并通过线上实现交易和全程监控，线下实现体验和交付的新型家装模式。

（资料来源：穆峰，速途网，2015 年 1 月 7 日。）

9.2 “互联网+生活服务”

9.2.1 “互联网+生活服务”概述

点到点的网状传播，秒与秒的实时互动，互联网给用户带来毫无界限的深度参与和要素毫无障碍的高效重组。而生活服务类电商的用户永远渴望更多的“身边的服务”。对于“本地化”这个法宝，“外来的和尚”并没忽视。“美团每下沉到一个城市，首先要考虑的就是如何尽快融入当地。”美团相关负责人表示，不同地域消费者的消费习惯有很大不同，比如石家庄人娱乐偏少，更喜欢旅游，他们在类目设置上就调整了娱乐和旅游业态的比重。

对于生活服务电商来说，引流不是最重要的，最终将线上引流的用户转为线下商家的回头客，形成持续消费，才能达到用户、商家、线上运营者多赢的目的。但是由于传统线下的生活服务行业存在质量参差不齐等现实问题，生活服务类电商的品牌更为重要，服务的标准化既是难点也是制胜点。服务做到位，才能增强用户黏性。而黏性不仅仅体现在让用户多停留在平台上，还要引导用户乐意去分享、交流关于平台体验的一些信息，这需要口碑的积累。

【资料链接】

“乐享+城市”同城服务App平台

“乐享+城市”是一个为三、四、五线城市量身打造的本地化移动互联网创业项目，由创实互联于2014年正式推出。平台运营类目囊括同城配送App平台、本地O2O平台、O2O商城系统、本地资讯App、论坛社交App、二手交易App、房屋租赁App、求职招聘App、便民电话一键拨打等。“乐享+城市”通过本土化的运营和服务，取得差异化竞争优势。

（资料来源：创实互联网络相关资料整合，2019年3月19日。）

9.2.2 “互联网+生活服务”的优势

市政府已正式批复同意在上海长宁区设立上海首个“互联网+生活性服务业”创新试验区，计划用三年左右时间，在全市形成20家左右具有国际竞争力的大型生活性服务业企业和100家左右的行业龙头企业，确立上海“互联网+生活性服务业”在全国发展的优势地位。

这一创新试验区范围总面积达37.19平方千米，涵盖整个长宁区行政区域。试验区创新试点包括五大类18项具体措施，主要涉及政府职能转变、投资管理开放、税制和政策保障、基础设施建设以及电子商务示范区等长宁区示范性工程建设。据悉，包括携程、大众点评、格瓦拉在内的60家“互联网+生活服务”企业将作为试验区首批重点企业。

9.2.2.1 释放消费市场潜力

试验区将以放宽准入、创新监管为中心加快政府职能转变，以外资开放、登记改革为重点深化投资管理开放，以税费改革、政策扶持为核心落实税制和政策保障，以信息基础、示范工程为抓手探索技术和业态创新，实现“互联网+生活服务”若干重点领域的深度融合发展，释放消费市场潜力，增加就业机会。

一系列简政放权措施将在试验区内推进，包括：将一批“互联网+生活服务”领域企业的行政审批事项改为备案；放宽医疗、保健品、废旧物资回收等领域信息发布和交易资质的准入门槛；逐步修改互联网教育等原本针对实体企业设定但不适应互联网企业情况的条件和要求；推进适用于生活服务业第三方电商平台资质管理办法试点的探索研究。

9.2.2.2 构建生活服务生态圈

融资难、税负重，一直是困扰企业的两大难题。顾洪辉介绍，试验区将加强对特殊股权架构企业回归中国境内上市的支持，鼓励行业龙头企业开展兼并重组。此外，长宁区将积极发挥政府产业引导基金作用，吸引各类资本共同参与形成“互联网+生活服务”行业投资基金或并购基金。长宁区副区长翁华建则表示，试验区成立后，长宁区将加强对中小、初创型企业的走访，收集企业遇到的税费、融资等各类问题，并立足市级乃至国家级层面解决企业创新创业时遇到的难点。

下一步，长宁区还将在推动新虹桥智慧商圈试点建设的同时，培育集移动终端、云数据平台和O2O线上线下活动为一体的现代化商圈建设，推动智慧城区建设。

9.3 “互联网+零售”

“互联网+零售”，让我们可以足不出户，在家里就能完成购物，省去了到商场的路途奔波、排队缴费之苦；我们能够选购的商品数量空前增加，过去需要迈开双腿一间间商铺去寻找自己的心头好，现在只需要动动鼠标，就能看到全国乃至全球各地正在热卖的商品；想要寻找一些小众商品也变得特别简单，过去需要到各大市场挨个去问，往往无功而返，现在只需要打开搜索框，输入关键词，你想要的东西就在那里等你了。

这样的便捷，让众多网民青睐网购的同时，也推动中国零售业全面拥抱互联网。数据显示，2018年中国实现电子商务交易额31.63万亿元，同比增长8.5%，其中网上零售额9.01万亿元，同比增长23.9%。中国电商交易规模持续增长，稳居全球网络零售首位。

近年来，零售电商在保持高速增长态势的同时，还呈现出高质量发展新局面。社交电商、内容电商等新模式不断创新，电商与产业的融合持续深入，跨境电商的发展也如火如荼。与此同时，各大电商平台也不断丰富商品品类，打造“一站式购物平台”。不少电商平台还利用自己的数据优势，为生产厂商提供更加精准的需求信息，帮助厂商生产更符合消费者需求的新产品。

"新零售"的快速发展，让线上电商与线下实体店之间顺利融合，带来了更加便捷的购物体验。线上走进线下，线下拥抱线上，双方实现优势互补，由相互竞争转向合作共赢。越来越多融合后的家电专卖店、无人便利店、生鲜超市出现在消费者身边，扫码自助结账、免费配送上门等新服务也正在让传统的线下消费体验不断提升。

【资料链接】

魔法零售

打开手机App，眼前的商品全都活了起来，浏览海量商品，还能看到各种详细介绍信息、购买过的人对它的评价等，选定目标下单，等待送货上门……如今，电商走进中国消费者的日常生活。中国零售业拥抱"互联网+"，给消费者带来选择更多、配送更快、品质更优的全新体验。

配送时效更快。仓储建设布局更加合理、结合消费大数据的备货更加精准、投入智能设备的物流运转更加高效……电商物流正逐渐告别发展初期"爆仓"的尴尬，配送时效由以天为单位向以小时和分钟为单位迈进。

商品选择更多。电商平台不断丰富购物品类，打造"一站式购物平台"。电商平台利用数据优势，为生产厂家提供更加精准的需求信息，帮助厂家生产更符合消费者需求的新产品。

线上线下融合。线上走进线下，线下拥抱线上，双方实现优势互补，由相互竞争加快转向合作共赢。越来越多融合后的家电专卖店、无人便利店、生鲜超市出现在消费者身边，扫码自助结账、免费配送上门等新服务大大改善了传统的线下消费体验。

"上午下单，下午送到，真快!"周末上午，北京市朝阳区八里庄居民李晓准备打扫房间，发现家里的消毒液快用完了。他打开京东App，选好两瓶消毒液后，订单页面上显示："上午11点10分前下单，预计今天即可送达"。李晓完成支付后，下午2点多，配送员就把商品送到家里。"想想以前只能去超市买，不仅路上要花时间，有时结账还要排队，现在网上买省时省力多了!"

（资料来源：王珂，人民日报，2019年9月17日。）

9.3.1 "互联网+移动电商"

移动电子商务就是利用手机、掌上电脑等无线终端进行的B2B、B2C、C2C或O2O的电子商务。它将因特网、移动通信技术、短距离通信技术及其他信息处理技术完美结合，使人们可以在任何时间、任何地点进行各种商贸活动，实现随时随地、线上线下的购物与交易、在线电子支付以及各种交易活动、商务活动、金融活动和相关的综合服务活动等。

9.3.1.1 移动电子商务概述

移动电子商务（M-Commerce），它是由电子商务（E-Commerce）概念衍生出来的，电子商务以PC机为主要界面，是“有线的电子商务”；而移动电子商务，则是通过手机、掌上电脑这些可以装在口袋里的终端与我们谋面。有人预言，移动商务将决定21世纪新企业的风貌，也将改变生活与旧商业的地形地貌。与传统通过电脑（台式PC、笔记本电脑）平台开展的电子商务相比，移动电子商务拥有更为广泛的用户基础。

随着移动通信技术和计算机的发展，移动电子商务的发展已经经历了3代。第一代移动商务系统是以短信为基础的访问技术，这种技术存在着许多严重的缺陷，其中最严重的问题是实时性较差，查询请求不会立即得到回答。此外，短信信息长度的限制也使得一些查询无法得到一个完整的答案。这些令用户无法忍受的严重问题也导致了一些早期使用基于短信的移动商务系统的部门纷纷要求升级和改造现有的系统。第二代移动商务系统采用基于WAP技术的方式，手机主要通过浏览器的方式来访问WAP网页，以实现信息的查询，部分地解决了第一代移动访问技术的问题。第二代的移动访问技术的缺陷主要表现在WAP网页访问的交互能力极差，极大地限制了移动电子商务系统的灵活性和方便性。此外，WAP网页访问的安全问题对于安全性要求极为严格的政务系统来说也是一个严重的问题。这些问题也使得第二代技术难以满足用户的要求。第三代移动商务系统已进入到了智慧阶段，互联网信息碎片化以及云计算技术愈发成熟，主动互联网营销模式出现，i-Commerce顺势而出，电子商务摆脱将销售模式生搬上互联网的现状，以主动、互动、用户关怀等多角度与用户进行深层次沟通。其中以IZP科技集团提出的ICE最具有代表性。在此阶段的技术变革中相继出现了3G、4G和5G移动技术，更具智能化、网格化，不仅仅体现在网速的提升上，更多地体现在交互式体验和交互式感知层面，智能移动终端、VPN、数据库同步、身份认证及Web service等多种移动通信、信息处理和计算机网络的最新前沿技术，以专网和无线通信技术为依托，为电子商务人员提供了一种安全、快速的现代化移动商务办公机制。

9.3.1.2 移动电商运营策略

电子商务正在发展，B2B在各行各业中比较流行，有些网站都是主打免费B2B（例如：江西商贸网）做口碑宣传。移动电子商务也随着B2B的发展而发展。对于商家在移动电子商务要注意的运营策略，资深互联网数据分析师郭文豪做了如下分析。

（1）一直在线

一个重要事实是，移动设备用户长年在线对移动电子商务的应用程序具有重要影响。电商网站多渠道营销引领单笔交易的日子已经过去了。移动电商应采用的方法是具有变革性的，而非无态的被动反应和交易。

市场推广一般是通过单独的渠道进行的，如邮件或离线机制，现今的移动应用程序需时刻保持在线。他们不依懒于用户的直接行动，更多的是根据用户间接活动（如登入或访问一个网址）来提供优惠和价值服务。

（2）高度整合

网页和移动解决方案的一个里程碑是两者具有能无缝链接的能力。现代移动电商应用的关键是整合各种资源为客户提供价值。

像社会网络那样整合前端，或者在后端提供优惠、进行促销等，效果都不尽人意，但这对移动电商应用程序的成功起到了关键作用。如今，是时间让商家关注手机 App 之外能为他们提供更多价值的合作伙伴和其他整合了。

（3）社会化

社会化一直被认为是手机硬件的杀手级 App。现代电子商务应用程序被写入移动设备。应整合具有营销和促销活动特性的社会化媒体，允许用户以成立小组或评论等方式进行分享与协作。这是一个开放性的领域，通过创造性的方式使消费者和他们的网络系统参与进来，包括那些基于位置、人口统计和行为的自组织网络。

（4）游戏化

虽然游戏化是在简单的徽章游戏和分数比试进化中开始萌芽的，但它能发挥电子商务产品的巨大潜力。游戏化与电商是高度相关的，因为它甚至可以被传统电商网站广泛使用。它与提高手机用户忠诚度有着密切关系，用户会因为那些极具吸引的目标，冲动掏钱购买。如果“玩”得好，游戏化可以在暴富者和业务之间创造出赢家，这是一个重要的区别。

（5）语境意识

手机比起个人电脑和桌面浏览器最持久的优势是它具有在用户操作过程中提供语境的能力。不管是通过用户登录跟踪他们的位置，还是根据用户的喜好递送动态和自定义菜单，或是简单地将用户行为与相对流行的产品相混合，在用户使用移动电子商务应用程序时，对消费者语境的理解和采取的行动，是其成功的一个关键因素。

（6）多样终端

多样终端是移动设备繁衍发展的开始，即各式各样的设备，在不同平台运行。以最直观的方式呈现产品和电商交易，是成功的移动电商应用程序的一个重要差异化特性。

移动界面的定义必须与本地使用和网页技术相关；根据用户设备大小，专注于优先产品；拥有正确的后端信息构架，使不同设备呈现最佳产品信息。这些因素不仅对移动设备具有独特意义，对移动电子商务应用也非常重要。

移动设备的“consumerware”变革是由终端的网页服务、云计算和服务型构架所支撑的。移动电子商务应用需与移动设备固有功能相结合，从而提供完全不同的用户体验。

9.3.1.3 移动电商的发展现状

App和自媒体如何对接电商？人们希望利用现在这个移动电商的风口，能够提供一些有价值的工具。当前移动互联网进入了一个新的时代，即移动电商时代。中国互联网信息中心数据显示，2011—2020年，手机网络购物用户规模呈爆发式增长，经历两轮快速发展期，第一阶段是2011—2018年，主要由淘宝双十一、京东618等年度优惠活动驱动。第二轮从2018年以来由直播、小程序等新型购物模式引爆消费者需求，截至2020年12月底，我国手机网络购物用户规模达7.81亿人，手机网络应用使用率高达79.2%。过去的PC时代和所带来的各种电商的模式已经开始进入发展非常快速的移动电商时代。

早期，很多朋友会质疑移动电商是否会崛起。确实，移动电商的崛起相对手游、社交、微信稍微滞后了一点，但是现在绝大多数人购买东西都是通过移动终端。产业界在细分的过程中体验更大的变革，让我们习惯通过移动终端实现购物，而不是PC的端口。

移动互联网进入网购的爆发时期，呈现出几个特性，即更碎片化、更个性化、更便捷。人们大部分时间都花在了手机上，而不是在PC或者其他的终端上，所以最方便的购买模式肯定是经过手机执行。移动购物以App为主，可以随时浏览，流量的碎片化非常明显。今天人们花很长的时间在手机社交上，所以将电子商务与社交的方式相结合也是一个非常必然的趋势。

9.3.2 “互联网+跨境电商”

跨境电子商务是基于网络发展起来的，网络空间相对于物理空间来说是一个新空间，是一个由网址和密码组成的虚拟但客观存在的世界。网络空间独特的价值标准和行为模式深刻地影响着跨境电子商务，使其不同于传统的交易方式而呈现出自己的特点。

9.3.2.1 跨境电子商务的概念及特点

跨境电子商务的特点主要有：全球性（global forum）、无形性（intangible）、匿名性（anonymous）、即时性（instantaneously）、无纸化（paperless）、快速演进（rapidly evolving）。

9.3.2.2 跨境电子商务的主要模式

国内的跨境电子商务主要分为企业对企业（即 B2B）和企业对消费者（即 B2C）的贸易模式中。B2B 模式下，企业运用电子商务以广告和信息发布为主，成交和通关流程基本在线下完成，本质上仍属传统贸易，已纳入海关一般贸易统计中。B2C 模式下，国内企业直接面对国外消费者，以销售个人消费品为主，物流方面主要采用航空小包、邮寄、快递等方式，其报关主体是邮政或快递公司，目前大多未纳入海关登记。

跨境电子商务从进出口方向分为：出口跨境电子商务和进口跨境电子商务。从交易模式分为 B2B 跨境电子商务和 B2C 跨境电子商务。2013 年 E 贸易提出，跨境电子商务分为一般跨境电子商务和 E 贸易跨境电子商务。

【资料链接】

新零售发展之路

2017 年 8 月，商务部专家来到阿里西溪园区进行调研，问了一个问题：新零售到底是什么？阿里提供了一个标准答案：新零售就是基于数据驱动的对于商业三要素人、货、场的重构。这个答案并不是告诉我们新零售是什么？而是新零售应该怎么做。

可以从零售行业角度与零售企业角度进行解读。

（1）从企业角度看

从企业角度看，新零售实施的核心有两个层面：技术层面与零售层面。

技术层面：核心是“人、货、场”的数字化，目的是实现数据驱动或数字化运营。

零售层面：核心是“人、货、场”的重构，目的是实现零售企业大变革。

从企业角度看，新零售（实施）就是基于数据驱动的对于商业三要素人、货、场的重构。

（2）从行业角度看

“基于数据驱动的对于商业三要素人、货、场的重构”，重新拆分解读一下。

数据驱动：代表“技术驱动”。

商业三要素人、货、场：代表“零售”。

重构：代表“变革”或“革命”。

整合在一起：“技术驱动零售变革（革命）”。

从行业角度看，新零售就是阿里发起的一场运动，目的是通过技术推动零售业大变革。没有技术的革命，零售业不可能进行大变革。

（3）移动互联网

因为4G带宽与智能手机的盛行，移动互联网高速发展；移动互联网，是移动通信与互联网的结合。最大的特征是：智能手机成了互联网第一入口，超过了电脑。

在电商领域，我们看到移动端电商，逐步干掉了PC端电商。阿里电商移动端占比从2014年的19%到2017年的79%，短短4年时间里基本干掉了PC端。说明一点：移动技术导致电商发生翻天覆地的变化，而且时间很短。

还有一点，很多人没看到，但正在发生：中国大力发展的新零售，正在逐步干掉纯电商与实体零售。

马云2017年11月接受央视财经专访时表示，新零售的核心就是线上线下的结合，人、货、仓、配的结合，虚和实的结合。马云认为未来中国60%~80%的零售是新零售。线上（电商）与线下（实体）融合，在互联网时代发生不了，只有移动互联网时代，才有可能融合，产生1+1>2的效果，产生更有效率的新零售。

目前唯一能看出一点端倪的案例是盒马。2016年天猫超市定位为继淘宝、天猫、聚划算后，淘系的第四个消费者平台。盒马宣传口号也由之前的“有盒马，购新鲜”改为了“鲜—美—生活”，目标成为3千米社区商业霸主，更明确了盒马作为超级App，未来可能与天猫、淘宝同级。

移动互联网上半场，我们看到移动端电商干掉了PC端电商。移动互联网下半场，我们即将看到新零售干掉老零售（纯电商与纯实体零售）。

（4）物联网

随着5G标准的建立与信息传感设备（电子价签等）的大规模应用，物联网时代将很快到来，实体零售开始全链路数字化运营。

①一物一码。传统零售的一物一码，是条形码（一维码），新零售升级为二维码。一个重要的认知：码是实体场景的流量入口。新零售实践者希望用户产生一个巨大的行为变化：要购物，先扫码。在百货商场，扫码看服饰搭配，商品详情等。在超市场景，扫码看商品溯源，商品详情等。线上场景+实体场景优势互补，增加了用户体验，目的是促进销售。

②电子价签。盒马是第一个在大卖场使用电子价签的企业，解决了线上

线下同步问题，实现价格同步，库存同步。作业效率提升，电子价签成为新商超的标准之一。

③电子标签。RFID 电子标签是物联网的基础，但由于射频技术的适用性与价格，只有部分使用场景适合。未来 RFID 是否有突破性技术，决定着商业物联网的发展。

当下零售业对二维码与电子价签的应用会非常普及，二维码使线上线下场景融合成为可能，电子价签线下线上价格同步成为可能。

(5) 人工智能

线上线下融合，导致“三多”现象：数据来源多，数据格式多，数据容量多。特别是各种场景应用，图片、声音、视频等非结构化数据会大幅增加数据容量。海量（大）数据的应用，在移动互联网时代，呈现两个显著特征：精准与反馈实时性。

这时需要人工智能来处理大数据，数据价值赋能零售业。

①智能导购。零售业有一个很大痛点：导购问题。百货服装业有导购，大卖场有促销员，他们的水平都会影响销售。智能导购，是交互式的，可以对话，比如：App 里的机器人导购+人工导购。机器人导购比大部分人服务水准高（因为大数据），再用人工导购补充可以达到优秀水准。阿里出了一个很牛的产品，叫阿里小蜜，是针对售后服务的智能机器人。未来一定会增加售前导购，因为是强需。阿里小蜜的未来定位：消费者的私人购物助理，通过技术重构服务，赋能给每一个零售企业。笔者曾采访过阿里首席客服官吴敏芝，直接感受到阿里重构服务的决心。

②智能配送。目前新型大卖场与商超，30~60 分钟送到家是标准；在即时消费领域（如：便利店），30 分钟送到家是标准。新零售时代，快递业也发生了巨大变化，短距离配送，是未来的潮流。

短距离配送，按照传统方式，配送成本会让很多企业承受不了。其对配送标准提出了极高要求，必须通过算法与人工智能来优化，提高配送效率。以盒马为例，智能配送标准作业（拣货、分箱、合单）10 分钟完成，物流路线智能分配骑手 20 分钟送到家。基于算法与深度学习，完成智能配货与送货。

对于更多的新零售企业，短距离配送会采用第三方配送+自己配送的标准组合，每一趟配送的最优效率，人脑靠不住，只有人工智能才会给出最好最快的决策。

③智能买手。只有做过零售企业的，才知道买手有多重要，但也知道有多难培养。买手需要了解商品、卖点、视觉陈列、销售波段等。笔者曾做过

买手，深知这是一个复合型工种，不仅需要定量分析能力，也需要很多定性分析，甚至是直觉。

通过算法、人工智能打造智能买手，其意义在于：机器代替普通买手，解决人才问题；大数据支撑下的预测能力，能提高销售能力，降低库存风险。

人工智能，必须要有大数据；有大数据，必须用人工智能。这是一对孪生兄弟，会诞生在大平台，成为行业的基础设施，赋能每一个零售企业。笔者认为这才会提高社会整体效率，但绝大部分零售企业是没有大数据采集能力的，也没有人工智能的开发能力。

(6) 无人零售技术的应用

如何判断新零售企业，无人零售技术的应用是重要标准之一。无人零售技术的应用，本质上是一种零售思维的进化升级，无人+有人两者融合，代表着效率。

①无人收银。无人收银一般采用两类方式：其一是自助收银机，其二是手机扫码付款。对消费者而言，可以减少排队时间；对零售企业而言，可以减少收银员。

未来几年，无论是商超、百货，还是便利店，无人收银都是大趋势，收银员会大幅减少，转为其他零售工种。

②无人导购。无人导购，是用智能机器代替了人，一般采用两类导购终端：其一是机器人导购，比如购物中心的导购机器人专程陪购，很炫很酷；其二是手机智能导购，比如阿里小蜜。

对于零售业，导购非常重要，特别是百货领域，最优解应该是无人导购+有人导购，由大数据+人工智能做技术支撑。到目前，无人导购应用还不多，因为缺少平台支撑。

未来几年，导购员的职能要求会逐步改变，从推销商品转为经营用户。

③24小时无人售货终端。24小时无人售货终端，是纯无人零售，大致有三类应用：其一是智能无人货架，适用于办公场景，占地几平方米；其二是智能售货机，适用于很多场景，占地几平方米到几十平方米；其三是无人便利盒子，最适用于小区场景，占地至少十几平方米。

24小时无人售货终端，本质是便利。核心有两类便利：其一是距离的便利，离用户更近；其二是时间的便利，24小时营业。

未来几年，随着24小时无人售货终端的广泛应用，便利店一定会被重构。

各种技术的应用，终极目标都是为了用户体验与效率。企业的新零售实施，线上+线下，可以提高时效；有人+无人，可以提高人效。但从实践来看，大部分实体零售与电商相互拥抱，却产生了1+1<2的效果。零售从业者应该要很清晰地认识到一点：技术的使用者是人，零售人（特别是零售高管与老板）的认知若不更新，就根本无法进化到新零售。

（资料来源：云阳子，产业互联网，2018年5月5日。）

9.4 “互联网+家居生活服务与零售”商业模式创新

9.4.1 O2O商业模式

O2O商业模式又称离线商务模式，是指线上营销、线上购买带动线下经营和线下消费。O2O通过提供打折信息、服务预订等方式，把线下商店的消息推送给互联网用户，从而将他们转换为自己的线下客户，这就特别适合必须到店消费的商品和服务，比如餐饮、健身、看电影和演出、美容美发等。2013年O2P营销模式出现，即本地化的O2O营销模式，正式将O2O营销模式带入本地化进程当中。O2O的商业模式如图9.1所示。

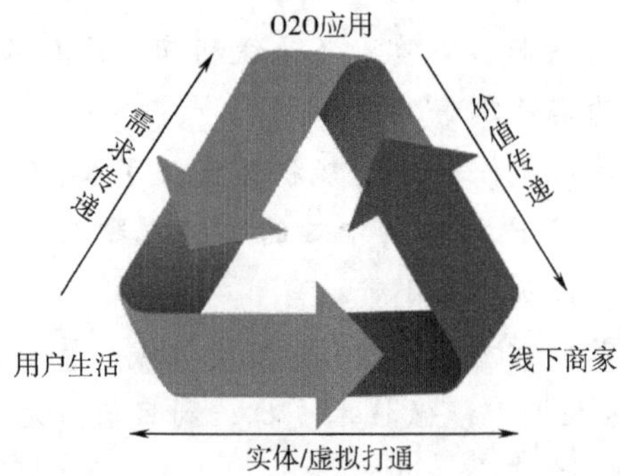

图9.1 O2O商业模式

9.4.1.1 O2O的特点

①O2O的特点有：

第一，获取更丰富、更全面的商家及其服务的信息。

第二，更加便捷地向商家在线咨询并进行预购。

第三，获得相比线下直接消费较为便宜的价格。

9.4.1.2 O2O对商家的作用

O2O对商家的作用有：

第一，能够获得更多的宣传和展示机会，吸引更多新客户到店消费。

第二，推广效果可查、每笔交易可跟踪。

第三，掌握用户数据，大大提升对老客户的维护与营销效果。

第四，通过与用户的沟通、释疑，更好地了解用户心理。

第五，通过在线有效预订等方式，合理安排经营，节约成本。

第六，可以拉动新品、新店的消费。

第七，降低线下实体对黄金地段旺铺的依赖，大大减少租金支出。

9.4.1.3 O2O 平台的功能

O2O 平台的功能有：

第一，与用户日常生活息息相关，并能给用户带来便捷、优惠、消费保障等作用，能吸引大量高黏性用户。

第二，对商家有强大的推广作用和可衡量的推广效果，可吸引大量线下生活服务商家加入。

第三，可产生数倍于 C2C、B2C 的现金流。

第四，具有巨大的广告收入空间及形成规模后更多的盈利模式。

9.4.2 M2O 商业模式

M 即 mobile，也就是移动互联网终端，O 就是 off line 即线下模式。这套模式主要是整合线上和线下终端，将客户端由传统互联网向移动互联网转移。

随着智能移动终端的普及，M2O 的出现不可避免，从固定的终端，转移到随身可携带的移动终端，消费习惯和信息阅读采集习惯也会改变。M2O 模式将成为未来电商营销模式的主流。

目前的市场，移动端的网络用户发展趋势明显，大有超过电脑端用户的趋势，这种变化就使得 O2O 模式必须改变，因为市场是随着客户的需求而变化的。客户的关注与需求是相结合的，所以从传统互联网到移动互联网的转型，就是营销模式的一个创新，只有抓住客户的需求，才能在当前的局势下立于不败之地。毫无疑问，M2O 将会成为 O2O 的未来模式，也就是电商营销模式的主流。

宜家家居互联网商业模式分析

宜家家居（IKEA）于 1943 年创建于瑞典，创始人是英格瓦·坎普拉德。瑞典宜家集团已成为全球最大的家居家具用品商家，销售产品主要包括座椅沙发系列、卧室系列、厨房系列、照明系列等 1 000 个产品。营销理念是低价位、设计精良、实用性强。在截至 2018 年 8 月 31 日的前 12 个月内，IKEA 总销售额 255 亿欧元，同比增长 11.2%。商场访客数量超过 9 830 万人，比去年同期增长 9.6%；宜家会员俱乐部会员总数超过 2 200 万，比去年增长 22%；社群媒体粉丝超过 1 550 万人，比去年增长 72%。

(1) 价值主张

“为大多数人创造更加美好的日常生活”是宜家公司自创立以来一直努力的方向。过去宜家提供设计优秀的中低端产品，如今在中国市场，宜家改变了过去传统的低成本战略，选择差异化，旨在给中国客户提供设计精良、使用方便、质量过硬的中高端产品。目标人群为喜欢新潮、接受能力强的年轻人乃至中年人，同时给中国客户在运输和安装方式上提供更多选择，既有 DIY，也有“一条龙”服务，更符合中国传统的家具购买习惯。

(2) 客户细分

宜家品牌始终和提高人们的生活质量联系在一起并秉承为尽可能多的顾客提供他们能够负担、设计精良、功能齐全、价格低廉的家居用品的经营宗旨。进入中国市场后，宜家主要瞄准 25~35 岁的“新中产阶级”消费群体。他们大部分是年轻夫妇、情侣或准夫妻，是家居主要购买者和使用者。宜家个性化、可自行组装、操作性强的商品更吸引年轻夫妇群体的喜爱，产品的价位也多在他们的承受范围内，同时宜家家居卖场的展示也能给没有装修经验的他们带来许多灵感。

(3) 渠道通路

①宜家实体店。目前宜家在中国有多家实体门店，在门店里顾客可以尽情体验里面的各种家具，也可拿尺子、铅笔、纸张等物丈量家具，挑选适合的产品。家具旁边还有为劳累的客户提供小憩的餐厅。

②网上商城。目前宜家开放了多个城市的网上购物渠道，消费者可以在宜家家居官网上查看产品目录及具体的型号、尺寸、功能，包括最新、最潮的产品信息，专家对装修的设计理念和建议。

③主流网络平台。在微博、微信公众号、知乎等网络平台中，宜家提供了自己产品的详细介绍或举办一些活动提高知名度。同时“为大多数人创造更加美好的日常生活”的价值主张让更多人了解宜家。在微信公众号中引入了电子会员让会员更加简单快捷地了解自己的会员卡使用情况。

(4) 关键业务

①模块式的研发设计。在产品的研发设计环节，宜家秉承了一贯的风格——简约美观、实用，受到了越来越多的北欧风爱好者的追捧。值得研究

的是，宜家以“模块”为导向的设计模式，即将产品分成不同模块进行设计，所以宜家的家具都是可以拆分的组装产品，这样创造性的设计模式对生产、采购、物流等环节都有较大的影响。在生产环节，需要根据研发结果进行模块化生产，更加灵活高效；在采购方面，模块化生产可根据所需要的、相对固定的原材料就近选择合适的供应商；在物流环节，由于生产的模块化，产品可以拆分和组装，大大降低了物流成本，提高了配送效率。

②高效的供应链管理。

一是模块化多源头采购。截至2020年，宜家在32个国家设立了46个贸易采购办事处，负责采购并运送至各分销中心，由各分销中心再分别运送到不同的宜家商场。集中采购既保证了商品质量的统一，又可以实现规模效应。

二是标准化的物流配送。截至2017年底，宜家在18个国家和地区建立了31家商城配送点，并在13个国家和地区开设了26个顾客配送点，每个配送点负责各自区域的配送和仓库管理，这些配送点主要设置在海陆空交通枢纽上，便于运输和节省物流费用。配送点按功能分为两个部分：一部分是DC，即分拨物流配送点，主要负责对销售网点的货物配送；另一部分是CDC，即中央物流配送点，主要配合网上销售，这些直接面向顾客提供送货上门服务的配送点通过地下隧道和DC连接在一起。整个物流管理系统采用电子网络化管理模式，与各门店相互联系，将门店提供的实时销售记录反馈到产品中心、供货商、物流公司、仓储中心，直到转回到门店，实现了供应链各点信息的共享。

三是信息化库存管理系统。在库存管理上，宜家将库存数据设置为消费者“伸手可及”的库存，而不是店内的总库存，并提供未来四天内预计的库存数量让消费者参考，消费者可根据这些信息，选择自己方便的时间到宜家门店选购。另外，宜家的信息系统在工作日每隔90分钟更新一次库存状况，节假日库存的更新频率提高到每45分钟一次，而且库存更新的数据来源不仅有各店的POS系统，还包括店内服务人员例行巡场时，如发现某个商品有破损或是瑕疵，立刻就可以通过随身佩带的手机系统进行库存扣除，以避免消费者买到瑕疵品。

（5）核心资源

①成本领先技术。一是供应商成本控制。关于供应商成本控制分为两方面：一方面是原材料采购的成本控制。宜家将世界性的采购范围细分为17个采购区，明确17个地区的原料采购优势，将不同区域的原材料供应进行对比，选择更优质、更便宜的原材料供应区域，根据生产需要由一个地区或多个地区按协议价格进行供货。这种全球性的原材料采购渠道满足了宜家对优

材质、低价格的要求，保证企业成本水平降低，增大相对利润量。此外，宜家通过鼓励不同供应商和采购分部的内部竞争来保证最低价格，这种激励的竞争机制非常有效地制约着各个产品的价格。

二是价格策略成本控制。与传统企业的成本导向定价策略相比，宜家恰恰反其道行之。首先是根据市场需求来确定产品价格后进行研发工作，然后根据价格来限制成本，这种根据价格进行产品的设计和生产的方式，在不降低产品质量的条件下，要想降低生产成本，就必须不断提升生产效率，进行技术革新和管理优化。

三是物流成本控制。宜家严格地控制着物流的每一个环节以保证最低成本，1956 年开始，推行至今的“平板包装”，把所有产品都做成顾客可以方便安装的零部件，使其各个部件占用最小的空间，呈现最省空间的形状，保证运输总数的最大化。统计表明，宜家特殊的平板包装模式节约了 5 倍的空间使用率，大大提高了运输效率，减少了运输费用。

②员工。从产品出发，宜家公司上上下下受创始人英格瓦·砍普拉德的影响，他们反复思考、修改，研发设计出的都是为消费者切身考虑的简约而实用的产品。门店的服务人员保持热情和善意，但不会像传统的服务人员那样步步紧跟推销，而是给消费者足够轻松的空间去挑选、体验，在消费者需要时进行耐心地讲解或帮助消费者查询库存、提货等，这使消费者在感到轻松自由的同时需求也能得到满足。

③品牌优势。宜家品牌的真正核心是让顾客成为品牌的传播者，而非硬性广告。为了达到这一目标，宜家的一个重要策略就是把产品跟公益事业结合起来。大约 10 年前，宜家集团就开始有计划地参与各种环保事宜，涉及的方面包括材料和产品、森林、供货商，运输、商场环境等。宜家率先通过了森林认证，这是国际上流行的生态环保认证，包括森林经营认证和产销监管链审核。宜家深谙口碑传播之道，在产品打造之外的方方面面建立起美好的形象。就像英国一家媒体对宜家的评语一样：“它不仅仅是一个店，它是一个宗教，它不是在卖家具，它在为你搭起一个梦想”。

（6）重要合作

①与上下游伙伴合作。宜家采取与供应商共赢的战略，一旦被纳入供应体系，将签订一个 5 年以上的采购合同，并且承诺每年的最低采购量，另外通常会为合作的供应商提供低息贷款，在供应商必须保证低价供货的前提下，帮助其解决现金流问题。在客户方面，强调与客户结盟的民主理念——为大多数人创造美好生活，把简洁、美观且价格合理的产品带到全球市场，把北欧式的平等自由精神传播到各地。宜家充分利用互联网，以便利的方式为顾

客提供满意的服务。

②与各行业品牌方合作。宜家热衷于与各行业的品牌方跨界联名。两个品牌的合作创新使宜家的产品风格趋于多元化，同时借助合作品牌的影响力宣传自身。比如宜家与苹果公司（Apple）进行 AR 技术合作，消费者只需要在 AR 应用上拍下自己家中的照片，就能把宜家的虚拟产品叠加到照片之上，消除了尺寸不清、整体效果不搭的烦恼。又如宜家还与各大知名潮牌（如 Off-White、Adidas 等）合作，与现担任 LV 男士服饰系列艺术总监的时尚设计师维吉尔·阿布洛（Virgil Abloh）、香水大师本·戈勒姆（Ben Gorham）等大师合作，推出 IKEA X 系列联名产品。

③与竞争者合作。在传统观念中，相互竞争的企业之间呈现出的状态大多是针锋相对或“井水不犯河水”，而宜家则打破了这种状态。HAY 是绫致集团旗下定位高端消费人群的家居公司。截至 2017 年 7 月，HAY 在全世界总共拥有 27 家实体店，其中中国就有 6 家门店，根据中国的消费市需求，日后的门店数量必将还会有突破。可见其对于中国市场的野心。而宜家与其合作，帮助 HAY 进行市场推广，HAY 则为宜家带来更高端的设计和转型的尝试。在另一个家居巨头红星集团打造的一座上海唯一的、以“家”为主题的购物商区中，宜家家居则是其中重要的一部分。

（7）成本结构

宜家作为一个将制造环节外包给供应商的家居零售企业，它的成本结构主要包括研发设计成本、运营成本、营销成本。关于产品本身，宜家只做研发设计而不参与制造，在精心设计美观、实用、低成本的产品方面是一项主要投入。运营成本包括仓储成本物流成本、管理成本等，营销成本主要包括品牌推广、形象建立渠道维护等费用，宜家不仅是在销售家具，更是在传达一种精神与文化。

（8）收入来源

2016 年中国宜家的销售额为 125 亿元，2017 年的销售额为 132 亿元，同比增长了 14%，在截至 2018 年 8 月 31 日的 12 个月内，Inter IKEA 总销售额 255 亿欧元，同比增长 11.2%。这些收入包括宜家的特许经销商向 Inter IKEA 购买产品的费用、加盟费（年销售额的 3%）及其他收入。它的收入主要来自宜家的家具零售、宜家餐厅的收入以及宜家全球特许经营的租金。

①宜家家具零售。2017 年，宜家商场共接待了超过 9 000 万访客，访客量同比增长 11%。这是宜家占比最大的收入来源。

②宜家餐厅餐饮服务销售。宜家餐厅在中国 2016 年的销售额是 12 亿元，占

2016年总销售额的9.6%。显然这成了宜家增加其销售额的一个“吸金利器”。

（资料来源：韩涛，《宜家中国电子商务营销战略与策略研究》，2019年。）

案例思考题

结合案例与商业模式画布来分析宜家互联网商业模式的优势。

案例精选

荣昌e袋洗

荣昌e袋洗是北京荣昌科技服务有限责任公司推出的一个基于移动互联网的O2O洗衣服务产品，区别于传统洗衣按件计费的洗衣模式，顾客只需将待洗衣物装进指定洗衣袋里（按袋计费），预约上门取件时间，2小时内有专门的取送人员上门取件。取件时，取送人员当面将装好衣物的e袋进行铅封，现场不做衣物检查，待送回清洗中心后，在高清监控条件下去掉铅封，对衣物进行洗前检查和分类，全程视频监控。e袋洗作为一种全新概念的洗衣方式，通过移动终端下单，按袋计费，全天候上门服务，彻底省下了时间和金钱。每袋只要99元（原价158元），相当于3~7折清洗。每件衣服都会经过精心的熨烫，并且会在72小时内送回。

价格：

按袋清洗=99元/袋（原价158元/袋）。

按件清洗=9元/19元/29元每件。

服务地区：北京市（六环内）。

e袋洗服务在衣物清洗完毕后，采用挂送的方式将衣物送回，顾客所使用的袋子，也将一同送回，供客户下次使用。

（资料来源：刘艳，《经济观察报》，2015年1月25日。）

案例思考题

结合案例与商业模式画布来分析荣昌e袋洗服务的优势。

美团网互联网商业模式分析

美团网的全称为“北京三快在线科技有限公司”，是2010年3月4日成立的团购网站。美团网有着“吃喝玩乐全都有”和“美团一次，美一次”的服务宣传宗旨。美团网注册于北京市海淀区。

美团产品从字面来看，就是一个为用户提供美食、酒店、电影、购物等类型服务团购网站，让用户在享受商家提供服务的同时获得更好的精神上的体验，正如它的宗旨：“美团一次，美一次。”在这里，消费者可以找到各种可以信赖的商家，享受其提供的折扣服务，商家也可通过入驻，找到更合适的消费者。

美团业务几乎全都依托于美团App，它的出现使得本地化服务从线下迁移到线上，解决了用户最基本的吃喝玩乐去哪里的问题。

2010年3月4日，王兴推出美团网。

2010年3月，美团网获得天使投资人王江的种子投资。

2011年12月23日，美团网11月销售额超2.5亿元，稳居团购业第一位。

2011年7月13日，阿里巴巴领投美团网5 000万美金。

2014年5月，美团网获得3亿美元C轮融资，领投机构为泛大西洋资本，红杉资本及阿里巴巴跟投，美团C轮融资的估值在30亿美元左右。

2015年7月，美团网向媒体证实已经确定全资收购酷讯，该项收购价格为数千万美元。

2015年10月8日，美团网与大众点评宣布合并。

2015年11月，阿里确认退出美团网。

2016年7月18日，生活服务电商平台美团-大众点评（简称“新美大”）宣布，获得华润旗下华润创业联和基金战略投资，双方将建立全面战略合作关系。

2016年9月26日，美团网宣布收购钱袋宝，正式获得第三方支付牌照。

2017年1月18日，美团点评双平台同时推出海外酒店。

2017年4月12日，美团点评推榛果民宿，主打整租业务。

2017年4月20日，美团点评加码酒旅业务，发布旅行品牌美团旅行。

2017 年 6 月 16 日，美团点评上线掌鱼生鲜，并表明要开线下店。

2017 年 9 月 9 日，美团旅行 App 上线，签约明星杨颖代言品牌。

2018 年 4 月，美团旅行与银联国际达成深度合作，将在技术、大数据与购物体验方面加深探索，让旅行购物更加优惠、便捷。双方共同打造的银联国际品牌馆于 2018 年 4 月 3 日正式登陆美团旅行。

2018 年 4 月，美团网以 35%美团股权、65%的现金收购摩拜单车，其中 3.2 亿美元作为未来流动性补充，A、B 轮投资人及创始团队以 7.5 亿美金现金出局。

2018 年 5 月 16 日，美团网以全资收购屏芯科技。

2018 年 7 月 26 日，美团无人配送开放平台宣布上线，2019 年实现片区规模化运营。

2019 年 5 月，美团点评正式推出新品牌“美团配送”，并宣布开放配送平台。

2020 年 2 月，美团收银升级“手机点餐”功能，让顾客可以“无接触点餐”“无接触取餐”，从而保障商户和消费者的安全。

（资料来源：韩肖，中国历史网，2020 年 2 月 11 日。）

案例思考题

结合案例与商业模式画布来分析美团网的互联网商业模式九要素。

参考文献

［1］李成刚. 创新为“网”：电子商务模式创新研究［M］. 北京：经济日报出版社，2015.

［2］荆继武，林璟锵，冯登国. PKI 技术［M］. 北京：科学出版社，2008.

［3］胡永洲. 构建“互联网+农业”智能生产模式的思考［J］. 唯实（现代管理），2015：8-10.

［4］肖力. 互联网+正在深刻改变着农业［N］. 经济日报，2015-07-10.

［5］钱卿. 农业互联网产业发展现状和若干建议［J］. 上海农村经济，2012（7）：17-19.

［6］王新伟，龙毅. 贵州农业冲上“云”端［N］. 经济日报，2015-06-23.

［7］乔金亮. “网耕”在希望的田野上［N］. 经济日报，2015-07-02.

［8］张宁，殷高峰. 陕西：“互联网+”重塑农业产业链［N］. 中国经济时报，2015-07-07.

［9］吴文军. “互联网+农业”须找到最佳接入点［N］. 中国财经报，2015-07-16.

［10］沈晓玲. 四川省农产品质量安全追溯体系建设理论研究及经验对策分析［J］. 四川农业科技，2015（5）：5-7.

［11］徐刚，王巍，石宇良，等. 我国农业电子商务对策研究［J］. 北京农业，2013（3）：51-52.

［12］曹淑艳，李振欣. 跨境电子商务第三方物流模式研究［J］. 电子商务，2013（3）：23-25.

［13］王洁，王明宇. 我国农业电商的发展研究［J］. 电子商务，2013（6）：82.

［14］安森东，常璟. 区域性农业信息化建设模式研究［M］. 北京：中国社会科学出版社，2012.

［15］陈熙隆. 国内外农业信息化文献综述［J］. 河北农业科学，2010（9）：163-165.

[16] 贺文慧，杨秋林. 国外农业信息化投资发展模式对中国的启示[J]. 世界农业，2006（4）：18-20.

[17] 史忠植，王文杰. 人工智能 [M]. 北京：国防工业出版社，2007.

[18]《计算机与信息科学十万个为什么》丛书编辑委员会. 计算机与信息科学十万个为什么（8）：人工智能 [M]. 北京：清华大学出版社，1998.

[19] 任友群，胡航. 论学习科学的本质及其学科基础 [J]. 中国电化教育，2007（5）：1-5.

[20] 蔡瑞英，李长河. 人工智能 [M]. 武汉：武汉理工大学出版社，2003.

[21] 蔡自兴，徐光祐. 人工智能及其应用：研究生用书 [M]. 3 版. 北京：清华大学出版社，2007.

[22] 戴克斯特拉，西尔，肖特，等. 教学设计的国际观：2 册 解决教学设计问题 [M]. 任友群，郑太年，译. 北京：教育科学出版社，2007.

[23] 任友群. 技术支撑的教与学及其理论基础 [M]. 上海：上海教育出版社，2007：42-43.

[24] 路利娟. 应用专家系统提升现代远程教育的智能化 [J]. 中国教育技术装备，2007（12）：79-80.

[25] 陈恳，杨向东，刘莉，等. 机器人技术与应用 [M]. 北京：清华大学出版社，2007：6.

[26] 陈肖庚，王顶明. MOOC 的发展历程与主要特征分析 [J]. 现代教育技术，2013（11）：5-9.

[27] 柏宏权，韩庆年. 机器学习在适应性教学系统中的应用研究 [J]. 南京师范大学学报（工程技术版），2007，7（4）：76-79.

[28] 杨健，赵秦怡. 基于案例的推理技术研究进展及应用 [J]. 计算机工程与设计，2008，29（3）：710-712.

[29] 贾积有. 人工智能技术的远程教育应用探索：“希赛可”智能型网上英语学习系统 [J]. 现代教育技术，2006，16（2）：26-29.

[30] 马颖峰，肖晓飞. AI 教育应用研究的回顾与反思：我国教育技术界十年 AI 应用研究回眸 [J]. 现代教育技术，2006，16（4）：76-79.

[31] 祝智庭，孟琦. 从美国博士学位论文元分析看教育技术研究趋向[J]. 电化教育研究，2002，（12）：47-50.

[32] 冯勇建. MEMS 高温接触式电容压力传感器 [J]. 仪器仪表学报，2006，27（7）：804-807.

[33] 隆升. 可穿戴计算机 [J]. 现代通信，2013（5）：26-27.

[34] 严汉民，黄冈，乔磊．医疗监护技术的现状和发展趋势 [J]．医疗设备信息，2005 (5)：1-4.

[35] 孙华．互联网+医疗：为医疗行业打开发展空间 [EB/OL]．[2021-06-20]．http：//mt. sohu. com/20160620/n455341048. shtml.

[36] 胡浩．用“互联网+医疗”更好满足群众需求 [EB/OL]．[2021-06-08]．http：//www. Xinhuanet. com/Politics/2016 - 06/08/c _ 1119015432. htm.

[37] 李争粉．“互联网+医疗”市场正酣盈利模式待探索 [N]．中国高新技术产业导报，2016-01-25.

[38] 宋璐璐．互联网医疗的发展前景 [J]．全球商业经典，2015 (18)：17.

[39] 陈根．互联网+医疗融合 [M]．北京：机械工业出版社，2015.

[40] 白杰．我国互联网金融的演进及问题研究 [D]．保定：河北大学，2014.

[41] 丰剑箫．互联网金融产品研究：以“余额宝”为例 [D]．蚌埠：安徽财经大学，2014.

[42] 吴晓波，朱培忠，吴东，等．后发者如何实现快速追赶?：一个二次商业模式创新和技术创新的共演模型 [J]．科学学研究，2013，31 (11)：1726-1735.

[43] 斯考伯，伊斯雷尔．即将到来的场景时代 [M]．北京：北京联合出版公司，2014.

[44] 陈劲．创新管理及未来展望 [J]．技术经济，2013，32 (6)：3.

[45] 李飞，贾思雪，王佳莹．中国零售企业商业模式创新要素及路径 [J]．技术经济，2015 (1)：30.

[46] 黄艳．陶秋燕．迭代创新：概念、特征与关键成功因素 [J]．技术经济，2015 (10)：24-25.

[47] 范颖，周庆山．移动互联网商业生态系统的竞争与更迭 [J]．图书情报工作，2014 (5)：24-28.

[48] 王晓玉．论我国网络广告的现状、前景及发展对策 [J]．民营科技，2009 (2)：73.

[49] 马艳．我国网络广告市场现状及发展趋势 [J]．今传媒，2009 (2)：84-86 .

[50] 马燕妮，杨瑾．当前网络广告存在的问题与对策 [J]．现代商业，2009 (6)：17.

[51] 钱旦丹. 网络广告的优势和其对传统广告的影响 [J]. 无锡南洋学院学报, 2007 (3): 52-54.

[52] 曾静平, 申卉. 网络广告的形式变化与创意空间 [J]. 现代传播(中国传媒大学学报), 2009 (1): 122-124.

[53] 陈跃刚, 吴艳. 网络广告受众行为研究 [J]. 商业研究, 2009 (2): 93-96.

[54] 唐胜辉. 网络广告在营销中的特性及应用 [J]. 现代商贸工业, 200921 (2): 122-123.

[55] 唐胜辉, 陈海波. 浅论网络广告 [J]. 商场现代化, 2009 (8): 149.

[56] 王琦君, 严晓青, 徐伟丹. 网络广告研究概述 [J]. 当代传播, 2006 (6): 68-70.

[57] 杨娟丽. 中小企业网络营销的竞争优势 [J]. 北方经贸, 2006 (6): 35-36.

[58] 孙君. 中小企业网络营销刍议 [J]. 中国管理信息化 (综合版), 2007, 10 (3): 44-46.

[59] 姜秀娟, 高静娟. 基于网络广告互动性提升网络广告效果的对策研究 [J]. 科学与管理, 2006 (5): 73-74.

[60] 杨佳. 中国网络广告的发展趋势 [J]. 科技信息, 2007 (5): 35.

[61] 佚名. 中国网络广告市场的发展特点 [J]. 中国新通信, 2007 (6): 61.

[62] 郦瞻. 中国网络广告形式初探 [J]. 浙江万里学院学报, 2007 (2): 144-145.

[63] 马艳. 我国网络广告市场现状及发展趋势 [J]. 今传媒, 2009 (2): 84-86.

[64] 夏丹. 试论网络广告存在的问题及其对策 [J]. 经营管理者, 2009 (12): 298.

[65] 吴楠. 未来网络广告发展态势之我见 [J]. 大舞台, 2009 (3): 92-93.

[66] 张顺华. 网络广告的现状与发展分析 [J]. 魅力中国, 2009 (7).

[67] 王晓玉. 论我国网络广告的现状、前景及发展对策 [J]. 民营科技, 2009 (2): 73.

[68] SHAW E, JOHNSON W, GANESHAN R. Pedagogical agents on the web [EB/OL]. [2020-08-27] . http: //www. isi. edu/isd/ADE/papers/agents99/

agents99. htm.

[69] HEZARJARIBI Y, HAMIDON M N, SIDEK R M, et al. Analytical andsimulation evaluation for diaphragm's deflection and its applica-tions to touch mode MEMS capacitive pressure sensors [J]. Journal of basic and applied sciences, 2009, 3 (4): 4281-4292.

[70] Yole Development. Opsens launches new miniature pressuresensor for life sciences and medical devices [J]. Micro news, 2009, 78: 19.

[71] OCKERMAN J J, NAJJAR L J, THOMPSON J C. FAST: future technologhy for today's industry [J]. Computer in industry, 1999, 38 (98): 53-64.

[72] TELLER A. A platform for werable physiological computing [J]. Interacting with computers, 2004, 16 (5): 917-937.